DIE SANFTE KOSMISCHE KRAFT

Herausgeber und Mitverfasser
Mario Mantese

DIE SANFTE KOSMISCHE
KRAFT

Antworten aus dem tiefen Schweigen

Herausgeber und Mitverfasser:
Mario Mantese – Meister M

DREI EICHEN VERLAG

Der Körper von Meister M – Mario Mantese –
ist im Jahr 2011 sechzig Jahre alt geworden.
Meister M sagt, dass er zwar in diesem Körper lebe,
ohne jedoch dieser Körper zu sein.
Er selbst sei form- und gestaltlos und berühre
diese Welt nicht. Gleichzeitig seien es nun auch
dreißig Jahre, in denen er Menschen an Darshans
und Zusammenkünften empfange.
In diesem Sinn hat das vorliegende Buch für ihn
eine ganz besondere Bedeutung!

ISBN 978-3-7699-0649-3
Verlagsnummer: 10649
© 2011 by Drei Eichen Verlag, D-97762 Hammelburg

Alle Rechte an der deutschen Fassung vorbehalten!

1. Auflage, 1.-5. Tausend 2011 (Originalausgabe)
Lektorat: Urte Knefeli-Zemp, Beatenberg
Umschlaggestaltung: Thor Digital Arts, Hammelburg, unter
Verwendung von Fotos von Günther Ciupka und Herbert Werner.
Druck und Bindung: Shanghai 1Printing

Weitere Informationen zu den Büchern von Mario Mantese
und zum Verlagsprogramm finden Sie im Internet unter

www.drei-eichen.de

Inhalt

Foto: Herbert Werner / Günther Ciupka

Antworten aus dem tiefen Schweigen

»Wer seine inneren Grenzen überschreitet, betritt das Grenzenlose. Wer den sinnlich begrenzten Lebensraum überwindet, geht ins Raum- und Zeitlose ein. Wer denkt, dass dieses und jenes unmöglich sei, bleibt in dieser engen Begrenzung stecken.« – Dies sind Worte von Meister M, es sind Hinweise auf das grenzenlose Menschsein im ewigen Hier und Jetzt.

Die äußeren Wirkungskräfte des Lebens wirken auf das Innere des Menschen und beeinflussen es. Die inneren Wirkungskräfte des Menschen wirken auf die Außenwelt und beeinflussen sie. Wenn der Mensch dessen tief gewahr wird, achtet er auf Ausgleich und Harmonie in diesen Bewegungen und lebt so im großen Gleichgewicht. Bescheidenheit und Stille zeichnen den aus, der im großen Gleichgewicht lebt.

Dieses Buch ist wie ein Kaleidoskop, durch das man Einblick in verschiedene Lebensgeschichten von Menschen erhält, die durch die Begegnungen mit Meister M durchdrungen und geprägt sind. Man staunt über das übernatürliche und unbegrenzte Hiersein von Meister M, von dem er sagt: »Das sind wir!«

Er sagt: *»Versucht nicht zu verstehen, wer ich bin. Findet heraus, wer ihr nicht seid. Ich bin nicht hier, um euch etwas Neues zu lehren, ich bin hier zum Vollenden. Habt Vertrauen in euer Leben, seid liebevoll, verantwortungsvoll und klar. Seid nicht abgehoben, sondern einfach, verantwortungsvoll und normal.*

Genießt euren Alltag und vergesst nie, Verknotetes lässt sich lösen, Ungutes sich wandeln. Steigt in die Tiefe eurer Herzen hinunter, taucht ein in den Ozean des Friedens, genießt euer Leben. Genießt es, nicht etwas Spezielles sein zu müssen, genießt das Leben so, wie es sich euch zeigt, genießt euer Hier-und-Jetzt-Sein!«

Über zweihundert an Meister M gestellte Fragen beantwortet er umfassend und tiefgreifend in diesem Buch. Die Antworten sind an alle Leser gerichtet!

Vorwort

Urte Knefeli-Zemp

Es ist mir eine große Freude und Ehre, dass ich als Meister Ms Lektorin zu diesem Jubiläumsbuch mit der »speziellen Energie«, wie er sagt, auch etwas Persönliches beitragen darf. Meine Zusammenarbeit mit Meister M begann im Jahre 2004 mit dem Lektorat für *Im Herzen der Welt*. Inzwischen sind es, das vorliegende eingeschlossen, schon sieben Bücher, die ich für ihn redigieren durfte.

Unsere erste Begegnung liegt allerdings bereits etwas länger zurück. Der Katalysator war wie für viele Menschen aus dem Berner Raum Hansjörg Weyermann von der weit über die Schweizer Grenzen hinaus bekannten esoterisch-spirituellen Buchhandlung Weyermann. Es war im Frühjahr 2002 an seinem Stand auf der Esoterikmesse in Zürich. Ich befand mich damals noch in einem ziemlich desolaten Zustand. Mein innigst geliebter Lebenspartner war 1996 (mit vierundfünfzig Jahren) gestorben, einige Jahre darauf meine hochverehrte und geliebte Lehrerin Irina Tweedie, der Ansata-Verlag war verkauft und meine Welt völlig in Stücke gebrochen. Herrn Weyermann kannte ich schon lange über meinen Mann. Da ich keine große Lust hatte, in den vielen Büchern herumzusuchen, fragte ich ihn, ob er mir etwas empfehlen könne. Ich wusste, auf seine Empfehlung kann man sich verlassen. Ohne zu zögern, griff er zielsicher nach einem Buch – *Im Land der Stille* von Mario Mantese. Der Name Mario Mantese war mir nicht unbekannt, schließlich war er der Hauptautor des Drei Eichen Verlags, und auch die dramatische Vorgeschichte kannte ich in Grundzügen. Ich blätterte in dem Buch, es sprach mich sehr an, als wäre es gerade das, was ich im Moment brauchte. Dann sah ich das Foto. Mir stockte der Atem, so tief berührt war ich von diesem liebevollen Blick, der bis in die Seele zu schauen schien. Natürlich nahm ich das Buch, und Hansjörg begann begeistert von Mario Mantese als seinem Meister zu erzählen. Nanu, das war ja ganz neu! Früher waren Meister für alle anderen gut gewesen, aber doch nicht für ihn. Das bestätigte nur den tiefen Eindruck, den der Anblick des Fotos bei mir hinterlassen hatte. Und er war er-

9

reichbar! Schon in einigen Wochen würde in Zürich eine Zusammenkunft mit ihm stattfinden.

In der nächsten Zeit tauchte Mario Manteses Gesicht immer wieder einmal in meinen Träumen auf. Dann kam der Tag der Zusammenkunft in der Paulus-Akademie. In Erinnerung geblieben sind mir die tiefe Stille, die trotz der vielen Menschen dort herrschte, und die Stille auf der inneren Ebene, die etwas anderes war als die bloße Abwesenheit von Geräuschen. Ich erinnere mich weiter an den frappierenden Kontrast zwischen dem doch stärker, als von mir erwartet, behinderten Körper und der kraftvollen, leuchtenden Präsenz von Mario Mantese. (Ich bin selbst mit einem Handicap in diese Welt gekommen, einem fehlenden rechten Unterarm.) Am Ende des Nachmittags konnte man noch Fragen stellen (das war das letzte Mal) und zum Abschied ging man nach vorne und Mario reichte jedem einzelnen Menschen die Hand. Welch unglaubliche physische Leistung!

Von dem, was gesprochen wurde, ist nicht viel haften geblieben. Doch ich wusste, ja, hier bleibe ich. Das hat mir so lange gefehlt. Ich meldete mich für die nächsten Zusammenkünfte in Biel und München-Germering an. In der Zwischenzeit las ich *Licht einer großen Seele*. Die Berichte beeindruckten mich sehr, doch ich fand es schade, dass es in diesem Buch nur so von Fehlern aller Art wimmelte. Da ich von Beruf Lektorin und Korrektorin bin, konnte ich das leider nicht grosszügig übersehen.

Zur Zusammenkunft in Biel begleitete mich meine Freundin Anastasia, die seit zehn Jahren in Indien lebte und Mario Mantese aus Tiruvannamalai kannte. Am Ende des Tages warteten wir, ich mit klopfendem Herzen, da ich schon länger eine bestimmte Idee mit mir herumtrug, im Foyer auf ihn. Anastasia wollte sich bei ihm noch für einen praktischen Rat bedanken, den er ihr in Indien gegeben hatte und der für sie sehr nützlich gewesen war. Mario erkannte sie auch gleich wieder, und die beiden unterhielten sich angeregt. Ich stand daneben. Dann fasste ich mir ein Herz und mischte mich, als der Augenblick günstig war, in das Gespräch ein. Anastasia stellte mich vor als Frau des verstorbenen Verlegers Paul A. Zemp vom ehemaligen Ansata-Verlag. Beides war Mario ein Begriff. Der Ansata-Verlag war in den Achtziger- und Neunziger-

jahren ein kleiner, aber sehr angesehener Verlag für spirituelle und eso-
terische Literatur. Mario fragte, wie es mir ginge. Man sah mir meine
große Trauer damals noch sehr an. Ich erzählte ihm von der Krankheit
und dem Tod meines Mannes. Dann brachte ich mein eigentliches An-
liegen vor. Ich erzählte, dass ich in all den Jahren an der Seite meines
Mannes im Verlag als Lektorin mitgearbeitet hätte. Unsere schönste
Aufgabe wäre es immer gewesen, wenn wir Bücher für spirituelle Lehrer und Meister hätten machen dürfen (u. a. Ramana Maharshi, Swami
Papa Ramdas, Annamalai Swami, unsere geliebte Lehrerin Irina Tweedie, Ammaji), und das würde ich ganz besonders vermissen. Ich hätte
sein *Licht einer großen Seele* gelesen und fände es sehr bedauerlich,
dass solch ein schönes und wichtiges Buch so viele Fehler enthielte. Ich
möchte ihm gerne anbieten, für die nächste Auflage das Buch vorher
Korrektur zu lesen. Mario meinte, er wüsste, dass in dem Buch so viele
Fehler wären, und das hätte auch einen Grund. Aber er würde es sich
überlegen und gegebenenfalls von sich hören lassen. Ich war überglücklich, den Schritt gewagt zu haben. Das Weitere lag nun nicht
mehr in meiner Hand.

Ich besuchte regelmässig alle Zusammenkünfte. Bei einer liess er
mich dann wissen, dass er mein Angebot annähme, aber noch nicht für
Licht einer großen Seele. Er sei dabei, seine Autobiographie zu schreiben. Sie sei bald fertig, und die könnte ich lektorieren.

Im Dezember 2004 war es so weit. Die Organisation schickte mir in
Mario Manteses Auftrag seine E-Mail-Adresse mit der Bitte, mich bei
ihm zu melden. Das tat ich nur zu gerne, und einige Tage später erhielt
ich per Mail das Manuskript seines neuen Buches.

Nun hatte ich wieder eine sinnvolle Aufgabe, in die ich mich mit ganzer Kraft hineinknien konnte. Und eine sinnerfüllte Zeit begann, die bis
heute anhält. Natürlich musste ich am Anfang auch Lehrgeld zahlen.
Ich war beispielsweise nicht gewohnt, am Bildschirm zu redigieren. Die
Verlage, für die ich zuletzt freiberuflich gearbeitet hatte, forderten das
damals noch nicht. Zum Glück, da ich ziemlich blutige Anfängerin am
PC war. Also druckte ich die 240 Seiten aus und begann, von Hand zu
redigieren. Den ersten Teil der Korrekturen arbeitete mir eine Polygra-
fin, die ich von meinem Arbeitsplatz her kannte (ich war inzwischen

Korrektorin in einer größeren Druckerei), privat ein. Das Ergebnis war enttäuschend, weil viele Korrekturen nicht verstanden, falsch ausgeführt oder übersehen worden waren. Mir blieb nichts anderes übrig, als von vorne anzufangen, und ich beschloss, auch in Zukunft direkt am Bildschirm zu arbeiten, um doppelte Arbeit zu vermeiden. Irgendwie würde es schon gehen. Und es ging sogar gut. Trotz meines Fünffingersystems war ich auch nicht so langsam, wie ich befürchtet hatte. Und was konnte man nicht alles machen! Ich begann, die Vorzüge des PCs zu entdecken und zu schätzen. Ganz sicher hat Meister M mir mit seiner »sanften« Kraft (sie ist nicht immer so sanft, wie alle, die schon länger bei ihm sind, wissen) dabei den Rücken gestärkt. Nachdem seine Autobiographie *Im Herzen der Welt*, in der er auch viel Persönliches von sich preisgibt, erschienen war, wurde es üblich, ihn offiziell Meister M zu nennen.

Dann gab es noch den Unsicherheitsfaktor, ob Meister M überhaupt mit meiner Art, ein Manuskript zu bearbeiten, einverstanden wäre oder ob er zu den Autoren gehörte, mit denen man um jedes Komma ringen muss. Das klärte sich schnell nach der ersten Textprobe, die ich ihm schickte. Er war zufrieden und schrieb mir, dass er in meine Fachkenntnis vertraue und mir freie Hand lasse. Ganz so frei fühle mich nun doch nicht. Größere Änderungen, schwer verständlich Formuliertes, wenn ich nicht weiß, was er meint, und Vorschläge meinerseits markiere ich verschiedenfarbig, sodass er selbst entscheiden kann. Und er ist schnell, er kennt keine Entscheidungsschwierigkeiten, wie ich manchmal. Die Antwort kommt meistens postwendend. Das musste ich auch lernen: Wenn er ein Mail schickt, dann will er die Antwort nicht erst in drei Tagen, sondern möglichst sofort oder wenigstens am gleichen Tag, sonst kann sein Ton doch etwas schärfer werden.

Unsere Kommunikation erfolgt hauptsächlich über E-Mail und ist meist kurz und aufgabenbezogen. Hin und wieder führen wir auch Telefongespräche, das heißt, Meister M ruft mich an – in unregelmäßigen Abständen, manchmal öfter, manchmal ganz selten, aber fast immer überraschend. Er möchte dann vielleicht etwas besprechen, was mündlich einfacher und schneller geht, oder sich nach dem Stand meiner Arbeit an dem jeweiligen Buch erkundigen, mich etwas fragen oder eine Frage von mir beantworten oder ganz einfach nur wissen, wie es mir geht. Wenn ich nicht gerade ein schlechtes Gewissen haben muss, weil ich mit irgendetwas im Verzug bin, sind das immer sehr schöne Momente. Nach dem Beruflichen beginnt Mario häufig noch ein ganz normales Gespräch. Er hat einen ausgesprochenen Sinn für Humor, und wir lachen viel. Man kann sogar mit ihm flachsen, was ich als Deutsche in der Schweiz sonst etwas vermisse. Manchmal kichere ich, nachdem er schon aufgelegt hat, noch minutenlang vor mich hin. Ich muss gestehen, oft geht es mir an dem Tag, an dem er mich anruft, nicht besonders oder mir fehlt jegliche Motivation. Schon im Laufe des Gesprächs geht es mir besser, und danach fühle ich mich um eine Bürde leichter und weiß dann dankbar: »Aha, Meister M war am Werk.«

Meister M ist ein idealer Chef. Er kennt genau meine Schwächen, mit denen er geschickt umgeht, und meine Stärken, die er fördert. Er ist geduldig mit mir, drängt nie, setzt mich nie unter Stress, und man erhält Lob. Wo findet man das heute noch im normalen Arbeitsalltag?

In einem der ersten Jahre beim Darshan in München sagte er zu mir: »Du hast ja immer noch diese tiefe Trauer in dir.« Dabei sah er mich intensiv an. Ich wusste, dass es so war. Mein ganzes Wesen war, auch nach so vielen Jahren noch, durchdrungen von der Trauer um meinen geliebten Mann. Ich *war* Trauer. Benommen von der ungeheuren Energie, die von ihm ausging, stolperte ich zurück an meinen Platz. Als ich nach einiger Zeit in mich hineinblickte, konnte ich es kaum fassen: Diese dunkle, schwarze Trauer war verschwunden, einfach weg. Zurückgeblieben war ein leichtes Trauergefühl, etwas Normales. Fortan konnte ich wieder leben. Dafür bin ich Meister M unendlich dankbar.

Auf meinem langen (zeitlich gesehen) spirituellen Weg durfte ich, auch über unseren Verlag, vielen Lehrern und Meistern begegnen, von denen einige meine Lehrer wurden. Sie sind inzwischen alle verstorben. Geblieben ist Amma (Mata Amritanandamayi), die ich seit 1987 kenne und der ich mich zutiefst verbunden fühle.

Sie verkörpert für mich die allumfassende, alles verstehende, wärmende, unerschöpfliche und unermessliche mütterliche Liebeskraft, die jeden Menschen als ihr Kind betrachtet und ihn vorbehaltlos, ohne Bedingung in ihre Arme nimmt, so wie er ist. *Er*, Meister M, ist wie das durchdringende Schwert der Unterscheidungskraft, das alles Unwesentliche abschneidet, er ist Klarheit, die jeden Winkel durchleuchtet und Illusionen zerstört, und er ist ein gigantisches Kraftwerk an heiliger, alchemistischer Energie. Und dahinter leuchtet ebenfalls die universelle Liebe, nur in einer anderen Facette.

In den vielen Jahren, die ich nun bei Meister M bin und für ihn arbeiten darf, ist mein spirituelles Leben erheblich nüchterner und einfacher geworden. Gleichzeitig ist auch in meinem Alltag mehr Klarheit und Normalität eingekehrt. Mein Weg und meine Erfahrungen, auch meine Anziehung für indische Spiritualität haben mich letztlich dahin gebracht, dass ich mich in Meister Ms (geschriebene) Worte einfühlen und seine Formulierungen so ändern kann, dass sie schöneres Deutsch werden, aber den von ihm beabsichtigten Sinn behalten. Eine herausfordernde, lohnenswerte Aufgabe!

Danke, Meister M, für dein Vertrauen in mich.

Urte Knefeli-Zemp
Im Sommer 2011

Die Sonne geht auf

Manuel-V. Kissener

Genf, 1986: Zusammen mit einem Schweizer Verlagskollegen und Auslieferer hatten wir uns in Genf zur ersten dort stattfindenden Buchmesse einen Stand gemietet.

An einem der Messetage, es war gerade nicht viel an unserem Stand los, beobachtete ich die Messebesucher, die in der Halle herumliefen und an den verschiedenen Messeständen schmökerten.

Auf einmal wandte ich meinen Blick – ohne ersichtlichen Grund – zur anderen Seite der Messehalle. Ein fragil wirkender Mann kam mit einem etwas unsicheren Gang geradewegs auf unseren Messestand zu. Eine Frau begleitete ihn. Ohne aufdringlich sein zu wollen, beobachtete ich die beiden aus meinen Augenwinkeln. Es schien, als hätten sie keinen Blick für die vielen anderen Aussteller und Stände. Der Mann, der körperlich beeinträchtigt zu sein schien, musterte mich von Weitem eingehend. Langsam, aber zielstrebig näherten sie sich uns, ohne sich ablenken zu lassen. Direkt vor mir blieben sie stehen. Zunächst dachte ich ja noch, dass die beiden sich ganz speziell die Bücher unseres Standes ansehen wollten. Aber nein!

Ich bin mir nicht mehr ganz im Klaren, was dann geschah. Aber als ich meinen Blick auf den Mann richtete, sah ich zunächst nur noch Augen. Und was für Augen! Tief und geheimnisvoll wirkten sie. Alles was ich in diesen Momenten in der Lage war wahrzunehmen, waren diese unergründlichen Augen, die mich nicht losließen. Ich weiß nicht mehr, wie sich die beiden vorgestellt haben, doch eines ist mir klar in Erinnerung geblieben: Mit schwer verständlicher Stimme und doch mit unmissverständlicher Bestimmtheit sagte der Mann: »Du bist mein Verleger!«

Von dem, was wir an diesem Tag ansonsten besprochen haben, ist mir nichts im Gedächtnis geblieben. Ich machte mir aber während dieses kurzen Gesprächs ein paar Notizen auf einem Block.

Nachdem ich den beiden noch meine Visitenkarte überreicht hatte und sie zu mir sagten, dass sie sich bei mir melden würden, waren sie auch schon wieder weg.

Beim Überfliegen meiner Notizen registrierte ich erst, wer mich da zu seinem Verleger auserkoren hatte. Da stand: »Mario Mantese, Musiker, Schriftsteller und Produzent. War wegen eines Messerstichs ins Herz klinisch tot. Erstes Buch, *Vision des Todes*, ist bei einem Schweizer Verlag erschienen. Neues Manuskript, ein Märchen mit dem Titel *Das Geheimnis vom Weißen Stein*, wird uns zugesandt.«

Inzwischen sind bereits elf Bücher von ihm in unserem Verlag veröffentlicht worden, dieses hier ist das zwölfte. Mehrmals im Jahr rufen wir uns gegenseitig an, hauptsächlich in Bezug auf das Erscheinen seiner Bücher. Immer wieder lud mich Mario Mantese zu seinen Zusammenkünften in München ein. Eigentlich wäre das für mich kein allzu großer Aufwand gewesen. Dennoch suchte ich meist nach Ausflüchten, nicht dorthin zu fahren. Manchmal ließ ich mich auch von meiner Kollegin verleugnen, um nicht mit ihm reden zu müssen.

War es Angst vor dem Unbekannten oder Unsicherheit vor etwas, das ich einfach nicht zu erkennen vermochte? Hinzu kam, dass ich nach Schuldigen und Rechtfertigungen für die den Verlag langsam treffende Erfolgsmisere suchte, um die Schuld daran allen anderen – den Autoren, meinen Zulieferern, meinen Mitarbeitern wie auch meinem Vater, von dem ich den Verlag Anfang der 80er-Jahre übernommen hatte – zuzuschieben und nur mich dabei auszunehmen.

Ja, mein Vater: ein lieber, fleißiger und in spirituellen Dingen erfahrener Mann. In über 35 Jahren hatte er einen kleinen, aber renommierten und spirituell orientierten Fachverlag aufgebaut, der im deutschsprachigen Raum auch erfolgreich war.

Einen dunklen Punkt gab es jedoch: Obgleich ich schon mehrere Jahre im Verlag angestellt war, in die Hintergründe verlegerischer Arbeit hatte er mich nie wirklich eingeführt. Vom Buchsatz zur Grafik, vom Marketing bis zum Vertrieb – bei alldem ließ er sich nicht über die Schulter blicken. Ich musste also ins eiskalte Wasser springen und mir das Schwimmen selber beibringen.

Nun ging es die ersten Jahre auch ganz gut. Ich konnte mir die allerwichtigsten Dinge, die in einem solchen Betrieb vonnöten waren, mit der Zeit aneignen. Einige neue Bücher hatte ich ja bereits eigenständig ins Programm aufgenommen.

Stationen, Aufgaben, Ziele, Voraussagen

In den sechs Jahren, bevor ich den Verlag übernommen habe, war ich, nach Abschluss des Handelsdiploms, im Betrieb meines Vaters bereits fest angestellt. Schon vorher, in der Zeit, in der ich als Jugendlicher immer wieder kleinere Aufgaben im Verlag übernommen hatte, hauptsächlich im Werbeversand, interessierte mich der Inhalt vieler der im Verlag veröffentlichten Bücher.

Bereits als Kind wurde ich durch meine Eltern und deren Besucher immer wieder mit spirituellen Themen konfrontiert, die zum Teil auch mein jugendliches Interesse weckten. Waren da im Verlag doch Bücher zu haben, in denen von Gott als dem von jedem wahrnehmbaren »Licht« geschrieben wurde, und solchen, die Hilfen zur Selbsthilfe versprachen. Bücher also, die mich im Gegensatz zu dem, was ich im Religionsunterricht lernte, tief im Inneren angesprochen haben.

Soweit meine Erinnerung zurückreicht, beschäftigten mich solche Dinge. Immer habe ich nach etwas gesucht, und immer wieder stellte sich mir die Frage: »Was ist der Grund meines Hierseins?« – Aber eine befriedigende Antwort fand ich nicht.

Bereits in jungen Jahren begann ich mich mit fernöstlichen Kampftechniken (Judo), autogenem Training und Yoga zu beschäftigen, um meinen Körper zu erkunden und zu erfahren. Als Kind und Jugendlicher hatte ich mit Allergien, Kreislauf- und anderen gesundheitlichen Problemen zu kämpfen und die Schulmedizin brachte mir kaum Linderung.

Selvarajan Yesudian, ehemals Autor beim Verlag, hatte mir bereits als Vierzehnjährigem während eines Besuches bei meinem Vater prophezeit, dass ich meine Aufgabe im Verlag meines Vaters finden würde. Er glaubte gar mich als »alten Yogi« wiederzuerkennen, da ich schon immer am liebsten im Lotos-Sitz Platz nahm und die kompliziertesten Asanas (körperliche Yogaübungen) auszuführen in der Lage war. Jedoch hatte ich bis dahin keinen Yoga-Unterricht genossen. Auch Elisabeth Haich, ebenfalls Verfasserin einiger spiritueller Grundlagenwerke, stimmte ihm unumwunden zu. Sie meinte: »Du, mein Lieber, wirst hier deine Berufung finden.«

17

Ich hingegen hatte, trotz der Aussagen und Prophezeiungen Herrn Yesudians und Frau Haichs, noch kein Ziel vor Augen. Ich wusste weder was ich tun sollte noch was ich tun wollte. Zudem war ich eher geneigt, mich handwerklich oder künstlerisch zu betätigen. Dennoch übernahm ich den Verlag zum 1. Januar 1980.

Ungeduld und Bitternis

Dann, wie bereits erwähnt, Genf, Buchmesse und Mario Mantese. Ich spürte, da ist etwas, das mich mit ihm verbindet, ich wusste nur nicht, was es war. Eigenartig: Nach der Messe in Genf kam ich nie wieder auf den Gedanken, den Verlag dort zu präsentieren. Hatte er mich dorthin »gerufen«?

Leider stellte sich mit der Zeit meine Situation als Kaufmann immer mehr so dar, dass wir wirtschaftlich gerade so über die Runden kamen. Erfolgserlebnisse blieben aus. Dadurch wuchs die Ungeduld in mir, und eine Bitternis über meine Arbeit als Verleger ließ mich an mir selbst und meiner Tätigkeit zweifeln.

Das alte Sprichwort, »Nach sieben mageren Jahren folgen sieben fette«, schien nicht für mich zu gelten. Im Gegenteil: Der Verlag konnte kaum noch seine Umsätze halten und musste jährlich mit teilweise gewaltig steigenden Kosten rechnen. Es blieb höchstens eine minimale Hoffnung, dass sich daran etwas ändern würde, die »sieben fetten Jahre« schienen nicht in Aussicht.

Häufig war ich geneigt, alles in die Ecke zu werfen und mich auf Wanderschaft zu begeben. Manchmal war es mir, als müsse ich einfach alle Verantwortung – auch die gegenüber mir selbst – ablegen und abgeben; nur noch tun, was ich wollte, oder mich einfach in eine Höhle oder Einsiedelei zurückziehen, in der ich mich mit nichts auseinanderzusetzen hätte.

Aber hatte nicht ein Kartenleger, als ich etwa 18 Jahre alt war vorhergesagt, ich würde meiner Lebtag Glück haben, wie es selten einer hätte? Wo aber bitte blieb dieses Glück? Ich haderte mit mir, der Welt und dem Göttlichen, das mich offensichtlich vergessen hatte und nicht zu kennen schien.

Rückblickend ist mir heute klar, dass ich mich damals völlig orientierungslos in meinem Leben vorwärtszubewegen versuchte. Die Ziele, die ich mir damals setzte, waren ebenso oberflächlich wie egozentrisch und, da mir der tiefere Sinn in meinem Leben fehlte, rein auf Äußerlichkeiten gerichtet. Offenbar war ich mit meinen Erfahrungen und dem bis dato Wahrgenommenen äußerlich hängen geblieben und wusste weder ein noch aus.

Lichtstrahlen

Eines Tages, als ich im Büro wieder vor mich hingrübelte und am liebsten alles vergessen hätte, läutete das Telefon. Mario war am Apparat! Einmal mehr lud er mich zu einer seiner Zusammenkünfte in München ein. Er meinte: »Das wird dir ganz bestimmt guttun.« Ich entgegnete, dass ich es mir überlegen wolle, hatte aber bereits den Hintergedanken, eh nicht dorthin zu fahren.

Nach Beendigung des Gespräches blieb mir aber dieser eine Satz in Erinnerung: »Das wird Dir guttun!« Regelmäßig wiederholte ich ihn in Gedanken. Selbst in der darauffolgenden Nacht verfolgte mich dieser Satz bis in meine Träume. Am nächsten Morgen wusste ich nicht was ich geträumt hatte, nur dass sich dieser Satz ein ums andere Mal wie ein Mantra wiederholte.

Also entschloss ich mich, doch die Zusammenkunft zu besuchen. Zudem musste ich ohnehin nach München, um Robert A. die Bücher von Mario Mantese zu bringen. Er organisierte an diesen Wochenenden den Büchertisch. Somit hatte ich noch einen weiteren Grund, zu dieser Zusammenkunft zu fahren. Mir war aber nicht annähernd bewusst, dass sich während dieses Wochenendes mit Meister M mein Leben von Grund auf ändern würde.

Was dann während der Zusammenkunft geschah, ist Ausdruck der Zusammengehörigkeit und der Bande, die uns über Jahrhunderte vereinen.

Zu Beginn des Darshans saß ich zusammen mit über tausend Menschen im Saal und wartete darauf, dass Meister M auf der Bühne erschien. Einige einführende Worte von Dominik, einem langjährigen Schüler von ihm, bereiteten uns darauf vor, dass Meister M gleich auf die Bühne treten werde. Dann drückte Dominik auf den Startknopf eines Diskplayers, aus dem wunderbare, tiefgehende und ergreifende klassische Musik erklang. Ich schloss die Augen und wartete, tief ein- und ausatmend, auf das Erscheinen von Meister M, während ich gleichzeitig die Musik genoss, die im Hintergrund hörbar war.

Ohne die Augen zu öffnen, wusste ich, dass er die Bühne betreten hatte. Ich fühlte, wie sich eine immense Kraft im Raum ausbreitete, die ich einige Minuten auf mich wirken ließ. Unwillkürlich begann ich ein wenig zu blinzeln, als ich zu meinen glaubte, das Licht hinter meinen geschlossenen Augenlidern würde heller bzw. stärker. Dabei sah ich, wie er auf einem kleinen für ihn bereitgestellten Sofa Platz genommen hatte. Mit einigen Handbewegungen in der Luft schien er unsichtbare Welten zu bewegen oder geradezurücken.

Seine Augen wanderten im Raum über die Anwesenden hinweg. Es mutete mich so an, als würde er jeden Einzelnen der über tausend anwesenden Teilnehmer in Augenschein nehmen. Wie mit Lichtstrahlen schien er bis in die dunkelsten Winkel des Saales zu blicken, um diesen energetisch aufzuladen. Ich musste mich geradezu zwingen, meine Augen wieder zu schließen und abzuwarten. Nach einigen weiteren Minuten, während derer ich mich zu entspannen begann, schaltete er das Gerät wieder aus. Der Darshan begann.

Über 1200 Menschen, Frauen und Männer jeden Alters, stellten sich der Reihe nach im Mittelgang des Saales auf und warteten darauf, sich direkt vor der Bühne von ihm geistig »umarmen« zu lassen. Er blickte jedem Menschen tief in die Augen, er schaute durch sie hindurch.

Bei einigen ließ er sich etwas mehr Zeit als bei anderen. Hin und wieder reichte er einem der Teilnehmer ein Plätzchen, Symbol für eine besondere Segnung, die diese dadurch erhielten.

Es dauerte eine geraume Weile, bis auch ich direkt vor der Bühne bzw. vor Meister M stand. Ruhe und Zufriedenheit mischten sich mit dem Wiedererkennen und seinem Lächeln, mit dem er mich ansah. Wieder, wie vor fast zwanzig Jahren in Genf, sah ich nur diese Augen. Ich hatte das Gefühl, mich umhülle ein ganz besonderer Lichtstrahl; einer, der mich alles vergessen ließ. Nachdem er mich mit einem Kopfnicken wissen ließ, dass die geistige »Umarmung« abgeschlossen sei, taumelte ich zurück an meinen Sitzplatz. Dort schloss ich meine Augen, um sich das, was ich in diesen paar Sekunden empfangen hatte, entfalten zu lassen. Es dauerte nicht lange, bis ich bemerkte, wie einige Tränen über meine Wangen rollten. Ich ließ es einfach zu. – Wann hatte ich das letzte Mal geweint?

In den folgenden Stunden, in denen dieser Darshan noch im Gange war, bewegte sich vieles in mir. Plötzlich, als hätte ich eine Eingebung, wurde mir bewusst, dass mein bisheriges Leben, meine Existenz, nicht abhängig von meinem äußeren, körperlichen Tun war, sondern alleine von der Gesinnung, mit der ich meine Arbeit und mein Leben bewältige. Und diese meine Gesinnung stimmte nicht.

Ich erkannte: Meine bisherigen Vorstellungen müssen wie eine Seifenblase zerplatzen, ehe ich anfangen könnte, mich mit dem auseinanderzusetzen, was wirklich ist.

Mit dieserart Gedanken, die mich noch über den Zeitrahmen des Darshans hinaus vereinnahmten, ging ich ins Hotel zurück und legte ich mich abends ziemlich verwirrt ins Bett. Ich weiß noch, dass ich träumte, gefangen zu sein, der Einzige aber, der mir helfen konnte, mich zu befreien, ich selbst war. Ich musste also beginnen, mich langsam zu entwirren, die Irrungen zu ent-lassen, mich also von den Äußerlichkeiten meines bisherigen Lebens zu lösen.

Am folgenden Tag, als Meister M zu den Anwesenden sprach, musste ich mich, um ihn zu verstehen, tief konzentrieren. Plötzlich aber schien sich eine Schranke zu öffnen, die mir erlaubte, seine Worte direkt in mich einfließen zu lassen. Ich hörte sie nicht mehr, aber umso besser verstand ich sie. Ich begriff plötzlich, dass seine Worte für mich einen Neuanfang darstellten.

Ich spürte, wie alte Krusten von mir abplatzten und anfängliche, noch immer vorhandene Widerstände brachen. Mit der Zeit fand ich einen Punkt in mir, an den ich mich ganz bewusst zurückziehen konnte: meine Mitte. Von dort aus war es möglich, ohne mich durch eigene, hemmende Vorstellungen zu beschränken, seine Wortkraft ganz aufzunehmen.

Ohne es zu wissen, kam ich dem, was ich seit Langem gesucht hatte, viel näher, als ich es je hätte glauben können. Innerlich steuerte ich, während er zu uns sprach, auf ein völlig neues Leben zu; ein Leben, das nichts mit meinem bisherigen gemein hatte.

Aus dem früheren Menschen, der ich gewesen war, kroch, wie aus einem fest verschlossenen Kokon, ein neuer.

Alte Muster

Ein paar Tage nach der Zusammenkunft, als ich zu Hause langsam wieder zu mir kam, fiel mir gleich auf, dass sich einiges grundlegend veränderte. Mit der Zeit wagte ich mich an Aufgaben, die ich vorher nie selbst ausgeführt und deshalb lieber extern vergeben hatte. Diese teilweise sehr teuren externen Arbeiten gingen mir mit einem Male so gut von der Hand, als wäre ein Knoten geplatzt. Dinge, mit denen ich mich nie befasst hatte, waren so locker und einfach zu bewältigen, als hätte ich sie schon immer getan: Ich entwarf Grafiken, gestaltete Prospekte und Magazine und begann mit einem Layout-Programm, das schon seit Jahren ungenutzt auf meinem Computer lag, zu arbeiten. Ich bin mir sicher, dass während der Zusammenkunft etwas passiert war, das mich innerlich für Neues bereit machte und öffnete.

Dennoch fiel ich, ohne es selbst zu bemerken, langsam wieder in meine alten Muster zurück. Nun aber, da ich Meister M innerlich gestattet hatte, einzugreifen, scheute er sich auch nicht, als ich in diese alten Zustände zurückzufallen drohte, wie ein kleiner Orkan mit heftigen Böen über mich hinwegzufegen. Er erreichte damit, auch wenn es mir manchmal völlig widersinnig zu sein schien, mich aus meinem mich hypnotisch festhaltenden Selbstbildnis zu lösen.

Mein alter Lehrer

Eines Tages, es ging darum, seine Autobiographie *Im Herzen der Welt* für den Druck vorzubereiten, überraschte mich eine Passage, die ich gerade las. Da stand, dass sich Meister M in Indien zu einer der berühmten »Palm Leaf Libraries« begeben hatte. Diese Palmblattbibliotheken bewahren die von alten Heiligen und Weisen in Meditation geschauten

Lebensspuren der Menschen, die in der Vergangenheit in Indien gelebt haben.

Ich las weiter, bis es zur Lesung selbst kam und ihm unter anderem Folgendes vorgetragen wurde: »Hunderte deiner heutigen Schüler waren bereits in deinem letzten Leben als Schüler mit dir zusammen, du hast sie wiedergefunden, und auch der Mann, der jetzt deine Bücher verlegt, gehörte dazu.«

Das konnte doch nicht sein! Ich dachte bis zu jenem Tag, als ich das las, dass in diesen Bibliotheken die Lebensspuren der vergangenen Leben verzeichnet wären als Hilfe für Menschen, die im Heute Hilfe und Rat suchten, nicht aber, dass dort auch Voraussagen zu finden wären, die direkt auf unser jetziges Leben Bezug nehmen.

Nun gut. Ich überlegte: Einerseits war ich immer schon daran interessiert, die Fragen nach dem »Woher komme ich und wohin führt mein Weg« wenn irgend möglich zu ergründen. Auch hatte ich mich bereits seit vielen Jahren mit dem Reinkarnations-, Palingenese- oder Wiederverkörperungsgedanken beschäftigt und auseinandergesetzt. Ich war fest davon überzeugt, schon seit ich als 14-Jähriger Herrn Yesudian traf, dass wir nicht zum ersten Male unsere Runden auf diesem Weltenkreis drehen. Aber konnte es tatsächlich sein, dass die alten, heiligen Rishis und Weisen Indiens schon vor Jahrhunderten niedergeschrieben haben, dass ich, hunderte Jahre später, Meister Ms Verleger würde?

Ich zweifelte tatsächlich am Inhalt dieser Buchpassage, da es mir einfach unmöglich schien, dass man vor hunderten von Jahren solche Aussagen hatte niederschreiben können. Lange sann ich darüber nach. Fast war ich geneigt, Mario zu unterstellen, dass bei der Niederschrift dieser Worte seine Phantasie mit ihm durchgegangen sei. Kurz darauf telefonierten wir miteinander. Immer noch von Zweifeln geplagt, fragte ich ihn, ob diese Passage wirklich auf mich, seinen jetzigen Verleger, zuträfe oder ob sein erster Verleger damit gemeint sei. Auch versuchte ich, meine Zweifel in irgendeiner Weise zu formulieren.

Er antwortete: »Natürlich bist du gemeint. Wer denn sonst?« (Später erklärte er mir, dass diese Lesung auf Kassette aufgenommen worden sei und er mir diese gerne abspielen würde, falls ich Zweifel hätte.)

Ich grübelte weiter, da diese Antwort einfach nicht ausreichte, meine Zweifel zu vertreiben. Dann aber erinnerte ich mich wieder an unser erstes Treffen in Genf, zwanzig Jahre zuvor, und an den Satz: »Du bist mein Verleger!« Auch rief ich mir in Erinnerung zurück, was mich damals so tief angerührt und bewegt hatte: seine Augen!

Jetzt kam mir langsam zu Bewusstsein, dass ich schon damals diese Augen als die meines früheren Lehrers wiedererkannt haben musste, ich aber zu diesem Zeitpunkt noch zu eingeschränkt im Denken war, um das erfassen zu können.

Er, Meister M, mein alter, bewunderter Lehrer längst vergangener Tage, hat mich gesucht und gefunden. Er hat mich nach Genf gerufen, kam, sah mich und setzt nun das fort, was in den alten Zeiten nicht vollendet werden konnte.

Diese Erkenntnis und in mir nun auch gefestigte Gewissheit veranlasste mich, mich in meiner Wohnung einzuschließen, um mit der Tragweite des Erkannten geistig in Übereinstimmung zu kommen. Stunden später begriff ich auch, dass er bereits damals in Genf, wenn nicht sogar schon vorher, das Zepter in der Hand gehalten hatte und mir seit jenem Zeitpunkt half, meine äußerlich begründeten, egozentrischen Motive zu beschleunigen, um mir damit die Augen zu öffnen und einen Weg aus meinem Dilemma zu weisen, auch wenn es zwanzig Jahre dauern sollte.

Er hat mir alle Freiheit gelassen, auch die, erst dann zu seinen Zusammenkünften zu kommen, als ich dazu bereit war. Er hat mich über die ganzen Jahre, trotz meiner inneren Widerstände, gestützt, geführt und geleitet, bis ich es innerlich schaffte, sein Vertrauen, das er in mich setzte und mir entgegenbrachte, erwidern zu können.

Das »Licht einer großen Seele« hat mich berührt, und ich danke Mario Mantese – Meister M – aus tiefstem Herzen dafür, ihn einen Freund nennen zu dürfen. Spuren und Kreise aus alten Zeiten schließen sich. Wir, seine Schüler und ich, haben uns im Strudel der Zeit verloren. Aber er hat keinen seiner Schüler je aufgegeben. Auch heute noch finden viele Menschen aus verschiedenen Kulturen und Religionen zu ihm. Tausende Menschen sind jetzt bereit, sich von ihm und mit seiner Hilfe zu der »Großen Stille«, die er lebt und ist, hinführen zu lassen und sich ihr hinzugeben.

Meister M ist es, der uns alle wieder mit dem Göttlichen in uns zu ver-*einen* vermag. Er sagt, »dass Gott alles ist und wir deshalb nicht außerhalb oder getrennt von ihm existieren können«.

Meine Fragen an Meister M

F.: Immer, wenn ich von deinen Zusammenkünften nach Hause komme, empfinde ich ein Hochgefühl und eine Freude, also ein völlig verändertes Lebensgefühl als vorher. Leider gehen diese Gefühle mit der Zeit im Alltag wieder (zumindest etwas) verloren. Wie kann ich dieses »Gewahrsein« in mir bewahren, ohne dass es wieder verloren geht?

MM: Um auszureifen, braucht es Geduld. Wenn am Morgen die Sonne aufgeht, dann braucht es eine Weile, bis das Sonnenlicht allen Nebel, allen Dunst und alle Schatten getilgt hat. Hochgefühle, die man an den Zusammenkünften erlebt, sind Indikatoren, sie weisen auf etwas Tieferes hin, auf etwas, das du bist, auf etwas, das grundlos glücklich ist.

F.: Was ist Leben? Was ist der Tod?

MM: Das Leben des Menschen ist mit der Welt, in der er lebt, verknüpft. Die Innenwelt spiegelt die Außenwelt und die Außenwelt spiegelt die Innenwelt, sie bedingen einander. Gäbe es keinen Erlebenden, dann gäbe es auch keine Welt. Der Erlebende ist die Welt selbst, doch der existiert bloß als Vorstellung im Bewusstsein.

Der innere Tod ist das Ende des Erlebenden und des Erlebten, das Ende aller spekulativen Möglichkeiten und mentalen Abläufe. Dessen hier und jetzt gewahr zu sein, nennt man Sterben. Leben und Tod sind zwei Aspekte der einen Realität, doch nicht die eine Realität an sich.

Wer erwacht, ist unbeeinflusst von dem, was sich im Raum und durch den Raum bewegt. Wer erwacht, ist unbeeinflusst von dem, was der Raum alles beinhaltet, also auch vom Leben und vom Tod.

F.: Warum kommen so viele Menschen mit ihrem Leben nicht zurecht und warum haben sie solche Angst vor dem Tod?

25

MM: Wer sich vor dem Leben fürchtet, fürchtet sich auch vor dem Tod. Der Tod kann nicht getrennt vom Leben existieren und das Leben nicht getrennt vom Tod. Deshalb sollte man herausfinden, was man war, bevor man geboren wurde. Wer mit dem Leben nicht zurechtkommt, sucht ständig nach Lösungen für seine Probleme. Gute und schlechte Erfahrungen gehören zur Welt, zum Verstand, deshalb sollte man beiden mit Gleichmut begegnen und sie überschreiten. Realisiere DAS, was jenseits des Körpers, jenseits von Leben und Tod ist, dann werden alle Probleme und alle Zweifel verdunsten! Das, was du wirklich bist, kannst du nicht verstehen, nur das, was du wirklich nicht bist, kannst du verstehen.

F.: Ich habe gelesen, dass Vergangenheit, Gegenwart und Zukunft nicht unabhängig voneinander zu betrachten sind, sondern in Wirklichkeit nur in der von uns fehlinterpretierten Zeit-Raum-Schiene als getrennte Zeiteinheiten angesehen werden. Worin liegt dann unser Denkfehler im Hinblick auf das Geschehen im Hier und Jetzt?

MM: Raum ist das, was wir als Tiefe, Höhe und Breite durch die Sinne wahrnehmen, empfinden und interpretieren. Raum ist das, was Volumen bildet. Zeit ist das Maß, das nötig ist, um der Dinge im Raum gewahr zu sein. Raum und Zeit existieren jedoch nur konzeptuell, sie bilden die essenzielle Grundlage für das Erscheinen und Vergehen der Erlebniswelt im Gehirn, einer Erlebniswelt, die es jedoch in Wirklichkeit nicht gibt. Da die Sinne selbst nur Instrumente des Gehirns und seiner Funktionalität sind, stellt sich die Frage: Existiert der denkende und fühlende Mensch einzig als Produkt einer Vorstellung im Gehirn?

Im Hier und Jetzt gibt es weder Vergangenheit noch Zukunft. Gegenwart ist der überlagerte Ort, wo diese Raum-Zeit-Vorstellungen entstehen. Gegenwart ist nur ein anderer Name für den Verstand – den Verstand, aus dem der Gedanke »Ich bin« geboren wird.

Alles, was in den Sinnen erscheint und durch den Verstand verarbeitet wird, sind im Gehirn zusammengesetzte Lichtbilder, die sich im Bewusstsein spiegeln. Das Innere wird außen erlebt, wobei man vergisst, dass sowohl der Körper wie auch das Gehirn selbst Teil dieser illusionären Spiegelung sind.

Dessen gewahr zu sein, nennt man Erwachen. Im Erwachen werden alle Illusionen überschritten, so wird das, was du wirklich bist, offenbar.

F.: Was tun oder was übernehmen die Teilnehmer in deinen Zusammenkünften von dir, wenn, wie du sagst, »du nie einen Schüler gesehen hast«?

MM: Ich bin reines Gewahrsein, jenseits von Haben und Verlieren! Reine Liebe klebt nicht, zieht nicht an und stößt nicht ab. Schüler haben mich nicht und ich habe keine Schüler, denn ich bin kein Objekt, das man haben und halten kann. Ich will keine Abhängigkeiten!

Doch einem kosmischen Meister zu begegnen, ist für spirituell ausgerichtete Menschen gewiss wichtig.

F.: Du sprichst häufig davon, dass wir nicht die Spiegelung sind, in der wir unsere Kreise in diesem Weltenrund ziehen. Was ist die Spiegelung? – Ist es das göttliche Vater-Mutter-Prinzip, das sich in dieser Spiegelung selbst betrachtet?

MM: Die religiöse Vorstellung eines Vater-Mutter-Prinzips ist nichts als eine übernommene Idee. Das göttliche Vater-Mutter-Prinzip wird als Ursache und Erklärung für die Welt gesehen, für eine Welt, die es in Wirklichkeit nicht gibt. Alle Namen und alle Formen sind vergänglich und somit in Bezug zur Totalität irreal.

Alle konzeptuellen Gedankenbewegungen im Gehirn sind illusorische Konstrukte, Vor-Stellungen, die von der Totalität wegführen. Totalität ist wie eine weiße Leinwand, auf der die Welt wie ein Film abläuft.

Der Verstand ist der Filmdirektor, er bedient den Filmprojektor und dirigiert die Sinne. Er ist das Schauspiel, der Schauspieler und der Produzent selbst.

Die Realität des Hierseins ist wie eine weiße Leinwand, frei von Ursachen und frei von Wirkungen.

Realisieren bedeutet nicht Verstehen, sondern es ist eine unmittelbare totale Erfahrung in totaler Absenz eines Erfahrenden. Du bist Totalität und nicht die flimmernden Lichtbilder, die in deinem Gehirn entstehen und wieder verblassen. Du kannst nie das sein, was du dir vorstellst.

F.: Ich beschäftige mich schon lange mit dem Thema Tod und Wiedergeburt. Auch weiß ich, dass unser Karma, Schicksal oder Kismet, also der Weg, den wir gehen bzw. zu gehen haben, durch die Freiheit unseres Denkens und Tuns bestimmt wird: Wir setzen die Ursachen und müssen mit den Wirkungen leben und uns damit auseinandersetzen. Warum will das Göttliche das? – Was bezweckt ES damit, wenn wir davon ausgehen, dass wir aufgrund unserer geistigen Herkunft und Ursächlichkeit eigentlich mit ihm eins sind?

MM: Das Göttliche will nichts und bezweckt nichts. Es ist das Ego, das will und bezweckt. Das Ego erlebt den Weg, den es sich vorstellt und selbst entwirft, und da das Vorgestellte eine Ursache mit einer Wirkung ist, nennt man dieses Verwirrspiel des Egos auch Karma. Diese Verwirrung geht so weit, dass der Mensch von seinem Karma spricht.

Wenn in einem dunklen Raum eine Kerze angezündet wird, dann tut die Kerze selbst nichts, doch das Kerzenlicht verändert alles. Licht löst alle Dunkelheit auf und verändert augenblicklich die Atmosphäre im Raum. Das heißt, wenn der Mensch erwacht, dann löst sich die kindliche Vor-Stellung, dass Gott etwas will oder bezweckt, in nichts auf. Der Erwachende schaut zwischen den Gedanken hindurch und realisiert, dass er ohne Karma ist, weil er ungeboren die Welt nie berührt hat.

F.: Was ist die Realität, mit der wir uns auseinanderzusetzen haben, beziehungsweise was ist die Nicht-Realität, die Totalität? Ist es das Eins-Sein mit dem göttlichen Vater-Mutter-Prinzip?

MM: Realität ist kein Prinzip, mit dem man sich auseinandersetzen kann. Das Vater-Mutter Prinzip existiert, wie ich bereits erklärt habe, bloß als religiöse Vorstellung im Verstand, und der Verstand selbst besteht nur aus einem Bündel zusammengefügter, aktiver Gedanken und Vorstellungen.

Realität existiert vor dem Verstand, vor dem Suchenden mit all seinen Hoffnungen und Vorstellungen. Licht ist immer Licht, Licht wurde nie Schatten und Gott nie die Welt!

F.: Rational gehen wir immer noch vom Trennungsgedanken aus, also von der Getrenntheit aller Dinge, vor allem vom Göttlichen. Wie können wir in unserer Situation den Gedanken des immerfort gefühlten

»Getrenntseins« in uns auslöschen und eins mit allem, vor allem mit dem Göttlichen werden bzw. eins mit ihm sein?

MM: Wie kann man das, was man bereits ist, noch werden wollen? Wer sich um das Eins-Sein bemüht, sollte vor allem den Suchenden in Frage stellen. Die ständig gefühlte Trennung vom Eins-Sein existiert nur im Verstand, und der Verstand ist nicht mehr als ein Tagtraum. Lasse dich nicht von Vorstellungen verwirren und entferne dich nicht von deinem natürlichen Hiersein. Gott ist nicht etwas, das man sucht, sondern hier und jetzt realisiert.

F.: In welchem Zusammenhang sind kosmische Meister und das Eins-Sein mit dem Göttlichen zu sehen bzw. zu verstehen?

MM: In keinem! Zusammenhänge gehören zum Verstand, er erschafft Zusammenhänge.

Kosmische Meister sind in der Welt, aber nicht von dieser Welt, wobei sie, tief gesehen, weder existieren noch nicht existieren. Da sie eigentlich körperlos sind und doch physisch in der Welt leben, ist ihr Hiersein für das Ich-Bewusstsein ein Mysterium.

Sie erscheinen im Bewusstsein der Menschen als Körper, obwohl sie in Wirklichkeit form- und körperlos sind.

In der Anwesenheit von Meister M löst sich all das auf, was du wirklich nie warst, auch die Vorstellung, eine Persönlichkeit zu sein. Die illusorische überlagerte Persönlichkeit ist träge, plump und dicht. In ihr existiert auch die Idee, dass die Persönlichkeit mit einem Körper in der Welt lebt.

Du bist überzeugt, dass Namen und Formen dir gehören und dass diese wirklich existieren. Doch Namen und Formen existieren bloß als Vorstellungen im Bewusstsein und sind in Wirklichkeit leer und inhaltslos.

F.: In einem Interview sprachst du davon, dass es kein Ziel, keine Erfahrungen und keine Erkenntnis gebe, da es keinen Erfahrenden oder Erkennenden gibt. Ebenso sagtest du, dass es so etwas wie eine Selbsterfahrung nicht gebe, da das ewige Sein nicht erfahren werden kann. Was und wer sind wir dann, wenn der Suchende wie auch das Gesuchte nur als illusorische Vorstellung existiert?

MM: Was, wer und wohin? Verwirrte und verirrte Menschen suchen nach etwas anderem als dem, was sie bereits sind. Sie sind wie Fische im Ozean, die beharrlich das Wasser suchen.

Bemühe dich nicht, etwas zu erlangen oder aufzugeben, sonst bleibst du in deinen eigenen Vorstellungen stecken. Sei ganz natürlich das, was hier und jetzt ist. Sei einfach und normal! Entferne dich nicht von dir selbst – dem Selbst! Lass allen Dingen ihren freien Lauf, und dulde keine eigenen Gedanken.

Sei gewahr, was in deinem Innersten immer bei dir ist – DAS.

F.: Wie werden wir kompetent im »Sein, was wir wirklich sind«? Sich auf das »Wesentliche« einlassen, was bedeutet das für den im Alltag stehenden Menschen? Oder wie bringen wir unseren Verstand und unsere Vorstellungen zu diesem Wesentlichen?

MM: Da wir das Wesentliche bereits sind und es den Verstand in Wirklichkeit nicht gibt, gibt es für dich auch keine Notwendigkeit, dich auf das Wesentliche einlassen zu müssen. Wie kannst du etwas, das nie existiert hat, zu etwas, das wirklich existiert, hinbringen? Das Wollen und der Wollende müssen durchschaut werden. Die Idee, Handlungen innerhalb von Raum und Zeit auszuführen, existiert bloß imaginär, als Projektion im Bewusstsein.

Wer erwacht, entdeckt, dass es nur All-Tag gibt und dass der Mensch nicht getrennt vom All-Tag lebt und existiert.

Meister des Lichts

Eleonore Stachel

Ich bin die ältere Schwester von drei Brüdern, das Kind von Eltern, die den Lehrerberuf ausübten. Unsere Mutter war Biologin, die Grundlage ihrer spirituellen Suche war eine reelle wissenschaftliche Strenge. Unser Vater dagegen war begeisterter Philosophielehrer und vollendeter Opernsänger. Er erfüllte unsere Kindheit mit Arien und Menschenfressergeschichten, die er uns vor dem Schlafengehen erzählte.

Ich verbrachte eine glückliche Kindheit in einem kleinen Dorf im Berner Jura. Ich liebte die bäuerliche Welt, die Natur, die Bäume, die Blumen und den Wind.

Durch meine Großmutter lernte ich Lesen, lange vor dem Schuleintritt. Sie gab mir ihre Liebe zu Büchern weiter und entzückte mich mit Märchen, die sie für uns erfand. Mein Großvater vermittelte mir seine Liebe zu Bäumen.

In die Schule ging ich nicht gern, ich fühlte mich eingesperrt und wartete ungeduldig darauf, wieder hinauszukönnen. Ich wollte in den Wald, um dort allein oder mit meinen Gefährten zu spielen. Am liebsten kletterte ich auf Bäume und verbrachte dort oben, zwischen Himmel und Erde schwebend, meine Zeit. Sie waren meine Freunde.

Meine Mutter nahm mich oft auf ihre botanischen Streifzüge mit und lehrte mich so, die Schönheit zu sehen, die sich hinter allem verbirgt. Sie gab mir ihr Wissen über Pflanzen weiter, besonders über Pflanzen, die pflegen und heilen.

Als Heranwachsende begann mich mein Vater, dessen Suche mehr philosophisch als mystisch war, in seine Lieblingsbücher einzuweihen. Durch ihn lernte ich die Autoren kennen, die ich in den folgenden Jahren las. Von Karlfried Graf Dürkheim zu Arnaud Desjardins, von Krishnamurti zu Henri Laborit und verschiedenen Quantenphysikern, später Sri Ramana Maharshi und Swami Prajnanpad.

Suche nach dem Göttlichen – erste Schritte

Ich war zwar nicht getauft, wollte aber wie die anderen Kinder den normalen Religionsunterricht und die kirchliche Unterweisung besuchen. Zwischen der Art, wie Vater uns die apokryphen Evangelien erklärte, und den Wettkämpfen, die wir in der Unterweisung machten, bei denen es darum ging, wer am schnellsten dieses oder jenes Kapitel in der Bibel fand, lagen Welten.

Der Pfarrer, durch meine Fragen aus der Fassung gebracht, war überzeugt, dass ich sie absichtlich stellte, um seinen Unterricht zu stören. Er gab meinen Eltern zu verstehen, dass ich hier fehl am Platz wäre. Von dieser Erfahrung ist mir eine Bibel geblieben, die ich immer noch lese, und die Gewissheit, dass ich nie der protestantischen Kirche beitreten werde.

Liebe, Leben und Tod

Mit siebzehn verliebte ich mich in einen Mann, der ein paar Jahre älter als ich war. Wir waren erst einige Monate zusammen, als die Ärzte bei ihm Krebs diagnostizierten.

Die zwei Krankheitsjahre, die seinem Tod vorangingen, gehören zu den intensivsten und lebendigsten Jahren meines Lebens. Durch ihn lernte ich, weit über die Worte hinaus, die Sprache der Blicke und die ruhige Gelassenheit der Stille kennen. Ich lernte auch die Authentizität eines Menschen kennen, der keine Zeit mehr zu verlieren hatte und durch seine offenen Worte sein Gegenüber zu einer ebensolchen Authentizität verpflichtete. Manchmal, wenn ich ihm meine Hände auf bestimmte Körperstellen legte, verflüchtigte sich der Schmerz und war für eine Weile besänftigt.

Dank ihm wurde mir bewusst, dass sich das Leben in der Nähe des Todes in seiner größten Intensität offenbart. Und ich lernte in mir die unerträgliche Ohnmacht angesichts des Leidens kennen, das den Körper des geliebten Menschen zermalmte. In meinen Gebeten bot ich damals mein Leben dafür, damit er leben könne.

Im Laufe dieser zwei Jahre erlebte ich das ganze Spektrum an Gefühls-regungen und Empfindungen – von den egoistischsten bis zu den al-truistischsten. Während seiner ganzen Krankheitszeit vergoss ich keine einzige Träne.

Ich war von einem unerschütterlichen Vertrauen getragen, dass die Liebe alles vermag, alles heilt. Ich glaubte an eine wunderbare Regene-ration und lehnte die Diagnose der Ärzte konzessionslos ab. In dem Au-genblick, als er seinen letzten Atemzug tat, befand ich mich in einem Zustand zwischen Akzeptanz und absoluter Verweigerung. Ich weigerte mich, die Wirklichkeit zu sehen, wie sie war. Ich hielt ihn in den Armen, wollte ihn nicht loslassen, flehte ihn an, die Augen aufzumachen. Meine und seine Mutter brachten mich schließlich sanft dazu, seinen toten Körper loszulassen.

Diese intensive Erfahrung, in der mir das Leben in so kurzer Zeit alles geschenkt und wieder genommen hatte, löste in mir in der Folge zwei sehr verschiedene, extreme Bewegungen aus. Die eine trug mich und verstärkte meine Suche nach dem Göttlichen, meinen Hunger nach dem Absoluten, die andere zog mich in eine starke Isolation und Verzweif-lung.

Derjenige, den ich noch nicht als meinen Meister kannte, streckte mir auf dem Umweg über meine Mutter ein erstes Mal die Hand entgegen. Mehrmals hatte sie mir von einem erwachten Menschen und von des-sen einfacher, authentischer Art, die Dinge aufzuschlüsseln, erzählt. Er hieße Mario Mantese, seine Schüler würden ihn Meister M nennen.

Eine kleine Gruppe Menschen traf ihn zweimal im Jahr in einem klei-nen Dorf in den Jura-Bergen, auch Freiberge genannt, wo er franzö-sisch sprach. Meine Mutter lud mich ein, sie an eine dieser Begegnun-gen zu begleiten, denn sie war überzeugt, dass ich hier Antworten auf meine brennenden Fragen zum Thema Tod erhalten würde.

Doch meine Verzweiflung war zu groß, ich konnte dieser Einladung noch nicht Folge leisten. Ich floh vor den Gesichtern und Erinnerun-gen, die mir unaufhörlich meine verlorene Liebe ins Gedächtnis riefen und verließ für immer (glaubte ich) das Dorf, in dem all meine Freunde und meine Familie lebten und in dem ich verwurzelt war.

Flucht nach vorn

In den fünf darauffolgenden Jahren intensivierte sich meine spirituelle Wahrheitssuche. Durch die Veden und buddhistische Texte lernte ich die östliche Weisheit kennen.

Diese Lektüre bewirkte eine tiefe Identitätssuche. Ich begegnete verschiedenen Wahrheitssuchern und spirituellen Lehrern, doch meine innere Leere und das Gefühl, von mir selbst abgeschnitten zu sein, wichen nicht aus mir. Ich stürzte mich in Extremsportarten und fühlte mich nur in den paar Sekunden lebendig, in denen das Adrenalin durch meine Adern schoss. Ich hatte mehrere Unfälle, die aber nie so schwer waren, dass sie mich zu langen Spitalaufenthalten zwangen.

Begegnung mit Meister M

Zehn Jahre waren vergangen, seit ich zum ersten Mal von Meister M gehört hatte. Immer wieder hörte ich Erstaunliches von ihm, von verschiedenen Menschen in verschiedenen Situationen. Als mir dann noch mein Vater von ihm erzählte und mich zur nächsten Zusammenkunft einlud, nahm ich ganz natürlich an.

Auf das, was ich dann erleben sollte, war ich nicht gefasst. Ich betrat den Saal, gespannt darauf, diesen Mann, von dem ich so viel gehört hatte, endlich zu sehen. Seine ungewöhnliche Lebensgeschichte hatte in mir die Lust geweckt, ihm Gehör zu schenken.

Die Leute nahmen ruhig Platz. Als alle saßen, ging Meister M auf das Podium, setzte sich auf einen Stuhl, sprach ein paar Worte, die ich nicht verstand, und begann dann laut zu lachen. Es war ein strahlendes, ein totales Lachen, sprühend wie ein Feuerwerk. Es war ein ansteckendes Lachen, das tief in meinem Herzen wie ein Donnerschlag widerhallte. Ich hatte schon so lange nicht mehr gelacht, dass mich der Klang meiner eigenen Stimme beim Lachen überraschte, daran erinnere ich mich.

Nie hatte ich jemanden so lachen hören. Ohne etwas zu tun, bloß indem er war, wer er war, hatte er durch sein Lachen eine lang verschlossene Tür in mir aufgestoßen.

Dann, gleich vor Mittag, als die Aufmerksamkeit der Menschen im Saal etwas nachließ, forderte er uns mit ernster Stimme auf, die Hände auf die Knie zu legen und sagte: »Wir werden jetzt eine sehr wirkungsvolle spirituelle Yogaübung machen, die euch auf dem Weg der Erleuchtung weiterbringen wird.« Wir hörten alle ernsthaft und konzentriert zu und folgten aufmerksam seinen Anweisungen. Er begann: »Schließt die Augen, legt euren linken Daumen ans rechte Nasenloch und atmet tief ein. Dann kreist ihr mit der anderen Hand hinten herum um den Kopf und steckt den Zeigefinger ins Ohr. Das linke Bein sachte hochheben und hinter dem Kopf ruhen lassen.«

Er hatte uns geweckt und mit seinem Humor eine wunderbare Lektion erteilt. Er sagte, es sei doch erstaunlich, wie sehr wir alle auf Erfahrungen erpicht seien und jederzeit bereit, jeglichen x-beliebigen Humbug auszuführen. Dabei langte er sich an den Kopf und lachte laut, und alle im Saal lachten mit, denn den ersten Teil der Übung hatten alle gewissenhaft mitgemacht. Sein ansteckendes, unbeschwertes Lachen hatte in mir in einen unkontrollierbaren Lachanfall ausgelöst und Gott, wie gut das tat, ich hatte völlig vergessen, was ein solches Lachen im Körper bewirkte. Welch wohltuende Entspannung!

Je mehr der Tag voranschritt, desto tiefer drangen die lichtvollen Energien und seine kraftvollen Worte in mich ein. Ich befand mich außerhalb der Zeit, wie in der Schwebe zwischen zwei Gedanken, an einem Ort, an dem sie mich in Ruhe ließen. Es war so einfach und natürlich. Ich war gerne hier, ja, ich liebte es ganz einfach, hier zu sein, und ich liebte diese tiefe Stille, die Meister M umgab. Eine Stille, die meine Seele besänftigte und mir das Gefühl gab, zutiefst lebendig zu sein.

Ich saß hinten im Saal, und am Ende des Tages tat ich es den andern gleich, ich ging nach vorne, um ihm zu danken und mich zu verabschieden. Als ich mich anschickte, ihm die Hand zu geben, zögerte ich einen Augenblick. Er streckte mir seine Hand entgegen, die offene Handfläche nach oben gerichtet, sodass ich in diesem Moment nicht wusste, wie ich mich verhalten sollte. Das war seine Art, auf mein Zögern zu reagieren.

Ich schaute ihn an. Er saß da, strahlend, intensiv präsent, intensiv lebendig, so menschlich, zugänglich – »menschlich« auf eine so unerhörte Art. In seinem Blick leuchtete eine immense, tiefe, grenzenlose Sanftheit. Es war ein Blick, der weiß, der annimmt und aufnimmt, der versteht und bedingungslos verzeiht, voll von umfassendem, vollkommenem Mitgefühl.

Ich legte meine Hand in seine und spürte unmittelbar eine unerklärliche Vertrautheit. Ein Strom warmer Kraft floss in meinen Körper und füllte jede einzelne Zelle meines Leibes, so fühlte es sich an.

Und zum zweiten Mal an diesem Tag gab etwas Tiefes in mir nach. Auf dem Heimweg, allein in meinem Auto, begann ich endlich, diese Tränen zu weinen, die ich seit Jahren nicht vergossen hatte.

In den folgenden Jahren besuchte ich alle Zusammenkünfte, an denen französisch gesprochen wurde, da ich kein Deutsch sprach. Dann Jahre später reiste ich nach München, wo ich meinen ersten Darshan erlebte. Diese erste Erfahrung war ausschlaggebend, sie löste in meinem Leben tiefe Veränderungen aus.

Atem und Gesten

Klopfenden Herzens, in einer Mischung aus Ehrfurcht und innerem Jubel, näherte ich mich ihm an diesem ersten Darshan in Deutschland. Ich schaute in diese grenzenlos tiefen und leuchtenden Augen und wusste, diese Augen sind nicht von dieser Welt. Alles Verstehen-Wollen endete in diesem Augenblick.

Ich hatte so sehr gesucht, so sehr zu verstehen geglaubt, dabei hatte ich mich so verirrt, das wurde mir in diesen Momenten tief bewusst! Ich war zutiefst erschüttert, denn ich erkannte ihn. In mir war keine Faser, die nicht wusste, dass er bereits früher mein Meister gewesen war. Es war eine Art intuitive Überzeugung, eine innere Gewissheit, die mich von einem immensen Gewicht befreite. Meine Suche endete hier. Er selbst sagt oft, dass er das Ende aller Wege ist, und ich erlebte in diesem Augenblick den tiefen Sinn dieser Worte.

Ja, unerklärlicherweise war Meister M für mich der eigentliche Ausdruck einer Wahrheit, die ich unablässig gesucht hatte: eine Evidenz, das Ende aller Wege und die Verheißung vollkommener Erlösung.

Ich sah, dass keine seiner Gesten sich auf die Geste selbst beschränkte. Ihre tiefe Bedeutung zeigte sich meistens innerlich in den darauffolgenden Tagen oder Wochen. Sein Dasein entzieht sich jeglicher Verstandes- und Fassungskraft.

Ich kniete vor ihm nieder und er hauchte kurz auf meine Stirn. Es war, als würde durch seinen Atem meine Seele erwachen und zu atmen beginnen. Dann machte er eine Handbewegung zu meinem Herzen hin. Ich spürte eine warme, starke, konzentrierte Lichtkraft in die Mitte meines Körpers einstrahlen. Er hatte ein Saatkorn des Absoluten in mein Herz hineingelegt, einen Funken bedingungsloser Liebe, so empfand ich es. Er hatte eine tiefe Erinnerung an etwas Vergessenes in mir geweckt, ich war von der universellen Quelle abgeschnitten gewesen, er verband mich wieder mit ihr. Ich war nach Hause zurückgekehrt.

Durch das langsame Aufdecken der Projektionen, Glaubensvorstellungen und Konzepte, die mich beherrscht hatten, begann etwas, was ich als das Ausästen oder Auslichten meiner ganzen Person bezeichnen könnte. Nach und nach, so wie man ein Blatt nach dem andern von einer Artischocke löst, um zum Herzen zu gelangen, entblößte sich meine Persönlichkeit und ließ etwas Neues, Unerklärbares zum Vorschein kommen.

Im Laufe der Jahre wurde mir tief bewusst, dass es wirklich eine große Gnade ist, seinen Meister zu finden oder von ihm gefunden zu werden. Ich war unendlich dankbar, dass mir dies in diesem Leben vergönnt war.

Meine Vorstellung eines spirituellen Weges, der zur Befreiung führt, löste sich restlos auf. Es gab nichts mehr zu erwarten, nichts mehr zu erreichen. Das Wesen meiner Beziehung zu Meister M zeigte sich in einem absoluten Vertrauen und in tiefer Hingabe an dieses Vertrauen. Mein Leben wurde leichter, einfacher.

Die folgenden Erfahrungen schildern, wie ich die Allgegenwart von Meister M, die unbeschreibliche, unbegrenzte Gnadenkraft, die er ist, auch aus großer Entfernung erleben durfte. Diese Erfahrungen erschütterten mich innerlich zutiefst und veränderten einmal mehr mein Weltbild.

Compostela: Pilgerreise der Seele und Kreuzweg

Seit zehn Jahren besuchte ich nun schon die Zusammenkünfte von Meister M und zum ersten Mal schrieb ich ihm einen persönlichen Brief. Ich teilte ihm mit, dass ich mich allein auf eine Pilgerreise begeben würde, und gab auch den Grund an, der mich dazu bewogen hatte. In diesem Brief stellte ich ihm ebenfalls ein paar Fragen bezüglich meines Lebens, über Dinge, die mich sehr belasteten. Natürlich wusste ich, dass ich keine schriftliche Antwort von ihm erhalten würde.

Drei Wochen war ich nun schon zu Fuß unterwegs. Der Stress und die Spannungen, die sich in den letzten Jahren angesammelt hatten, wichen aus mir. Ruhe und Stille kehrten in mich ein, ich fühlte mich wunderbar. Vor Tagesanbruch durchquerte ich eines Morgens einen herrlichen Wald und sog unbeschwert die tausend Düfte einer erwachenden Natur in mich ein. Ich fühlte mich leicht und empfand dasselbe Vertrauen, das ich aus meiner Kindheit kannte, wenn ich alleine im Wald spielte.

Plötzlich durchzuckte mich ein rasender Schmerz und krümmte mich zusammen, als hätte man mir einen Faustschlag in den Magen versetzt. Ich fiel auf die Knie, schlang mir die Arme um den Leib und versuchte, den Schrei zu unterdrücken, der, ohne dass ich es wollte, aus mir herausbrach. Dann begriff ich, dass dieser Schrei mit dem Verlust meiner ersten großen Liebe zusammenhing.

Zwanzig Jahre nach dem Tod des geliebten Menschen wurde in diesen Momenten die Wurzel dieses alten Schmerzes aus mir herausgerissen. Ich wusste sofort, dass Meister M dies bewirkt hatte. Ich spürte diese intensive, mir so vertraute, heilige, reinigende Lichtkraft, die von ihm ausströmt, meinen ganzen Körper durchfließen. Auf diese ungewöhnliche Art beantwortete er präzise meine Fragen.

Aufgewühlt durch das, was ich soeben erlebt hatte, blieb ich lange an diesem Ort sitzen und wurde allmählich von einer seltsamen, sanften Ruhe umhüllt. Die giftige Wurzel einer tiefen Qual, deren Dimension ich unterschätzt hatte, war wie durch ein Wunder aus meiner Seele vollständig entfernt worden.

Die Monate meiner Wanderung empfand ich wie eine Einweihung. Alle Fragen, die ich Meister M in meinem Brief gestellt hatte, hat er mir in Wachträumen (er erschien mir) oder auf andere ungewöhnliche Art und Weise beantwortet. Meine 2000 Kilometer lange Route war nicht nur eine Pilgerreise, sondern für mich effektiv auch ein Kreuzweg.

Eins mit dem Licht (Darshan)

Der erste Darshan nach meiner Rückkehr war eine weitere entscheidende Etappe in meinem neuen Leben. Die große Halle war bis zum letzten Platz voll besetzt. Ich wartete geduldig, bis ich an der Reihe war, um für einige Momente alleine vor Meister M zu stehen. Nachdem er einige Sekunden in meine Augen geblickt hatte, machte er mir ein Zeichen, ich solle näher kommen. Nun kniete ich vor ihm. Seine vibrierende, leuchtende Präsenz, diese blendende Intensität, war mir fast unerträglich. Als eine reine, erhabene Autorität, als etwas Majestätisches, etwas Durchsichtiges und doch fast Greifbares, so empfand ich ihn. Sein einzigartig sanftes, strahlendes Lächeln löste augenblicklich alle Spannungen in mir in nichts auf.

Mein Herz raste, mein ganzer Körper vibrierte. Am liebsten wäre ich ewig hier geblieben und in den grenzenlosen Tiefen seines Blickes versunken. Etwas Tiefes in mir gab in diesen Momenten seinen starken Widerstand auf, ich spürte und erlebte es in allen Zellen meines Wesens. Die tiefe Bedeutung dessen, was bis jetzt für mich nur theoretische Wörter gewesen waren, wurde jetzt für mich absolute Realität, nämlich Demut und spirituelle Hingabe.

Dann sagte er drei Worte zu mir, die er mit einer gigantischen Kraft geladen hatte (diese Worte waren sehr persönlich an das Innerste meines Wesens gerichtet, deshalb kann ich sie hier nicht wiedergeben). Durch diese Worte entzündete er ein blitzartiges Wiedererkennen in mir, einen Augenblick reiner Freude. Es war eine zeitlose Erfahrung der Einheit mit dem reinen Licht und mit ihm – Meister M –, der genau das ist.

Ich war kein begrenzter Körper und keine Person mehr. Es gab kein Bedürfnis, keine Lust und keine Möglichkeit mehr, das Glück außerhalb zu suchen. Ich fühlte mich ganz – ganz eins – und erlebte ein tiefes Vertrautsein mit dem universellen Liebesstrom. Ich war überflutet und umhüllt von der Liebeskraft, die Meister M ist. Ich badete in einem Ozean von Frieden. Zum ersten Mal in meinem Leben erfuhr ich, dass man aus einem überbordenden Gefühl inniger Liebe, aus überbordender Glückseligkeit weinen kann. An diesem Darshan hatte ich eine tiefe Transformation erlebt, deren Früchte sich unmittelbar in meinem Alltag zeigen sollten.

In den folgenden Wochen kehrte ich ins Dorf meiner Kindheit zurück, in dem ich meine ganze Schulzeit verbracht hatte. In Rekordzeit begegnete ich allen Menschen wieder, die mir lieb gewesen waren, vor denen ich vor zwanzig Jahren ohne ein Wort der Erklärung davongelaufen war. Ich nahm mir Zeit, meine jüngeren Brüder und ihre Familien neu kennenzulernen. Alle alten Unklarheiten klärten sich in einer ungeheuren Geschwindigkeit auf. In dieser intensiven Zeit hatte ich eine Reihe von übernatürlichen Erfahrungen, die mir die Unbegrenztheit von Meister M noch tiefer bewusst machten. Mein begrenztes Dasein wurde durch diese ungewöhnlichen Belehrungen erschüttert. Sie veränderten meine Sicht und mein Verständnis des Lebens.

Magische Momente

Eines Abends, kurz bevor ich mich zu den Gästen zum Essen an den Tisch setzte, ging ich ins Obergeschoss unseres Hauses, um noch etwas zu holen. Der Tag war mir lang vorgekommen, ich war müde. Anstatt gleich wieder zum Essen hinunterzugehen, setzte ich mich kurz vor das Foto von Meister M, um mich ein wenig zu erholen. Seit vielen Jahren sprach ich innerlich zu ihm und erzählte ihm kleinere Sorgen und andere Dinge meines Alltagslebens.

Ich schloss die Augen und begann ihm von meiner Müdigkeit zu erzählen und dass ich mich bloß ganz kurz ausruhen wolle. Da umfing mich, als käme jemand auf Fußspitzen daher, ein leichtes wogendes Lüftchen wie ein zarter Schleier. Die Empfindung wurde stärker, präziser und fassbarer. Ich fühlte mich von einem intensiven, tiefen Gefühl sanfter Liebe erfüllt. Es war eine Liebe, die ich bis dahin nicht kannte. Es war keine Verliebtheit, die durch ein Gegenüber ausgelöst wird, und auch nicht die Liebe, die eine Mutter für ihr Kind empfindet. Ich wurde von einer unfassbaren Zartheit und Weichheit durchflutet, die mich transformierte. Als würde eine Schale überlaufen, weil sie so viel Sanftheit und Liebe nicht fassen konnte, begannen meine Tränen zu fließen, rannen über meine Wangen, fielen auf meine auf den Knien liegenden Hände. Ich spürte die feuchte Wärme der Tränen, sie weckten eine tiefe Erinnerung und verstärkten mein Empfinden, dass ich gleichzeitig in zwei Welten lebte.

Wie man die Schieber eines Stauwehrs öffnet, gab etwas in mir nach. Eine Woge von Liebe überwältigte mich. Ich war geliebt, getragen. Diese feine Liebe, die ich in mir empfand, war ich selbst. Das war ich!

Ich weiß nicht, wie lange ich so in einem Raum jenseits der Zeit und jenseits aller Grenzen verweilte. Nach und nach verflüchtigte sich das Gefühl, und ich tauchte auf, wie man aus einem wunderbaren Traum auftaucht.

Als ich zum Essen zurückkam, schauten mein Mann und mein Bruder mich fragend an. Ich sah verklärt aus. Aber ich konnte nicht sprechen, es war noch zu früh. Kein Wort wäre stark genug gewesen, um die Tiefe dessen auszudrücken, was ich soeben erlebt hatte. Wenn ich in dieser Erfülltheit bleiben wollte, durfte ich sie nicht benennen, sonst musste ich fürchten, dass ihre kostbare Essenz sich in den Worten auflöste.

In der darauffolgenden Nacht schlief ich nicht. Meine Gedanken übernahmen die Kontrolle und stellten die Wahrheit dessen, was ich am Vortag erlebt hatte, in Frage. Ich suchte nach einer vernünftigen Erklärung für meine Gefühle. Als ich so in Zweifeln versunken war, tauchte plötzlich unerwartet das Gesicht von Meister M in mir und vor mir auf. Streng und unpersönlich schaute er mich an. Es war ein klares, präzises Bild. Ob ich meine Augen öffnete oder schloss, sein Gesicht stand vor mir und in mir. Dann hörte ich seine Stimme laut und deutlich zu mir sagen: »Warum zweifelst du?«

Wie hätte ich jemals wieder zweifeln können nach diesem starken Erlebnis? Es war übrigens das einzige Mal in dreizehn Jahren, dass ich sein Gesicht sah, obwohl ich viele Male versucht hatte, es zu visualisieren. Es war immer unmöglich gewesen.

Er ist zugleich überall und nirgends, allgegenwärtig. Die Formen und die Art und Weise, wie Meister M den Menschen erscheint, sind vielfältig und zahllos. Dies weiß ich von vielen anderen Menschen, die ebenfalls übernatürliche Erlebnisse mit ihm hatten.

Jahre später erwachte ich eines Morgens mit der Gewissheit, dass Meister M im Raum war, ich spürte seine starke Präsenz. Mitten in der Nacht war ich erwacht und hatte große Schwierigkeiten gehabt, wieder einzuschlafen. Ich befand mich in einer äußerst schwierigen Phase meines Lebens und hatte ihn innerlich intensiv um Hilfe gebeten.

Am Morgen öffnete ich die Augen und sah ihn. Er saß mit gekreuzten Beinen auf einem Stuhl in der Ecke des Zimmers. Er war einfach da. Ich war von seiner Anwesenheit so tief erstaunt, dass es mir unmöglich war, zu denken. Ich hätte detailliert beschreiben können, wie er gekleidet war. Ich schloss die Augen wieder, überzeugt, dass ich träumte, doch als ich sie wieder öffnete, war er immer noch da. Die luminöse Präsenz, die er verkörperte, war überwältigend und erfüllte den ganzen Raum. Ich überließ mich der Flut dieser herrlichen Kraft, deren Essenz und Feinheit mir so tief vertraut war.

Seine Anwesenheit schenkte mir tiefes Vertrauen und die unermessliche Gewissheit, dass ich beschützt, begleitet und getragen war, was für die bevorstehende Zeit für mich extrem wichtig war. Augenblicke später war er ins Unsichtbare entschwunden, doch seine lichtvolle Präsenz war noch Stunden später im Zimmer spürbar.

Es ist mir klar, dass ein solches Erlebnis für viele Menschen unfassbar ist und man vielleicht auch zweifelt, doch das hier Geschilderte ist genau das, was ich erlebt habe. Ich hätte ja selbst auch nie gedacht, dass so etwas wirklich möglich ist, ich wurde eines Besseren belehrt.

Läuterung

Zum Glück hatte ich nun das nötige Grundvertrauen, um das, was jetzt auf mich zukam, ertragen zu können. Ein innerer Abgrund öffnete sich in mir, ich stürzte in eine tiefe Lebenskrise.

Eines Morgens weigerte sich mein Körper aufzustehen, wie sehr der Kopf auch wollte. Ich war gezwungen anzuhalten. Das Burn-out-Syndrom trägt seinen Namen zu Recht. Mit manchmal extremer Willenskraft hatte ich mich bei der Erfüllung aller möglichen Pflichten, vor allem beruflicher Art, verausgabt und war nun förmlich ausgebrannt. Durch meine intensive Arbeit mit geistig kranken Menschen, ich arbeitete manchmal sechzehn Stunden am Tag, waren immer die anderen im Zentrum meiner Aufmerksamkeit gewesen. Mich selbst hatte ich dabei vergessen. Was ich für meine Kraft gehalten hatte, erwies sich nun als meine Schwäche.

In diesem Raum, in dieser öden Leere, begann ich das zu erleben, was ein intensives Burn-out ist. Ich durchquerte innere Wüsten, in denen nichts mehr wuchs. Ich wurde durch Verzweiflung und Hoffnungslosigkeit getrieben und tauchte in unbekannte, furchterregende Tiefen und in Dunkelheit ab und war in einem Schlamm aus Gelüsten, Egoismus und falschem Schein gefangen. Mit unendlicher Traurigkeit sah ich, dass mein Leben nur ein gigantisches, auf Sand gebautes Trugbild gewesen war, das jetzt im Walzwerk des universellen Lichts, dieser kompromisslosen Wahrheitskraft, durch die Meister M in uns alles hochschwemmt und an den Tag bringt, zermalmt wurde.

Mit unzähligen abgründigen Todesängsten konfrontiert, starb ich nun für all die Glaubensvorstellungen, Erwartungen, Hoffnungen und Wünsche, mit denen ich dieses Trugbild errichtet hatte. Monatelang durchquerte ich Tag und Nacht diese inneren Wüsten, und jedes Mal, wenn ich glaubte, den Grund erreicht zu haben, tauchte ich in immer tiefere Schichten der Dunkelheit ein. Immer öfter fragte ich mich, wann diese dunkle Reise je zu Ende sein würde.

Doch ich war nie allein. In dieser schwierigen Zeit hatte ich Meister M von meiner verzweifelten Situation geschrieben. Er ließ mich wissen, dass er meine Hand nie losgelassen habe und mit mir gewandert sei. Ich war zutiefst erstaunt, als mir bewusst wurde, dass er alle Details meines Leidensweges bereits genau kannte.

Meine gesundheitliche Situation wurde immer schlimmer, und keiner der Ärzte konnte mir helfen, was sie mir auch offen mitteilten. Sie waren zutiefst besorgt und gleichzeitig auch erstaunt, dass ich überhaupt noch am Leben war.

Seit Jahren war es mir nicht mehr möglich zu schlafen, ich litt unter chronischer Schlaflosigkeit. Manchmal schlief ich eine halbe Stunde, den Rest der Nacht war ich wach. Manchmal schlief ich mehrere Tage überhaupt nicht. Ich war so erschöpft, müde und ausgelaugt und konnte trotzdem nicht einschlafen. Ich war verzweifelt. Manchmal dachte ich sogar daran, meinem Leben ein Ende zu setzen. Meine Lebenskraft war aus mir gewichen, und ich hatte jeglichen Glauben an eine Heilung verloren, auch mein Selbstwertgefühl und mein Lebensmut waren weg. Ich wusste und spürte es tief, der physische Tod war nur ein Augenzwinkern weit von mir entfernt. Ich hatte mit meinem Leben abgeschlossen und war bereit zu sterben.

Als allerletzte Hoffnung hatte mich ein Arzt in einer Spezialklinik für eine Schlafkur angemeldet. Am nächsten Tag ließ er mich wissen, dass er mich wieder abgemeldet habe, ich sei viel zu schwach, und er könne dies nicht verantworten. Das Problem war auch, dass absolut keines der vielen Medikamente, die man mir gegeben hatte, funktionierte. Die einzigen Wirkungen, die ich von den Medikamenten hatte, waren die schlimmen Nebenwirkungen.

Eine Freundin von mir hatte Meister M benachrichtigt und ihm ausführlich meine lebensbedrohliche Situation geschildert. Noch am selben Tag kontaktierte er mich und sagte mir, dass er mich gleich am nächsten Tag treffen wolle. Wir vereinbarten den Ort und die Zeit.

An diesem Tag mit ihm geschah etwas, das mein Leben von Grund auf und für immer veränderte. Was ich erlebte, war so erschütternd, so mächtig, so außerhalb jeglicher Norm, dass ich es kaum mit Worten erklären und beschreiben kann. Es macht mich heute noch sprachlos. Ich habe mir auch lange überlegt, ob ich dieses einschneidende und überwältigende Erlebnis hier überhaupt erwähnen soll und darf. Ich fragte Meister M, ob ich darüber schreiben darf. Aufmerksam hörte er mir zu, er hatte das Ereignis bereits vergessen. Er lachte laut und offen in seiner unbeschwerten Art und meinte, obwohl solches in den engen konditionierten Gehirnen der Menschen wohl kaum Platz habe, habe er nichts dagegen, wenn ich darüber schreiben möchte.

Das kann doch nicht möglich sein

Am nächsten Tag, als er mich sah, war auch er tief besorgt über meinen Gesundheitszustand. Wir sprachen eine Weile über meine schlimme Situation, dann nahm er mich für einige Momente in seine Arme. Raum und Zeit hörten augenblicklich auf zu existieren.

Eine tiefe helle Kraft durflutete mich, ich ruhte in Frieden. Jetzt konnte ich meinen gesundheitlichen Zustand annehmen und akzeptieren, ich war bereit, diese Welt und meinen Körper zu verlassen. Den Segen, den ich von ihm erhofft hatte, hatte er mir gegeben.

Meister M ließ mich los und machte einen kleinen Schritt rückwärts. Was ich in diesem Augenblick erlebte, überforderte mich total, die Ehrfurcht, die mich überkam, war unbeschreiblich.

In meinem Bewusstsein gab es absolut nichts, dass es mir ermöglicht hätte, das, was ich hier erlebte, zu verstehen oder intellektuell zu analysieren, absolut nichts! Der Mensch, der mich vor einigen Sekunden noch in den Armen gehalten hatte, hatte sich von einem Moment zum anderen in ein immenses Lichtwesen verwandelt. Ich stand fassungslos vor ihm, mein Verstand war ausgeschaltet.

Er stand vor mir und war jetzt mehr als doppelt so groß wie ich, vermutlich noch viel größer! Er könnte auch fünf, sechs oder noch mehr Meter groß gewesen sein. Eigentlich gibt es kein Maß, um diese Größe zu messen oder zu erklären. Obwohl alle Objekte im Raum an ihrem Platz standen, hatte ich das starke Empfinden, dass es weder eine Decke über uns noch Mauern um uns gab. Ich musste meinen Kopf ganz nach hinten legen, um sein Gesicht zu sehen. Es war einfach unglaublich und gänzlich undenkbar, was ich hier erlebte.

Das Licht, das von ihm ausging, und die machtvolle Intensität seiner Präsenz waren überwältigend. Er war transparent, ein gigantisches Lichtfeld, gleichzeitig aber physisch total präsent. Er war strahlend wie eine Sonne, deren Licht jedoch nicht blendete, und ich war in diese Intensität aufgenommen und von dieser enormen, fast unerträglichen Lichtkraft durchdrungen. Seine Anwesenheit verkörperte etwas derart Heiliges und absolut Unberührbares, ich war fasziniert und gleichzeitig im innersten Kern meines Wesens zutiefst erschüttert. Ich konnte irgendwie gar nicht glauben und akzeptieren, was mir hier widerfuhr, ich war schlichtweg total überfordert. Gleichzeitig badete ich in einem Ozean von Sanftheit, unbeschreiblicher Schönheit und unermesslicher Liebeskraft.

Meine Krankheit, meine Schwäche und die unerträgliche Schlaflosigkeit waren in meinem Bewusstsein gelöscht, verschwunden. Dessen wurde ich erst später gewahr. Ich ging ein paar Schritte rückwärts und drehte mich um. Ich dachte, dass er, wenn ich mich wieder zu ihm hindrehte, sicher wieder seine normale Gestalt haben würde und dass ich mir das alles bloß eingebildet hätte, doch dem war nicht so.

Er stand immer noch gigantisch, leuchtend und unendlich still vor mir und schaute voller Mitgefühl auf mich herunter. Seine Augen waren reines weißes Licht, sein Blick unermesslich sanft und doch so machtvoll. Länger als einige Sekunden konnte ich nicht in seine Augen zu schauen, die Intensität dieses alldurchdringenden Blicks war für mich gänzlich unerträglich.

Ich sagte zu ihm: »Was machst du, was machst du, wie ist so etwas möglich?«

Er antwortete mit sanfter Stimme. »Fürchte dich nicht, ich bin es. Sei deiner Grenzenlosigkeit und inneren Größe gewahr und überschreite jetzt alle Ängste.«

Ich sagte ihm, dass ich überfordert sei und nun diesen Raum verlassen müsse. Er nickte lächelnd und verständnisvoll. Vor der Türe drehte ich mich um, um mich noch einmal zu vergewissern, dass ich nicht geträumt hatte. Nein, das hatte ich nicht.

Einige Minuten später kehrte ich in den Raum zurück, er stand immer noch am gleichen Ort, jedoch wieder in seiner normalen mir vertrauten Körpergröße. Er kam mir so überaus menschlich, verletzlich und wieder nahbar vor. Immer noch überwältigt fragte ich ihn: »Wie machst du das, von einem Moment zum anderen zu einer solchen gigantischen Größe zu wachsen?« Er lachte laut und antwortete: »Ich habe diese Welt nie berührt und kenne keine Grenzen. Deine Krankheit ist im tiefsten Sinn unwirklich, also sei gesund!«

Ich weiß nicht, wie mir geschah, doch plötzlich hatte ich einen unkontrollierbaren Lachanfall, wie ein Vulkan brach es aus mir heraus, so intensiv, dass ich mich krümmen musste und mich fast nicht mehr erholen konnte. Er setzte sich und wartete geduldig, bis ich mich beruhigt hatte.

Dieses tiefgreifende Erlebnis hat mein Leben von Grund auf verändert. Meister M hat auf eine höchst ungewöhnliche Art und Weise eine besondere Information, eine frische neue Kraft in meine Zellen und in mein ganzes Wesen eingefügt.

Unerwartet hat sich mein Körper erholt, begann zu genesen, und ich schlafe zurzeit wieder jede Nacht mehrere Stunden. Ich bin unendlich dankbar, dass ich so etwas Gigantisches erleben durfte und von meinem Leiden geheilt wurde. Doch Meister M ließ mich gleich klar und mit Bestimmtheit wissen, dass es hier schlussendlich nicht ums Schlafen gehe, sondern ums Erwachen.

Tief in mir glänzte während dieser schwierigen Phase in meinem Leben immer die Gewissheit, dass dieser dornige Weg eine Gnade war und dass er einen tiefen Zweck erfüllte. Ich erlebte sehr bewusst den tiefen Auflösungsprozess, der durch das heilige, befreiende Licht, das von Meister M ausstrahlt, in Gang gesetzt worden war. Die heilige Kraft, die er ist, forciert nichts, doch sie dringt sanft, intensiv, mit kompromissloser Bestimmtheit bis in die düstersten Winkel des Wesens ein. Jede Unklarheit, jede Lieblosigkeit und jede Unwahrheit wird ans Licht gebracht, und ja, wo Licht ist, muss Dunkelheit weichen.

Fragil, offen und verletzlich begann sich irgendwann ein neues Leben in mir zu offenbaren, ein Leben, das sich weder erklären noch beschreiben lässt. Ich hatte die unfassbare Tiefe berührt, die Meister M die große Stille nennt.

Die Tatsache, Zeit zu haben, um diesen Erfahrungsbericht zu schreiben, war für mich äußerst kostbar und befreiend. Es ist nicht einfach, über sich zu sprechen, sich zu offenbaren, doch das Schreiben selbst ist ein konkretes Element, das zum Klärungsprozess beiträgt.

Mit unendlich tiefer Dankbarkeit und Hingabe an Meister M beende ich von seiner heiligen Kraft durchflutet meine Geschichte.

Meine Fragen an Meister M

F.: Wer bist du?

MM: Ich bin das, was man nicht denken kann. Weil ich nicht bin, bin ich!

F.: Wo bist du?

MM: Nur ein Objekt kann irgendwo sein. Weil jedoch alle Objekte nur Erscheinungen im Bewusstsein sind, bin ich nirgendwo und überall. Die Vorstellung, ein Jemand zu sein, der an einem spezifischen Ort lebt, diese Vorstellung ist rein illusorisch. Ich bin hier, ohne die Welt zu berühren. Ich bin körperlos im Körper, sichtbar und gleichzeitig unsichtbar.

F.: Woher kommt deine unermessliche Geduld?

MM: Geduld ist nicht etwas, das man hat, sondern im tiefsten Sinn wirklich ist, wenn man das, was Ungeduld bewirkt, überwunden hat.

F.: Wie ist es möglich, dass solche unfassbaren Wunder, Heilungen der Seelen und diese unermessliche Gnade durch dich offenbar werden?

Ist es möglich, dass sich allein durch deine Anwesenheit Missverständnisse auflösen und sich alle Unordnung ordnet?

MM: So ist es.

F.: Wirkst du und wenn ja, wie?

MM: Zu wirken, basiert auf der Vorstellung »Ich bin«, ich handle. Wenn diese Vorstellung durchschaut und erlöst ist, ist man tief gewahr, dass es diesen Jemand, der Handlungen in Raum und Zeit ausführt, gar nicht gibt. Es ist alles in Ordnung – in der All-Ordnung!

F.: Findet man seinen Meister, oder wird man von ihm gefunden?

MM: Der Meister findet den Schüler, der Schüler findet den Meister. Es ist die Aufgabe des Meisters, dem Schüler bewusst zu machen, dass sowohl der Schüler wie auch der Meister auf der physischen Ebene bloß als Erscheinungen im Bewusstsein des Wahrnehmenden existieren. Der Meister ist dessen gewahr, der Schüler nicht. Deshalb hat Meister M keine Schüler und nie solche wahrgenommen. Er ist ein »Leerer/Lehrer«.

F.: Wie ist es möglich, dass ich dein Gesicht nicht sehen kann, wenn ich dich zu visualisieren versuche?

MM: Mein Hiersein ist form- und gestaltlos – universell. Nur Vergängliches und Unwirkliches ist sichtbar.

F.: Was ist bedingungslose Liebe?

MM: Wusste nicht, dass Liebe an Bedingungen gebunden sein kann. Wenn Liebe an die Illusion von Gestalt und Form gebunden ist, dann hat der oder die Liebende die Wege des Leidens betreten.

F.: Was ist die Seele?

MM: Seele ist ein religiöser Begriff, er deutet auf etwas Subtiles, Geistiges hin, auf etwas, das wir scheinbar sind und haben. Man sagt, dass alle Lebewesen beseelt seien, vielleicht ist damit das psychische Dasein der Lebewesen in der Welt gemeint.

In der indisch-religiösen Tradition zum Beispiel gibt es den Atman, die individuelle Seele, die, wenn sie erwacht, ihren Ursprung, den Paramatman, die universelle Seele, realisiert. Das heißt, das Begrenzte verdunstet, das Unbegrenzte nicht. Der Erwachende realisiert, dass sein Hiersein in Wirklichkeit formlos und grenzenlos ist.

Solange man über Worte und Hypothesen nachdenkt und philosophiert, verliert man sich in Konzepten und Spekulationen. Tatsache ist: Alles, was etwas ist, kann nie ewig sein. Also gib die Idee, etwas zu sein oder zu werden, auf und sei grundlos glücklich!

F.: Was ist innere Tiefe?

MM: Innere Tiefe kennt keine Äußerlichkeit, sie ist grenzenlos, dein wahres Zuhause existiert ewig.

F.: Gibt es nur eine Wahrheit?

MM: Es gibt viele Wahrheiten, jedoch nur eine Realität – die Totalität, *vor* den Worten.

F.: Was ist der freie Wille?

MM: Der Wille ist der Motor des Egos. Innerhalb seines Reiches von Raum und Zeit hat er Freiheiten, doch in Wirklichkeit ist das Ego wie auch der freie Wille nichts als eine funktionelle Illusion – es gibt keinen Handelnden.

F.: Sind Unverständnis und Emotionen miteinander verknüpft?

MM: Emotionen steigen auf und lösen sich wieder auf. Da diese Bewegungen ihren Ursprung im Ich haben, sind sie die Ursachen für unzählige Lieblosigkeiten und Missverständnisse. Das reine Empfinden des ewigen Hier und Jetzt ist frei von Emotionen.

F.: Ist es das Denken, das Leiden erschafft?

MM: Ja, da die Welt das Gedachte ist. Deswegen kehre dorthin zurück, wo nie ein Gedanke entstanden ist, und alles Leiden wird enden. Die Welt wurde nie erschaffen und doch bedrückt sie dich. Dein wirkliches, natürliches Hiersein ist *vor* den Gedanken. Erwachen transzendiert den Verstand und mit ihm alle erdachten Vorstellungen.

Das Gestern war nie mehr als das Heute und das Heute existiert bloß konzeptuell. Das Heute ist nichts anderes als das erdachte und interpretierte Gestern, zusammengekoppelt mit der Vorstellung von einem Morgen. Dadurch entsteht der Glaube, dass es so etwas wie ein Heute wirklich gibt. Das Heute, das Gestern und das Morgen sind bloß Gedanken. Das Anhaften an Gedanken und Vorstellungen nennt man den Tod. Dessen gewahr zu sein, löscht diese Vorstellungen. Wer aus diesen Vorstellungen erwacht, ist grundlos glücklich. Er hat sich in die große Stille – vor der Welt, vor den Gedanken – eingefügt!

F.: Kommt das Begehren vor dem Denken?

MM: Denken ist nichts anderes als Begehren.

F.: Woher kommt diese zwingende Notwendigkeit, die mich treibt, in der Welt meinen Platz zu finden?

MM: Dein Platz ist nicht in der Welt, sondern in der Totalität. Realisiere die Totalität und sei platzlos glücklich. Der Ort, an dem du jetzt bist, kann nicht getrennt von der Totalität existieren, deshalb ist der Ort, an den du zu gehen glaubst, der Ort, an dem du bereits bist. Du bist nie von irgendwo hergekommen und bist nie irgendwo hingegangen, außer in deinen überlagerten Vorstellungen. Dein Kommen und Gehen existiert bloß als Phantasie im Bewusstsein.

Vom Kopf auf die Füße gestellt

Wolfgang Wenk

Wenn ich an meine Kindheit oder an meine Jugend denke, tauchen Fragen auf: »Ist das wahr? Woher weiß ich, dass es so war?« Ich kann sagen, dass ich schon als Kind sehr ängstlich war, ein Gefühl großer Schwäche hatte und an mangelnder Durchsetzungskraft litt. Ich fühlte mich Gottes unwürdig und glaubte, nicht so viel Kraft und Inbrunst wie die großen Heiligen und Märtyrer der christlichen Kirche aufbringen zu können, um jemals deren Gnade zu erringen. Ich war davon überzeugt, dass es allen anderen eher möglich wäre als mir.

Dieses Lebensgefühl war ziemlich unerträglich, mein Leben kam mir oft sinnlos vor – bereits zu Ende, bevor es begann. Ich lenkte mich ab, stürzte mich auf alles, was man wissen konnte, studierte Chemie und theoretische Physik. Ich wollte die Welt verstehen, die verborgenen Schalter finden. Zugleich betäubte ich mich mit verschiedenen Drogen. Hierdurch fand ich eine gewisse Farbigkeit in der Welt wieder. Ich war jedoch nicht klug genug, um die Mathematik und Physik bis in die Tiefen zu durchdringen, und die Drogen bescherten mir mehr und mehr Albträume.

Irgendwann wusste ich plötzlich von einem Moment auf den anderen, dass ich so mein Leben nicht weiterführen konnte. Ich war damals sehr verzweifelt, begann eine Psychotherapie und nahm an Selbsterfahrungsgruppen teil. Ich hoffte, auf diesem Weg zu Stärke und Selbstverständlichkeit zu finden. Ich besuchte viele Therapiegruppen und Trainings. Mein Leben wurde reichhaltiger, und ich hoffte, alle meine Ängs-te überwinden zu können. Doch immer war ich begleitet von einem leisen Empfinden, dass etwas in mir von all dem nicht berührt wird und sich nicht verändert. Ich ignorierte diese Empfindung lange Zeit – bis mich nach einem Training ein Therapeut fragte, was sich denn grundlegend verändert habe. Mir war klar: Gar nichts hatte sich verändert, und es würde auf diesem Weg auch nie geschehen. In diesem Moment war dieser Weg für mich zu Ende. Auch die Therapieausbildung, die ich gerade begonnen hatte, brach ich ab.

Ich erinnerte mich an ein Buch mit Yogaübungen und begann zu meditieren. Ich hatte keinen Lehrer, und ich wusste nicht, an wen ich mich hätte wenden können. Meine Ängstlichkeit machte es mir unmöglich, einfach nach Indien zu fahren. Die Anhänger Bhagwan Sri Rajneeshs waren zwar auch im Westen aktiv, aber ich wollte mich keiner Gruppe anschließen. Ich hatte Angst vor einem Guru. Ich setzte mich also einfach hin und visualisierte den Klang OM – ohne zu wissen, wie ich darauf kam.

Eines Tages wurde mir durch einen Zeitungsbericht schlagartig bewusst, wie qualvoll Tiere in den Schlachthöfen verenden. Was konnte ich dagegen tun? Kein Fleisch essen! Ich wurde Vegetarier. Das war für mich eine große Erleichterung. Einige Zeit darauf besuchte ich ein Weinfest. Die Menschen waren laut, betrunken und »guter Dinge«. Für einen kurzen Moment veränderte sich meine Sicht vollständig: Ich nahm den Lärm, die Ausdünstungen und die Grobheit intensiv wahr. Mir schossen Fragen durch den Kopf: War dies der Sinn des Lebens? Ist dies alles, was das Leben ausmacht?

Ich musste mein Leben dringend in neue Bahnen lenken. Ein Leben in der normalen Gesellschaft war für mich unmöglich geworden. Ich kannte einige Bhagwan-Anhänger, die schon mehrfach versucht hatten, mich für ihre Lebensweise zu begeistern. Ich hatte sie bisher immer auf Abstand gehalten, aber jetzt schien mir das der richtige Weg. Ich bat um Aufnahme in diese Gemeinschaft und wurde Mitglied in einer großen Kommune in Köln. Ich lebte und arbeitete dort einige Jahre, aber ich fühlte mich immer fremd.

Ich strengte mich sehr an, diese Fremdheit zu überwinden, ich empfand sie als einen Mangel, als ein Mich-nicht-Einlassen, aber etwas in mir ging nicht mit. Ich war manchmal zutiefst verzweifelt. In diesen Momenten erlebte ich aber auch mehrmals eine unendlich leise, sanfte Berührung der Seele – es war wie ein Hauch. Ich wusste nicht, woher er kam, aber er war wie eine Nahrung, die mich zutiefst beruhigte. Dann reiste ich doch noch nach Indien.

Ich hielt mich gerade wieder einmal in Poona auf, als Osho starb. Ich hatte einige Wochen zuvor eine kleine Wohnung mit Balkon gemietet. Im Ashram herrschte eine eigenartige Stimmung, die niemand so richtig benennen wollte.

An einem Tag im Januar kam ich nachmittags an das große Ashram-Tor. Eine große Menge drängte hinein, der Wächter weinte. Osho war gestorben. Ich war bestürzt und schockiert, mit ihm war mein Lebensmittelpunkt gestorben. Die folgenden Stunden erlebte ich wie in Trance: Die Aufbahrung in der großen Halle, die Verbrennung des Körpers noch am selben Abend. Der Rauch stieg in einer großen Spirale auf, die sich an der Spitze wie ein Kopf formte, der sich uns dann noch einmal zuneigte. Sie drehte sich einmal im Kreis, als ob sie uns alle mit Namasté – dem indischen Gruß – noch einmal segnen wollte, dann löste sie sich auf.

Was für ein Abgang! »What a joke«, hätte Osho vielleicht gesagt. Diese Verneigung war eine Mischung aus Skurrilität und einem Ausdruck tiefer Liebe und gleichzeitig ein Hinweis: Schaut nicht auf den Körper. Das, was ist, kann nicht verbrannt werden.

Ich war still und traurig, konnte mit niemandem sprechen. Morgens vor Sonnenaufgang setzte ich mich auf den Balkon, schaute in die aufgehende Sonne, hörte dem Chor der Vögel zu, der von den Krähen angestimmt wurde. Ein nie gekanntes Gefühl der Freiheit stellte sich ein. Ich war in einem besonderen Zustand – fühlte mich ohne Begrenzungen. Nach ungefähr zwei Wochen verblasste diese Empfindung wieder. Meine Zeit in dieser Kommune war vorbei. So viel war klar.

Über eine Bekannte fand ich Arbeit in der Schweiz – nicht ahnend, was dieses Land später für mich bereithalten würde. Hier hatte ich vor Jahren Jiddhu Krishnamurti besucht. Er war damals schon alt, ein stiller, schlichter Mensch mit einer feinen Ausstrahlung. Er wirkte auf seltsame Art unberührt und beantwortete Fragen gleichbleibend freundlich. Er war klein und zierlich. In seinen Talks konnte man ihm Fragen stellen, die er mit großer Geduld beantwortete. Irgendwann fragte er dann: »Is it enough?«, stand auf und ging – still, unberührt.

Zwei Jahre später reiste ich noch einmal nach Poona. Ich wollte wissen, was nach Oshos Tod geblieben war, und herausfinden, wie es für mich weitergeht. Ich fühlte mich fremd. Es gab ein großes Angebot an Veranstaltungen und eine Gedenkstätte, aber ich war dort nicht mehr zu Hause. Zufällig hörte ich von H. W. L. Poonja, einem Lehrer in Lucknow, von dem gesagt wurde, dass durch ihn viele Menschen nach kurzer Zeit erleuchtet würden. Ich war elektrisiert und ergriff die erste Möglichkeit, dorthin zu fahren.

H. W. L Poonja

Zehn Tage später kam ich in Lucknow an, einer kleinen Stadt in Nordindien. Hier war man nicht auf spirituelle Touristen eingestellt – alles war einfach. Es gab zwei Hotels, ein paar Pensionen und Fahrradrikschas mit ausgemergelten Fahrern. Der Ort war nicht übervölkert.

In einer kleinen Halle am Stadtrand gab Poonja fast jeden Morgen Satsang. Zu dieser Zeit kamen täglich etwa 200 Menschen zu ihm. Seine Anhänger nannten ihn liebevoll Poonjaji. Bei meinem ersten Besuch hatte ich hohe Erwartungen.

Der Raum, in dem der Satsang stattfand, war überfüllt, es war heiß und stickig. Als Poonja hereinkam, sah ich einen großen, kräftigen, sehr alten Mann, der beim Gehen gestützt wurde. Er wirkte ungeduldig, setzte sich und sprach ein kleines Gebet auf Urdu. Dann las er Briefe vor, die Anwesende geschrieben hatten, um sie anschließend zu beantworten. Seine Sprache war einfach, knapp und direkt, auf das Wesentliche reduziert. Seine Worte waren durchdringend. Wenn er lachte, leuchtete der ganze Raum. Nach zwei Stunden ging er.

Ich war sehr enttäuscht. Hatte ich einen zweiten Osho erwartet? Das hier hatte ich jedenfalls nicht erwartet. Hier, in diesem kleinen Raum war Osho, mit seinen Tausenden von Anhängern und seinem Ashram in Poona – eine Welt, in der ich lange Jahre verbracht hatte – nebensächlich. Ich war gleichermaßen enttäuscht und zutiefst angezogen. Zum ersten Mal sah ich jemanden aus der Nähe, der wirklich das war, wovon er sprach. Poonjaji war von einer Unmittelbarkeit und Präsenz umgeben, die man meinte, mit den Händen greifen zu können. In seiner Gegenwart konnte man nicht mehr lügen, er nahm jeden beim Wort. Man nannte ihn nicht umsonst den »Löwen von Lucknow«. Das ängstigte mich, ich hatte die große Befürchtung, als spiritueller Hochstapler entlarvt zu werden. Meine Fragen schienen mir hohl.

Die Anziehung überwog, ich blieb eine weitere Woche. Ich ging jeden Tag zum Satsang, versteckte mich allerdings ein wenig unter den Besuchern. Nach und nach entdeckte ich die Poesie in seinen Worten, die Liebe und die unendliche Geduld in seinen manchmal rauen Antworten – er war eben nicht für Spielereien zu haben. Er hatte ein großes Herz, ich liebte ihn. Ich war sehr gut aufgehoben. In dieser Zeit öffneten sich mir neue Horizonte. Ich las in den alten indischen Schriften – den Gitas. Ich entdeckte in ihnen eine tiefe, unerklärliche Vertrautheit und ahnte, die Meister und Vorkommnisse, die dort beschrieben wurden, waren wirklich.

Ich musste zurück in die Schweiz, arbeiten, Geld verdienen, aber danach fuhr ich weiterhin ein- bis zweimal im Jahr nach Lucknow.

Osho hatte mir den spirituellen Namen Bhaskar (Sonne) gegeben. Ich nannte mich zwar so, hatte den Namen aber nie verstanden. Ich fand ihn so unspirituell. Er hatte nichts mit Erleuchtung zu tun. Ich fand keinen Zugang zu dem Namen und zweifelte immer wieder sowohl an diesem Namen als auch an mir.

Ich war zurück in Lucknow und dachte wieder einmal über diesen Namen nach. Eines Nachts durchfuhr es mich wie ein Blitz: Der Name bezog sich nicht auf eine Sonne am Himmel, einen Sonnengott oder irgendetwas anderes in der Richtung. Die Sonne war in mir zu finden! Ich war aufgeregt, zitterte am ganzen Körper, konnte nicht mehr schlafen. Endlich, nach all den Jahren, hatte ich das Rätsel gelöst. Am nächsten Morgen im Satsang nahm ich all meinen Mut zusammen und meldete mich. Ich musste mich Poonjaji einfach mitteilen.

Ich saß direkt vor ihm. Er spielte mit mir, tat so, als ob er mich nicht verstünde und ließ sich den Namen aufschreiben. Währenddessen sah ich in seine Augen und wurde total ruhig. Es waren Tore in die Unendlichkeit. Poonjaji erklärte mir: »Der Name meint die innere Sonne, in deren Licht alles erstrahlt. Nicht die äußere Sonne. Diese ist – wie alles andere – eine Reflexion der inneren Sonne.« Ich war glücklich und wusste, dass ich den Anfang des Fadens gefunden hatte, der mich aus dem Labyrinth führen würde.

Meine Zeit mit Poonjaji ging in diesem Moment zu Ende. Ich besuchte ihn noch einige Male, denn ich liebte ihn sehr. Aber es ging weiter – nur wohin, das wusste ich noch nicht.

Einige Jahre später, ich war wieder einmal zutiefst verzweifelt, ich war an einem toten Punkt, und das Leben kam mir wiederum vollkommen sinnlos vor – wie eine ständige Wiederholung. In dieser Situation las ich ein Interview mit dem Titel »Mythos Erleuchtung«. Der Autor war ein junger Deutscher, der bei Poonjaji gewesen war und von diesem den Namen OM erhalten hatte. Er sprach viele Themen an, die mir auf der Seele brannten.

Er stellte in den Raum, dass Erleuchtung ein Mythos, eine Fiktion sei, die vom Suchenden mit Vorstellungen gefüllt werde, die sich nie erfüllen können, sodass die Suche an sich immer im Leid ende. Was dem Suchenden bliebe, sei Selbsterforschung mit der Frage »Wer bin ich?« im Sinne von Ramana Maharshi, die einen mehr und mehr zur Erkenntnis seiner selbst führe. Seine Aussagen in ihrer Klarheit und Präzision zogen mich sehr an. In mir keimte neue Hoffnung, endlich in mir den verborgenen Schalter zu finden, der Ängste, Unzulänglichkeit und Schwäche beendet. Ich besuchte diesen Lehrer und war tief beeindruckt – etwas in ihm war absolut still, unberührt.

Ich trat in den Kreis dieses Lehrers ein, strengte mich sehr an, endlich der zu werden, der ich sein wollte – innerlich frei, selbstbewusst, entschieden, selbstverständlich, maskulin. Aus heutiger Sicht kann ich sagen: Ich strengte mich an, der zu werden, der ich glaubte, nicht zu sein. Während ich hoffte, mein Leben endlich – nach vierzig Jahren Suche – in den Griff zu bekommen, steuerte ich geradewegs in das größte Chaos.

Aus Begeisterung für ein Wohnprojekt dieses Lehrers wollte ich mit ein paar Freunden eine große Veranstaltung mit Ausstellungen, einer Theatervorstellung und Konzerten organisieren. Der Erlös sollte dem Projekt zugutekommen. Um unseren Plan zu ermöglichen, setzte ich meine gesamten Mittel ein und mobilisierte sämtliche Reserven. Die Veranstaltung wurde wunderschön, doch sie zog leider viel zu wenig

Besucher an, sodass wir – vorwiegend ich – auf einem hohen Berg Schulden sitzen blieben. Ich war gleichzeitig in einem beruflichen Umbruch. Mit dem Projekt war ich gescheitert und hatte mich total ruiniert. Mit dieser Situation war ich ziemlich allein. Ich hatte keine Vorstellung, wie es weitergehen sollte.

Meister M

Während dieser Zeit traf ich auf meine Frau. Es war ein tiefes Erkennen, eine große Liebe, die mich ergriff; auf sie hatte ich ein Leben lang gewartet. Sie war in einem innigen Dialog mit Meister M, von dem sie mir immer wieder ein wenig berichtete. Ich hatte die tiefe Transformation bemerkt, die sie durchlief, seit sie mit diesem Meister in Kontakt war. Zur gleichen Zeit entdeckte ich in einem Kalender ein Bild von ihm, das mich auf eigenartige Weise faszinierte.

Er sah so aus, wie man eigentlich nicht aussehen konnte: leuchtend, plastisch und irgendwie zeitlos. Das Bild zog mich an, ich musste es immer mal wieder anschauen. Unter dem Foto ein Zitat: »Ich bin die Leere in der Fülle und die Fülle in der Leere« – eine Aussage, die mich immer wieder beschäftigte. Ich konnte mir Erklärungen konstruieren, doch ich fühlte, dass sie alle nicht zutrafen.

Eines Tages meinte meine heutige Frau, es würde sie freuen, wenn ich sie einmal zu einer Zusammenkunft von Meister M begleiten könne, damit ich wüsste, wovon sie spräche.

Im Jahre 2003 fuhr ich zum ersten Mal nach Zürich. Die Bühne betrat ein zerbrechlich wirkender Mann, dessen Bewegungsabläufe unkoordiniert wirkten, und doch bewegte er sich sehr leicht. Hunderte Menschen saßen in der großen Halle.

Er setzte sich und fing an zu sprechen. Akustisch verstand ich ihn zu dieser Zeit kaum, und doch erreichten seine Worte mich tief. Vieles von dem, was ich vorher gehört und gelesen hatte, fiel an seinen Platz. Ich bekam ein Empfinden dafür, was eigentlich in Schriften wie den Gitas gemeint war.

Am Nachmittag während der Stille hörte ich innerlich einen Ruf: »Komm, komm!« Nicht laut und nicht leise, doch unüberhörbar. Ich wusste, er ruft mich und ich fühlte, es gibt keine Möglichkeit, diesem Ruf nicht zu folgen. – So hatte Jesus seine Jünger gerufen: »Komm, folge mir nach.« Der Albtraum meiner Kindheit, Gottes unwürdig zu sein, verschwand ins Nichts. Bei der Verabschiedung sagte ich zu ihm: »Ich habe deinen Ruf gehört.« Er antwortete nur: »Gut, endlich.«

Drei Wochen später in München beim Darshan: Ich stand vor Meister M und sah nur Abwesenheit. In seinen Augen war *nichts*, reine Leere, Tore der Unendlichkeit. Alles, was ich dachte oder nicht dachte, wollte oder nicht wollte, tat oder nicht tat, hatte nichts mit ihm zu tun, berührte ihn und sein Dasein nicht. Eine tiefe Entspannung trat ein.

Er wusste alles, sah alles, vor ihm konnte und wollte ich mich nicht verbergen. Warum auch? Er war kein strafender Gott. Er wusste, wo ich war oder nicht war. Er war von allem unberührt. Sein spirituelles Wirken fand ganz woanders statt. Erlösung war etwas vollkommen anderes, als ich es mir je vorgestellt hatte, das wurde mir in diesen Momenten tief bewusst.

Meine Frau war inzwischen in einen gerade gebildeten Inneren Kreis eingetreten. Ich selbst hatte vor, nun regelmäßig für einige Jahre zu den Zusammenkünften zu fahren und um Aufnahme in den nächsten Kreis zu bitten. Ich war völlig einverstanden, nutzte die Zeit, las einige seiner Bücher. Ich fühlte, alles, was in ihnen beschrieben wird, ist wahr.

Zu meiner großen Überraschung lud Meister M mich kurz darauf ein, diesem jüngsten Inneren Kreis noch beizutreten, denn, wie man mir schrieb, »er unterstützt es, wenn Paare diesen erlösenden Weg gemeinsam gehen«. In mir war ein tausendfaches Ja.

Meine äußere Situation war sehr prekär. Mir war klar, Meister M würde nicht für mich »die Kastanien aus dem Feuer holen«. Ich hatte eher das Empfinden, er würde mich – um bei dem Bild zu bleiben – tiefer ins Feuer schicken. Aber etwas in mir war ruhig, ich fühlte, dass alles richtig war. Er hatte an der Zusammenkunft gesagt: »Ich kenne eure Sorgen und Nöte.« Das war genug, um mich zutiefst zu beruhigen.

Ich begann, meine Situation zu klären. Ich wandte mich an meine

Gläubiger, beschrieb ihnen offen meine Situation und sagte ihnen, dass es mir sehr leid tue, momentan nicht mehr in der Lage zu sein, irgendeine Forderung weiter bedienen zu können. Dann meldete ich Insolvenz an.

Ich machte mich selbstständig, und nach und nach war es mir wieder möglich, einen Lebensunterhalt zu verdienen. Auf eine unspektakuläre Weise wendete sich nach und nach alles zum Guten. Im Durchleben des Alltags begann eine große Klärung, die bis heute anhält. Zugleich stellte sich allmählich ein Gefühl des Getragenseins ein, etwas, das ich nicht mehr verlieren kann.

Einige Zeit nach unserer Hochzeit bat Meister M meine Frau und mich während eines Darshans gemeinsam zu sich nach vorne. Wir standen vor ihm. Ich hatte das Empfinden, er löst uralte Verflechtungen: Das, was zu mir gehörte, kam zu mir zurück, das, was zu ihr gehörte, kam zu ihr zurück. Ein halbes Jahr später knieten wir erneut vor ihm: »Ich habe gehört, ihr habt geheiratet.« Er segnete uns, setzte Lichtimpulse. Wir sprachen noch ein paar Sätze miteinander. Es war ein tiefer und ruhiger Moment, eine Segnung und immense Stärkung.

Vor einiger Zeit fragte mich jemand, was sich für mich geändert hätte. Meine Antwort war, ich nehme den Platz ein, der mir entspricht, und werde der, der ich bin. Aus heutiger Sicht sage ich: Ich bin jahrzehntelang durch einen Nebel gegangen. Indem er nun verdunstet, kehren Licht und Farbe zurück, und erst dadurch wird mir bewusst, dass ich so lange im Nebel ging. Ich habe viele kleine Wunder im Alltag erlebt, nichts Spektakuläres und doch bin ich reich beschenkt durch die Anwesenheit von Meister M.

Meine Fragen an Meister M

F.: Gibt es Irrlehrer?

MM: Weiß ich nicht, ich habe noch nie einen gesehen. Vielleicht gibt es für Irrschüler Irrlehrer, doch wer bestimmt, welcher ein Irrlehrer ist und welcher keiner? Wichtig ist, dass du dich ent-wirrst, denn durch dieses Entwirren verdunstet auch die Vorstellung, dass es so etwas wie einen Irrlehrer gibt. Die Idee vom Irrlehrer entsteht meistens aus Frustrationen, Enttäuschungen, aus nicht erfüllten und nicht befriedigten Vorstellungen. Lasse dich nicht von Dingen verwirren, die es in deinem wirklichen Hiersein gar nicht gibt.

Wer sich durch Worte verführen lässt, hat noch nicht erkannt, dass die Wirklichkeit *vor* und nicht *in* den Worten ist.

Löse dich aus allen alten Erinnerungen, denn deine Vergangenheit hat außer in deinem Denken keine wirkliche Existenz. Wer die Auflösung der Missverständnisse beobachtet, existiert *vor* ihnen. Das, was du wirklich bist, kann mit dem Verstand nie erfasst werden.

F.: Was geschieht mit denen, die nicht erlöst werden – ist das überhaupt möglich?

MM: Wie sehen *Erlöste* und wie *Nichterlöste* aus. Der denkende Geist erschafft diese Unterschiede, gehe über ihn hinaus. Selbsterkenntnis ist der Schlüssel. Es gibt keine Selbstverwirklichten, lediglich Selbstverwirklichung, keine Erlösten, lediglich Erlösung. Im Erwachenden erlöscht die Vorstellung von mir, dir und den anderen. Erlösung kann man nicht machen oder durch irgendeine Meditation, Therapie oder eine intellektuelle Anstrengung herbeiführen. Sie geschieht, weil sie geschieht, und nicht, weil jemand will, dass sie geschieht. Sie geschieht spontan, intuitiv, unmittelbar, im tiefen Gewahrsein dessen, was man *nicht* ist.

F.: Wenn alle Sinne abgeschaltet werden, verschwindet die Welt und das Denken. Du hast einmal gesagt, dass das Bewusstsein beziehungsweise das, was dann noch bleibt, immer noch unwirklich ist. Kann ich das, was wirklich ist, überhaupt erkennen? Poonjaji sagte: »Ein Gedanke, und die Welt entsteht.« Ich verstehe das, habe es in der inneren Arbeit selbst erfahren. Aber wer denkt den Gedanken, oder wo kommt er her, woraus entsteht er? Ramesh Balsekar hat einmal gesagt: »Der Geträumte kann den Träumenden nicht kennen.« Intuitiv verstehe ich diesen Satz, obwohl das nicht möglich ist, weil ich der Geträumte bin. Wer hat dieses Verständnis – oder ist die Empfindung des Verstehens nur eine Illusion des Verstandes?

MM: Bewusstsein ist die Welt, die Welt ist Bewusstsein. Da die Welt jedoch nur konzeptuell existiert und folglich unwirklich ist, wie wirklich kann Bewusstsein sein?

Das Bewusste ist das Bewusstsein, die Welt spiegelt sich im Bewusstsein. Das Überlagerte, das subjektiv Vor-gestellte, ist das, was man glaubt zu sein, aber in Wirklichkeit nicht ist.

Denken ist eine Bewegung im Gehirn, die Informationen transportiert, deswegen kann die Welt aus nichts anderem als aus Gedanken sein. Die Welt ist nichts als eine bewusste subjektive Wahrnehmung. Wer erwacht, transzendiert das Gewusste, das Bewusste und das Bewusstsein – also die Welt.

F.: Wer stellt die Frage: Wer bin ich?

MM: »Wer bin ich?«, das tönt wie eine spirituelle Quizfrage. Die Antwort lautet: Der natürlich, der diese Frage stellt. Ich kenne ihn nicht, weil es den Fragenden in Wirklichkeit nie gab.

F.: Was ist der kosmische Mensch?

MM: Der kosmische Mensch ist kein Individuum, keine Persönlichkeit, kein Etwas oder Jemand, sondern universelle, unbegrenzte Allgegenwart, jenseits von Namen und Form.

F.: Was sind die sieben Strahlen, stehen sie in Zusammenhang mit den sieben Siegeln aus der Johannes-Offenbarung? Ist das Wesen, das dort beschrieben wird, der kosmische Mensch?

MM: Die sieben Strahlen, die sieben Planeten in der rechten Hand, die zwei Schwerter, die aus dem Mund ragen, das Feuer, das aus den Augen sprüht, der goldene Gürtel um die Brust, das sind mystische Attribute des universellen Menschen, der in der Welt, aber nicht von dieser Welt ist. Doch der universelle Mensch handelt nicht, denn er sieht keinen Grund, in der Ordnung für Ordnung sorgen zu müssen.

F.: Bin ich oder ist das, was übrig bleibt, eine Zelle des kosmischen Menschen?

MM: Das, was du wirklich bist, ist das, was war, *bevor* dieser Gedanke, diese Vorstellung, in dir entstanden ist. Der kosmische Mensch hat die Welt nie berührt, also sei natürlich und spontan das, was du hier und jetzt bist! Du warst und bist kein »Etwas«. Wenn die Frage nach dem Sein oder Nichtsein transzendiert ist, wirst du gewahr, was du wirklich bist.

Innere Spurensuche

Sita Mette

Dass ein guter Wanderer keine Spuren hinterlässt, erfuhr ich erst viel später. Spiritualität war in meinem Umfeld damals ein Fremdwort. Im christlichen Glauben fand ich ein wenig Nährboden für die in mir Suchende. Immer schon war Gott mein Rettungsanker, bei dem ich Hilfe suchte, wenn ich mich von den Menschen verlassen fühlte.

Ich erinnere mich, wie ich als Jugendliche mit dem Pferd durch die Wälder streifte und lauthals rief: »Christus, wo bist Du? An welchem Ende der Welt Du auch sein magst, ruf mich laut und deutlich, dass ich Dich zu finden vermag.«

Im Christentum wurde ich stets als die »ewig Suchende« wahrgenommen. Ich war in der Gemeindearbeit tätig, begann Gottesdienste mitzugestalten und das einzubringen, was mir dort so sehr fehlte.

Als ich ganz zaghaft danach strebte, den göttlichen Funken in mir selber entdecken zu wollen, war die Zeit des Zusammenwirkens vorbei. Beim Weiterziehen waren es die Lieder, die mir zu wichtigen Wegbegleitern wurden.

Auch die »Morgenstimmung« von Edward Grieg hatte sich dort eingefügt. Diese Musik war wie ein Bindeglied zu etwas, das ich bewusst nicht erfassen konnte. Innerlich war ich jedoch immer wieder tief erfüllt, wie viel Kraft ich über Jahrzehnte hinweg aus Peer Gynt habe schöpfen können. Es war wie eine Einkehr in mich selbst.

Babaji

Kurz versuchte ich mich in der Anthroposophie zu finden, ein Eintauchen in mir Vertrautes, eine weitere Öffnung, doch die innere Ruhelosigkeit blieb. Oft fragte ich mich in dieser Zeit, was da so unermüdlich an meinen Lebensfäden zog. In dieser erneuten Umbruchstimmung sah ich ein Foto von Babaji. Dieser durchbohrende Blick und ein paar Bücher von ihm reichten, um meinem bisherigen Lebensweg eine vollkommen neue Richtung zu geben. Kurz entschlossen buchte ich einen Flug nach Indien. Ich war von Anfang an erstaunt, auf welch klare Pfade ich in diesem faszinierenden Land geführt wurde.

In Babajis Ashram in Haidakhan glaubte ich zu Hause angekommen zu sein. Es war solch ein vertrauter Boden, als sei ich schon immer dort gewesen. Ich hatte das Gefühl, von (s)einer schützenden Hand gehalten zu sein. Es war eine Schulung der gelebten Hingabe. Leider war das Göttliche zwar spürbar, aber nicht mehr erreichbar, denn Babaji hatte seinen Körper, der hier im Mahasamadhi lag, bereits vor vielen Jahren verlassen.

Meine Zeit in Haidakhan gestaltete sich kürzer als geplant. Ich hatte hier plötzlich kein weiteres Ziel mehr und ließ mich »reisen«.

Ich hatte in der Zwischenzeit von einem Babaji-Ashram in der Schweiz gehört und spürte das Bedürfnis nach mehr Information. In Südindien fühlte ich auf einmal, als bisher absolute PC-Verweigerin, den starken Drang, den nächsten Internetshop aufzusuchen. Eine Frau aus Äthiopien half mir, ein E-Mail-Konto zu eröffnen, und war dann für sich selber noch eine Weile im Internet.

Ich hatte nun die Website von Babajis Ashram und Seminarzentrum in der Schweiz geöffnet und kam aus dem Staunen nicht mehr heraus, denn von der hilfsbereiten Äthiopierin erfuhr ich, dass meine Vorgängerin am PC diese Seite aufgebaut hätte und am Abend wieder käme. Wie ich später hörte, war sie auch die neue Leiterin des Schweizer Ashrams.

Einen deutlicheren Hinweis, wohin der nächste Schritt mich führen würde, hätte ich wohl kaum erhalten können. Am gleichen Abend traf ich diese Frau tatsächlich, wir führten ein langes angeregtes Gespräch, die letzten Zweifel waren weg.

Ich schrieb einen Brief in die Schweiz, um mich für das Zusammenleben in diesem Ashram zu bewerben. An meinem Geburtstag wurde entschieden, dass ich als Gemeinschaftsmitglied willkommen sei.

Kurz vor meiner Indienreise hatte ich einen Vortrag des Dalai Lama in Basel besucht. Ich sog die dort spürbare Fülle an Liebe und Leichtigkeit förmlich auf und war tief beeindruckt von der Güte und dem Humor des Dalai Lama.

Dann in Indien – zu einem Zeitpunkt, als ich mich vom Göttlichen verlassen fühlte – ließ ich mir das Kalachakra, eine der höchsten Zeremonien des tibetischen Buddhismus, nicht entgehen. Ich wurde von den Menschenmengen bewegt und fand mich plötzlich vor einem Lehrer des Dalai Lama wieder. Mit heftiger Wucht spürte ich seine Gebetstrommel auf meinem Haupt und ein intensiver Prozess der Transformation begann. Ein tiefer Friede strömte in mich ein – und doch war ich hier nicht angekommen, das spürte ich tief.

Von etlichen Lehrern ließ ich mich durchfließen, besuchte Ashrams und Gurus, ließ es wirken, und immer wieder zog es mich weiter. In Tiruvannamalai fragte ich mich bei der Besteigung des Arunachala, ob ich Christus oder Babaji in wiederverkörperter Form überhaupt erkennen würde. In diesem Augenblick kam mir ein bekannter spiritueller Lehrer entgegen und es war mir wie eine Bestätigung: Ja, ich würde *IHN* erkennen.

An den aus der Stille

Ich lebte bereits einige Zeit im Schweizer Ashram, als ich zufällig ein Telefongespräch mithörte. Ein Mario Mantese sei an einem speziellen Foto von Babaji interessiert. Diesen Namen hatte ich noch nie gehört, aber das gewünschte Foto war mir von Haidakhan her wohlvertraut. Ein mühsames Suchen begann, doch außer auf dem Altar eines Gemeinschaftsmitgliedes wurde ich nicht fündig. Etwas stark Drängendes blieb.

Beim Vorbereiten eines Seminars im Ashram entstand aus unserem Kinderhäuschen eine schnuckelige, kleine Buchhandlung. Dort entdeckte ich plötzlich Bücher von Mario Mantese und mir stockte der Atem. Es waren ganz neue Welten, die sich mir da offenbarten. Diese gewaltige Kraft im Geschriebenen, so tief im Inneren berührt zu werden, das hatte ich bisher durch kein Buch erfahren. Unserer Volontärin erzählte ich aufgewühlt davon und erfuhr, dass sie vor einigen Wochen eine Zusammenkunft mit Meister M – Mario Mantese – besucht hätte. All ihre Schilderungen verstärkten meinen Drang, nach dem Foto zu suchen, doch ohne Erfolg. Dann wurde unser Gemeinschaftsmitglied, die Volontärin, verabschiedet – zurück blieb ihr Foto von Babaji! Ich wollte es abschicken, kam aber an dem Tag nicht mehr ins Tal herunter. Sie kam, trotz Urlaub, noch einmal für eine Nacht in den Ashram zurück und schmunzelte, als sie das Päckchen an Meister M sah, denn sie war unterwegs zum Intensivseminar mit Meister M und würde somit auch gleich die Überbringerin des Fotos von Babaji sein.

Angekommen im Licht

Es folgte ein ungeduldiges Warten, bis ich selber endlich an einer Zusammenkunft teilnehmen durfte, da Meister M nur ein paar Mal im Jahr an die Öffentlichkeit tritt.

Ich staunte, als ich die große Halle betrat. Überall sah ich mir bereits bekannte Menschenseelen. Dieses Gefühl der inneren Verbundenheit, Teil eines riesigen Netzwerkes zu sein, verstärkte sich im Laufe der Jahre.

Nun saß ich hier, voller Vorfreude, voller Spannung, voller Dankbarkeit. Blitzartig durchzuckte es mich, als auf einmal aus Peer Gynt die »Morgenstimmung« ertönte. Ich empfand es wie ein vereinbartes Erkennungszeichen, so als sei Meister M mit diesem Lied schon seit Jahren an meiner Seite gegangen, nur für mich nicht sichtbar.

Dann zog jemand den großen, schweren Vorhang ein Stück weit auf, heraus trat Meister M. Die Zeit schien stillzustehen. Das Draußen hörte auf zu existieren, es zählte nur noch dieser Augenblick. Dieses immense göttliche Licht in menschlicher Gestalt, diese unermessliche Güte, die er ausstrahlte, durchschüttelte mich. Mein ganzes System schien sich neu auszurichten, und die Tränen tiefer Klärung waren nicht mehr aufzuhalten. Wieder holten mich Erinnerungen ein und ich erkannte den »Christus«, nach dem ich damals hoch zu Ross gerufen hatte. Er hatte mich erhört und mich auf dem Weg geleitet. Ich war zu Hause angekommen.

Tief berührt schrieb ich am Abend: Hier und jetzt hört mein Suchen auf. Ich tauche ein in die Unendlichkeit, versinke im Göttlichen, lichtvoll durchtränkt und neu beseelt, erfüllt von glückseligster Liebe. Bereit zur absoluten Hingabe und (Ego-)Selbstaufgabe, bereit, die Schatten zu beleuchten und letztendlich zu transformieren – und das hat sich bis heute nicht geändert.

Bevor das Neue seinen Raum einnehmen konnte, galt es Altes zu entrümpeln. Im Außen trieb mich eine enorme Schaffenskraft. Der Ashram ließ mich die Freude des Wirkens entdecken. Dort war ich im Fluss und immer wieder erstaunt, wie zur richtigen Zeit die richtigen Menschen und Dinge zu mir kamen. Doch im Inneren schienen die Müllberge, all das bisher nicht Aufgearbeitete, noch größer zu werden. Es war wie ein immer tieferes Hinabsteigen in die Kellergewölbe uralter Zeiten – nur mit einem Licht in der Hand. Eine Auflösung der Illusionen begann, die mich bis dahin gefangen gehalten hatten: eine enorme Konfrontation mit meinen Schattenseiten, all den selbst erschaffenen Dramen meines Lebens. Als ich Meister M einmal um Rat fragte, sagte er: »Wenn das reine Licht in die Dunkelheit strahlt, dann gibt es heftige Bewegungen und Turbulenzen, dann kommen alle Schatten hoch. Aber die Dunkelheit wird und muss sich auflösen, mach dir keine Sorgen.«

Mein Leben in der spirituellen Gemeinschaft im Ashram war ebenso ein ständiges An-meine-Grenzen-Stoßen wie auch eine großartige Chance, über diese Begrenzungen hinauszuwachsen. Was mir Schwierigkeiten bereitete, waren die vielen Meditationen, Rituale und Dogmen. Ich war verwirrt von diesem Überangebot an Überzeugungen und Schulungswegen. Anpassungsversuche scheiterten ebenso wie mein Bemühen, mich abzugrenzen, denn das machte mich zur Außenseiterin. Einzig im Karma-Yoga (selbstloses, gottgewidmetes Dienen) konnte ich mich finden.

Die Worte von Meister M wirkten wie Balsam: »Wenn ihr zu mir kommt, ziehe ich euch den Stecker heraus, und wenn ihr geht, stecke ich ihn wieder rein, doch euer Kommen, Bleiben und Gehen berührt mich nicht. Wer bereit ist, ist bereit, wer nicht, eben nicht.«

Genau das hatte ich gesucht: Keine Lehren mehr, sondern ein Leeren! Auch seine Aufforderung »Werdet endlich normal und übernehmt die volle Verantwortung im Alltäglichen« entsprach mir sehr. Ich hatte das Gefühl, seine »Be-Leerung« habe weit vor unserem ersten physischen Treffen begonnen.

Du bist nicht alleine

Längst war meine Zeit in der Gemeinschaft im Ashram abgeschlossen, doch ich war noch nicht bereit, wirklich loszulassen. Entsprechend stark war der Widerstand. Bei einem weiteren Darshan bat Meister M eine Bekannte von mir auf die Bühne. Mir kamen die Tränen, und ich war tief erstaunt, was da in mir passierte: Ich war eins mit dieser Szene. Ich war sowohl die Gebende als auch die Empfangende und ebenso die Beobachterin.

Er ist gleichzeitig bei allen Menschen, das wurde mir hier tief bewusst. Ich war so tief genährt, dass alle Bedürfnisse weg waren, dem Meister auch einmal so nahe kommen zu dürfen.

Umso mehr war ich erstaunt, als er kurz darauf auch mich zu sich rief. Wortlos wurde ich gehalten und versank im Lichtermeer. Der Tropfen fließt zurück in den Ozean. Ich tauchte in ganz andere Ebenen ein und erlebte eine Verschmelzung, in der alles Trennende verschwand.

Am nächsten Tag begann für mich die schwierigste Phase der Ablösung aus der spirituellen Gemeinschaft im Ashram. Wenn ich der Verzweiflung nahe war, erinnerte ich mich an diese warme innere Umarmung von Meister M, was mich sogleich beruhigte. Gehen musste ich die Schritte alleine, doch voller Vertrauen fühlte ich mich von seiner liebevollen und so heilsamen Energie gehalten und durch die Turbulenzen hindurchgetragen.

Bei der nächsten Zusammenkunft hatte ich meine Adressänderung mitzuteilen. Meister M bat mich kurz zu sich und fragte mich: »Was war denn das?« Mit seiner Frage nahm er mir sogleich den schweren Ballast der vergangenen Monate ab. Das Gewesene war auf einmal unwesentlich geworden. Es blieb das Gefühl der Befreiung und eine ganz neue Lebendigkeit.

Folgende Worte gab er mir abschließend mit auf den Weg: »Mach dir um dich keine Sorgen, für dich ist bestens gesorgt.« Genau das erfahre ich seither. Alles fügt sich ein. Ich genieße die Fülle, und es öffnen sich Türen, die ich kaum für möglich hielt. Das ständige Kämpfen hat ein Ende gefunden.

Das Jahr danach war wie ein Lebensrückblick. Alles, was ich je gemacht hatte, wiederholte sich wie in einem Film. Ich konnte nochmals tief in Vergangenes hineinschauen, es mir bewusst werden lassen, damit Neues überhaupt beginnen konnte.

Lichtstrahlen im Alltäglichen

Immer wieder werde ich an seine Allgegenwärtigkeit erinnert. Ich war auf dem Weg zu einer Zusammenkunft und las in einem Buch über die Essener. Dort wurde genau die Szene beschrieben, wie der Meister den Raum betritt, in dem viele Hunderte seiner Schüler in der Stille auf ihn warten, und ich las, wie der Meister des Lichtes sprach: »Mein Geist wird eure Schritte begleiten bis zur völligen Erfüllung.« Wieder war er da, dieser Lichtstrahl. Mir war, als habe Meister M direkt zu mir gesprochen.

Vier Jahre hatte ich schon in diesem Ashram auf einer Alp in der Schweiz gelebt. Nun wollte ich ins Stadtleben hineinschnuppern. Doch im Gewusel von Bern fühlte ich mich ziemlich einsam und verloren. Auf einmal stand Meister M vor mir. Wir witzelten über Belangloses. Doch als er schmunzelnd weiterzog, begann in mir unendlich Tiefes zu wirken. Seine innere Arbeit kennt keine Grenzen, dies wurde mir in diesen Momenten tief bewusst.

Eine neue Perspektive

»Gebt den Emotionen kein Futter mehr, erwacht – jetzt!« Diese Aufforderung von Meister M hat einiges in mir bewegt. Seither hält mich der innere Schmerz nicht mehr gefangen. Es gibt zwar ab und zu noch heftige Wirbelstürme, doch wenig später sind sie verblasst und dann frage ich mich: »Was war denn das?«

Der Verstand hat noch vage Erinnerungen an Gewesenes, doch diese heftigen Emotionen holen mich nicht mehr ein. Sie mussten dem Licht weichen. Die Welt ist mir vertrauter geworden. Ich staune manchmal über das endlose Schauspiel meiner vergangenen Aktionen und Reaktionen. Es kommen mir klare Antworten entgegen, die mein Leben durchschaubarer und einfacher machen.

Ja, es ist ruhiger geworden in mir und um mich herum. Ich wehre mich nicht mehr gegen das Leben, ich bin einverstanden und fließe mit. Das Wollen verschwindet, das Vertrauen wächst. Es ist so wunderbar für mich gesorgt. Ich erinnere Meister Ms Worte: »Du musst lernen, dich mir zu übergeben, damit du vollkommen unabhängig wirst.« Oft hatte ich von der Erlösung gehört und gelesen, nun erlebe ich es tagtäglich, immer wieder neu.

Manchmal bekomme ich wichtige Impulse mit auf den Weg, möchte bestimmte Verhaltensweisen ändern, doch es gelingt mir nicht. Und auf einmal ist es geschehen, (fast) ohne mein Dazutun! Mein menschliches Umfeld wie auch meine eigenen Rollen darin ändern sich. Ich nehme anders wahr und werde anders wahrgenommen. Dankbar staune ich, wie sich Festgefahrenes zu wandeln beginnt. Unermessliche Liebe fließt ein und strahlt aus. Ich erfahre viel mehr Freude, Ruhe und Gelassenheit im Alltag.

Oase der Stille

Erst konnte ich die Kraft, die Meister Ms Worte enthielten, kaum aushalten. Allmählich begann ein inneres Lauschen, sodass die enorme Schwingung tief in mir wirken konnte. Ich erlebte ein vorsichtiges Herantasten, ein zunehmendes Einlassen und Wirkenlassen dieses unglaublichen Lichts, das Meister M ist!

Ich denke, ich kann nur zu einem Bruchteil erahnen, welch große Gnade mir durch seine Gegenwart zuteilwird. Es bleibt die tiefe Dankbarkeit, dass er – auch mich – zu sich gerufen hat.

Meine Fragen an Meister M

F.: Je länger ich den Weg mit dir gehe, desto weniger Fragen kommen mir. Ist das Bequemlichkeit oder vielleicht Verweigerung der Tiefenschau?

MM: In der Abwesenheit der Zeit und der Anwesenheit des Zeitlosen wird das unruhige Denken still, alle unnötigen Fragen verblassen. Fragen entstehen aus dem Denken, und Denken erschafft allerlei Konzepte und Vorstellungen, die wirklich nie das sein können, was du wirklich bist. Wer sich mir nähert, wird still.

F.: Wie ist es möglich, dass du gleichzeitig für viele Tausende Menschen da bist, sie wahrnimmst, ihnen zur Seite stehst, selbst wenn große Distanzen dazwischen liegen?
MM: Mein Hiersein ist raum- und zeitlos, frei von Nähe und frei von Ferne. Ich bin hier für alle, weil alle genau das sind, was ich hier und jetzt bin.

F.: Es gibt nur einen Geist, und dennoch scheinen wir als individuelle Seelen vorhanden zu sein?
MM: Mag sein, dass wir als individuelle Seelen vorhanden zu sein scheinen, doch das, was du wirklich bist, ist das, was *vor* jeglicher Manifestation existiert. Eine individuelle Seele zu sein, ist eine Vorstellung im Bewusstsein. Sie erscheint wie eine flackernde Fata Morgana in der Wüste. Der Wüstenboden ist wirklich, die Fata Morgana nicht.

F.: Ist es normal, wenn man sich nach einer Partnerschaft sehnt, oder ist dies eine bloße Projektion der Erfahrung von Seligkeit im Weltlichen?
MM: Das starke Bedürfnis nach Partnerschaft, nach Zusammensein, ist eine vereinigende Kraft, die allen Lebewesen innewohnt.
Zweiheit sucht nach Einheit. Wer erwacht, ist der Illusion von Form und Gestalt und seines wahren Hierseins gewahr. Wer dessen gewahr ist, ist nie mehr allein, sondern *all-ein*, auch in einer Partnerschaft.

F.: Was siehst du, wenn du in uns und durch uns schaust?
MM: Darüber spreche ich nicht.

F.: Wo sind die Ebenen deines Wirkens?
MM: Da ich auf keiner Ebene bin und keine Ebenen kenne, ist mein Wirken unbegrenzt. Wirken geschieht in der Stille von Nicht-Ich. Ich-

Abwesenheit ist grenzenlose Anwesenheit. *ES* wirkt allumfassend, weil der Wirkende abwesend ist.

F.: Wohin gehen wir – oder gehen eben nicht –, wenn wir uns nicht mehr inkarnieren?

MM: Wir sind nie gekommen, und somit gibt es auch keinen Ort, an den wir gehen könnten, wir sind hier und jetzt!

F.: Ist das, was da draußen in der Welt passiert, alles von mir selbst gestaltet?

MM: Es ist nie etwas vorgefallen oder geschehen in dem, was du wirklich bist. Die manifestierten Vorstellungen entstehen aus dem Ich, das selbst nur als Erscheinung im Bewusstsein existiert. Wer erwacht, ist gewahr, dass all diese konzeptuellen Vorstellungen des Ichs nichts als ein Spiel der Unwissenheit sind.

F.: Wenn neue Projekte nicht richtig ins Fließen kommen, was ist dann blockiert? Fehlt der Wille, das Wissen, sind es eigene Ängste, oder ist es einfach nicht unsere Bestimmung?

MM: Den meisten Menschen fehlt die Geduld, Dinge im Alltag ausreifen zu lassen. Sie sind ungeduldig und wollen schnelle Resultate. Man ist sich selbst im Weg, wenn man die Fähigkeit verloren hat, ins Leben zu lauschen und sich von dem leiten zu lassen, was wirklich ist.

Solange man der Illusion, der oder die Handelnde zu sein, erlegen ist, sind die Dinge nie an ihrem richtigen Platz. Wer erwacht, ist bloß Zeuge.

F.: Unsere Seelen inkarnieren sich in einer gewissen Absicht, um Erfahrungen zu sammeln, um wieder zum eigenen Selbst zu finden. Wie können wir jedoch verstehen, was tatsächlich unsere Aufgabe in diesem Leben ist?

MM: Aufgabe als »Auf-gabe« könnte die Aufgabe sein. Die Unwirklichkeit der relativen Welt zu durchschauen, das ist die Auf-gabe!

Nur Unwissenheit kehrt zurück, Wirklichkeit ist hier und jetzt. Das denkende Ich ist geboren, nicht du.

Der Weg des Dienens

Mark Albin – Doyu

Zu dienen, wirklich zu dienen, das war mein höchstes Ideal und das Ziel meines Lebens. Dafür musste ich von meinem Ego befreit werden. Diese Gedanken haben mich seit meiner Jugendzeit geprägt. Von dieser inneren Einstellung getrieben, habe ich die unterschiedlichsten Erfahrungen gemacht und verschiedene Ecken der Welt gesehen, dabei habe ich auch einige außerordentliche Menschen kennengelernt. Diese Erfahrungen und Begegnungen waren zwar wichtig, sie vermochten jedoch keine Reife in mir zu bewirken.

Der Ruf zum Dienen und zur Erlösung hat mich durch zahlreiche philosophische Untersuchungen, spirituelle Übungen und Religionen geführt, bis ich endlich bei Mario Mantese – Meister M – gelandet bin, wo mein Herz tiefe Resonanz gefunden hat.

Die Erfahrung in meiner Kindheit, die mein Wesen am tiefsten berührt und meine Spiritualität geprägt hat, war die Beziehung zu meinem Bruder. Er war anderthalb Jahre älter als ich und ist als blonder Junge mit blauen Augen in die Welt einer braunäugig-brünetten Familie gekommen.

Michael war mit einem außergewöhnlichen Gehirn geboren und entwickelte einen IQ von 160. Er kam aber auch mit dem »Duchenne-Muskelschwund« in diese Welt, einer mysteriösen, unheilbaren Krankheit, die den Betroffenen keine Muskelentwicklung erlaubt. Die Lebenserwartung für ihn war nicht sehr hoch.

Als mein Bruder allmählich schwächer wurde, entwickelte sich zwischen uns eine sehr intensive Beziehung, in der körperliche Nähe und Kooperation immer wichtiger wurden. Das war nicht immer leicht. Von meinem achten Lebensjahr an habe ich Michael wieder aufgerichtet, wenn er umfiel. Als er mit elf einen neuen Rollstuhl brauchte, habe ich mich als sein offizieller Diener angeboten. Ich habe schöne Erinnerungen an Zeiten, als wir mit dem Rollstuhl durch südkalifornische Shopping-Malls »geflogen« sind. Ich stand dabei hinten auf dem Rollstuhl.

Die Blicke der vorbeigehenden Menschen waren auf uns gerichtet. Michael und ich reisten durch Kalifornien, besuchten Rock-Konzerte, gingen ins Kino und sahen zusammen viel fern. Ich fand tiefen Trost im einfachen Zusammensein, das erfüllt war mit Respekt und Liebe. Für mich war das echte Bruderliebe.

Es gab in meiner Jugend aber auch eine andere Seite des Lebens. In der High School und an der Universität von Südkalifornien habe ich den sogenannten kalifornischen Lifestyle ausgelebt – mit viel Sport, Leben am Strand und Spiel. Ein Beispiel für meinen Lebensstil in diesen Jahren ist mein kurzer Arbeitsaufenthalt beim »Playboy Mansion« in der Nähe von Beverly Hills. Dieser Job war für einen achtzehnjährigen Studenten gut bezahlt und alles andere als langweilig. Aber dennoch war es nicht mein Schicksal, dort für längere Zeit zu arbeiten.

Stark inspiriert wurde ich als Teenager von einem Buch, das ich von einem Freund bekommen hatte. Es trug den Titel *Du bist die Welt*. Das schöne Profil Krishnamurtis strahlte von der Titelseite. Das Buch war eine intensive Meditation über das Leben. Ich war ernüchtert, entflammt und fast erschrocken von der unvermeidlichen Klarheit und Wahrheit, die sich in diesem Buch offenbarte.

Mit siebzehn Jahren fuhr ich ins Ojai Valley, nördlich von Los Angeles, um den damals 88-jährigen Mann selbst zu sehen. Nachdem er, schon etwas wackelig auf den Beinen, an mir vorbeigegangen war und die Bühne betreten hatte, verkündete er wahre Schönheit, Einfachheit und Klarheit. Diese Erfahrung öffnete mir die Möglichkeit, die Idee eines Messias' loszulassen und auch der Einschüchterung durch das schriftliche Wort zu entfliehen. Dieser Mann war ein wunderbarer Mensch, aber eben auch nur ein Mensch. Ich war das auch! Dieses schöne Licht sollte immer durch mein Wesen fließen. Erlösung wäre sicher in diesem Leben noch möglich, dachte ich. So hat meine Suche angefangen.

In der Universitätszeit konnte ich viel von meiner intellektuellen Neugier befriedigen. Ich studierte die modernen europäischen Philosophen, von Descartes bis Rousseau über Kant, Hegel und Marx bis hin zu Nietzsche und Freud. Ich befasste mich auch mit der Geschichte der Religionen. Ich lernte über die Traditionen der Indianer – vor der Ankunft der Europäer in Amerika. Ich erfuhr viel über die vielen Idealisten, die nach Amerika gekommen waren und hier ihre utopischen Gemeinschaften gegründet haben.

Ich habe in den Jahren an der Universität auch die Religionen des Ostens kennengelernt und mich monatelang mit Geschichten über das Leben Buddhas und mit Anekdoten von Zen-Meistern befasst. In einem dieser Kurse eröffnete sich mir die Gelegenheit zu einer sehr besonderen Begegnung. Ich traf einen buddhistischen Mönch aus Sri Lanka, einen schönen runden Mann mit gütigem Gesichtsausdruck und sanfter Stimme. Der Mönch verbrachte eine Stunde im Unterrichtsraum mit uns. Sein Licht und seine Leichtigkeit bildeten einen starken Kontrast zu meinem intellektuellen theoretischen Bücherwissen. Ich musste auch zugeben, dass seine philosophischen Äußerungen allem, was ich bisher gelesen hatte, standhalten konnten. Nach dieser Begegnung wusste ich, dass ich meine Last eines Tages würde ablegen können.

Was mir in diesem Jahr besonderen Anlass zur Freude gab, war, dass ich an der gleichen Universität mit meinem Bruder zusammen sein konnte. Im Sommer arbeitete ich zwei Monate als Pflegekraft für Michael. Ich war sein Krankenpfleger, Fahrer und Koch – rund um die Uhr. In dieser Zeit war sein Körper nur noch Haut und Knochen, seine Rippen lagen auf seinen Oberschenkeln und sein leichter Körper musste jede Nacht vier- bis sechsmal umgelagert werden. Diese Arbeit war die intensivste Lehre über meine psychischen und körperlichen Grenzen, die ich je erfahren habe. Es gab keinen Weg, ihm sein Leid abzunehmen. Anfang Herbst starb Michael, er hatte seinen kranken Körper für immer verlassen.

Japan und das Zen-Kloster

Bald danach flog ich nach Asien mit der Vorstellung, mir in Japan meinen Lebensunterhalt als Englischlehrer verdienen zu können. Eventuell wollte ich auch noch weiter nach Indien. Nur mit einem einfachen Flugticket und einer Dokumentation für Arbeitssuchende in Japan ausgestattet, wollte ich mich zunächst in Kyoto auf die Suche nach meinem Glück machen.

Meine Ankunft in Japan gestaltete sich ziemlich komisch. Mir war vorher nicht wirklich bewusst gewesen, dass die Leute hier so anders schreiben und reden würden. Aber ich habe Arbeit gefunden, und für zwei Jahre tauchte ich in die Traditionen dieses schönen und oft strengen Landes ein. Ich fing an, Shakuhachi-Flöte zu spielen, und praktizierte sechs Tage die Woche Aikido. Ich befasste mich auch mit der Literatur des Zen-Buddhismus und besuchte zahlreiche Tempel und Gärten.

Nach drei Jahren war die Freude am Alltagsleben im modernen Japan vorbei. Ich entschloss mich dann, meinem Interesse an Zen zu folgen und ein Jahr in einem Tempel zu verbringen. Zen war für mich immer sehr wenig greifbar und ich dachte, nach einem Jahr mit einem echten Meister könnte ich es besser verstehen.

Ich fand Aufnahme im Sogen-ji-Tempel in Okayama, wo ein dynamischer Zen-Meister eine fleißige Gruppe japanischer Mönche und Ausländer um sich versammelt hatte, die das traditionelle Zen-Klosterleben praktizierten. Diese Art von Leben war sehr anspruchsvoll, und es gab wenig Zeit zu philosophieren. Wir standen sehr früh auf, meditierten viele Stunden, aßen in Stille und wurden vom Meister bis zu dreimal am Tag geprüft.

Neben der Strenge und Disziplin war diese Welt aber auch von Schönheit erfüllt. Die Tempelgebäude waren 300 Jahre alt. Holzstrukturen, verschönert mit fantastischen Statuen, Gemälden und Kalligraphien, die bekannte Meister Jahrhunderte zuvor geschaffen hatten. Wenn man draußen zwischen den Gebäuden unter den Ahorn- und Zedernbäumen spazieren ging, spürte man eine unglaubliche Tiefe. Man wusste, dass Mönche hier über Jahrhunderte gearbeitet und meditiert hatten.

Unsere täglichen Aktivitäten waren sehr traditionell und oft sehr anstrengend. Die langen Arbeitstage des Klosterlebens waren gewöhnungsbedürftig. Aus der Arbeit konnte ich aber viel Kraft schöpfen und das tägliche Putzen, Kehren, Holzhacken und die Teevorbereitung für Gäste bald mit Freude erledigen. An die Tradition des Bettelns mit Sandalen aus Stroh und ohne Socken – auch im Winter – hatte ich mich auch bald gewöhnt.

Das Leben im Tempel forderte viel. Man konnte entweder mitmachen und alles dafür geben, oder man fand einen Weg hinaus. Für mich war es das echteste und ehrlichste Leben, das ich mir vorstellen konnte. Ich konnte meine ganze Zeit der Verantwortung für den Tempel widmen. Ich habe den Meister oft zu seinen Terminen gefahren, musste für die Gruppe einkaufen und kochen, leitete das Morgengebet und erhielt schließlich die Klangschale, um die Meditationen in der Halle zu führen. Im Leben im Tempel gab es nichts, was für mich keinen Sinn machte. Alles war genau richtig für jemanden, der anderen mit ganzem Herzen dienen wollte. Ich war voll und ganz auf dem Pfad des Bodhisattwas.

Die Treffen mit dem mächtigen Zen-Meister jeden Tag waren auch ein anspruchsvolles Ritual, das keine Schwächen erlaubte. Ich war in dreizehn Jahren im Kloster nicht einen Tag krank!

Die tägliche Auseinandersetzung mit dem Meister bildet den Kern der Zen-Praxis. Bei diesen Begegnungen sitzt man dem Roshi (japanisch: alter Lehrer) unter vier Augen gegenüber. In perfekter Haltung, wie eine lebendige buddhistische Heiligenfigur, blickte er uns an. Sein Ziel dabei war es, dass wir unser Ego sterben ließen. Nachdem eine klare Beziehung zwischen Meister und Schüler entstanden war, dauerte es nicht lang, bis man wusste, wie unfreundlich diese Treffen sein konnten.

Als Metapher für die Zen-Praxis wird oft der Prozess des Schmiedens eines Schwerts benutzt. Das anfänglich ungeformte Metall stellt unser mit Ego erfülltes Wesen dar. Durch Arbeit und lange Meditationsstunden trifft das Metall auf Feuer, und eine Läuterung findet statt. Es ist ideal, wenn der Schüler dem erleuchteten Meister begegnet und das Feuer dabei am heißesten ist, dann ist das Metall weich. Jetzt kann eine noch tiefere Reinigung beginnen, wobei eine neue stärkere Form entsteht. Dieser Prozess des Formens fühlte sich oft an, als würde im Inneren an mir gehämmert.

Wenn ich versuche, meine Meditationsstunden zu zählen, würde ich sagen, dass ich über dreißigtausend Stunden meditiert habe und meinem Meister fünftausendmal »im Feuer« begegnet bin.

Natürlich hatte ich viele Schwierigkeiten. Aber meine Liebe zu meinem Meister und das Ziel, die Erlösung von meinen vielen egoistischen Tendenzen, um besser dienen zu können, waren so erfüllend, dass ich schließlich beschloss, Mönch zu werden. Ich bekam den buddhistischen Namen »Doyu«, der »Weg des Dienens« bedeutet.

Meister M im Kloster Sogenji

Eines Tages kam ein Mann zu uns in den Tempel zu Besuch. Der Roshi habe ihn eingeladen, so hatten wir vernommen. Wir hatten von seinem Unfall gehört und dass er trotz seiner körperlichen Behinderung etwas Schönes und Tiefes anzubieten hatte und dass eine heilige Kraft intensiv von ihm ausstrahlte.

Tatsächlich war der Mann schön und heiter, mit leuchtenden Augen. Er sprach ein lebendiges, etwas poetisches Englisch. Ich fühlte mich im Gespräch mit ihm sehr zu Hause. Mario Mantese – Meister M – war in mein Leben getreten.

Ich wusste in dem Moment, als er den Tempel betreten hatte, dass dies eine ungewöhnliche Begegnung werden würde. Ich war als Übersetzer dabei, als er seinen ersten Tee mit dem Zen-Meister einnahm. Ich spürte sofort eine große Offenheit in seinem ganzen Wesen. Ihm war genau bewusst, was gesprochen wurde, und er vermochte jedes gesprochene Wort in Klarheit zu verwandeln. Wenn meine Übersetzung durch Zeit und Ego beschränkt war, dann wandelte er meine Sätze um und formulierte sie neu. Seine Erklärungen waren extrem scharf und bestechend klar. Einzigartig war seine schalkhafte Art, mit der er in absoluter Kompromisslosigkeit Dinge erklärte und auflöste. Dabei lächelte er die ganze Zeit.

Ich war so begeistert von diesem ersten Treffen, dass ich beim Abschied am Abend sagte, dass ich am nächsten Tag meine Meditation im Tempel anders angehen würde. Damals hatte ich noch keine Ahnung, wie intensiv er zuhörte. Als er am nächsten Tag zu allen Mönchen und Nonnen sprach, korrigierte er meine unklare Aussage vor der ganzen Gruppe.

Hier muss erwähnt werden, dass er uns alle, bevor er zu sprechen begann, fragte: »Wollt ihr wirklich, dass ich zu euch spreche«? Alle sagten Ja, auch der Zen-Meister, der anwesend war. Alle hatten zugestimmt, doch niemand ahnte, was für ein Vulkanausbruch uns unmittelbar bevorstand. Obwohl die Aussagen von Meister M absolut kompromisslos und entwaffnend waren, waren seine Worte stets humorvoll und von tiefem Respekt geprägt.

Er begann: »Doyu erzählte mir gestern, dass morgen seine Meditation im Tempel anders sein wird. Nun anscheinend hat er nicht wirklich gehört, was ich ihm gesagt habe!

Ich habe ihm erklärt, dass, wer versucht, durch Anstrengung die Wirklichkeit zu erlangen, stets von ihr getrennt ist. Das, was wirklich ist, kann nicht das sein, was handelt und sich bemüht. Techniken und Anstrengungen sind nutzlos, um die *eine* Wirklichkeit zu realisieren, denn alle Bemühungen gehen vom Ich, vom Ego aus und vermehren bloß die Konzepte. Den Handelnden, den Meditierenden, gibt es in Wirklichkeit nicht! Wer glaubt, jemand oder etwas zu sein, ist verwirrt. Spiritualität zu praktizieren, setzt einen Praktizierenden voraus. Egal, welches Ziel er erreichen möchte, es ist hohl und illusorisch.«

Nach diesen kompromisslosen, starken Worten, die einige sehr schockierten, konnte ich mich entspannen. Ich fand mich in kürzester Zeit in einem tiefen meditativen Zustand, in dem kein Atmen und keine Haltung nötig waren. Ein Gefühl von Liebe wurde in mir entfacht, die frei von jeglicher Anstrengung und Härte war. Eine Spur in mein eigenes Herz wurde mir in diesen Momenten von Meister M geschenkt. Ich fühlte mich überaus glücklich.

Meister M nahm sich viel Zeit, um zu uns zu sprechen. Viele von uns wussten, dass diese Tage mit ihm unvergesslich bleiben würden – Tage, die wir noch lange schätzen würden.

Mein tiefer Wunsch, wieder mit ihm zusammen zu sein und mit ihm reden zu können, wurde am nächsten Tag erfüllt. Er wollte etwas von Japan außerhalb des Klosters sehen, er wünschte eine Führung durch die Stadt Okayama und ich sollte sein Fahrer und Reiseführer sein. Er hatte den Roshi gefragt, ob das möglich sei, und dieser war glücklicherweise damit einverstanden.

Aber welches Japan wollte er an diesem Tag sehen? Ich war bei den anderen Mönchen dafür bekannt, dass ich die besten Cafés in Okayama kannte. Zu meiner Verblüffung fragte mich Meister M am nächsten Morgen als Erstes, gleich nachdem er und seine Lebenspartnerin ins Auto eingestiegen waren: »Also Doyu, wo ist ein gutes Café?«

Ich brachte ihn zu einem meiner Lieblingscafés, nicht weit von der Küste. Die Wirte waren Freunde von mir, ein Paar, das auch Keramik und japanische Textilien herstellte. Der Laden war sehr ungewöhnlich und wir saßen an einem großen länglichen Tisch, umgeben von japanischen Waren und Kalligraphien und genossen eine Vielfalt von hausgemachten Kuchen und Tees. Wir versanken in Diskussionen, nach denen ich mein ganzes Leben lang gehungert hatte.

Nach drei Stunden fuhren wir wieder weiter und er fragte mich gleich: »Kennst du noch ein anderes gutes Cafe?« – »Natürlich«, antwortete ich. Wir fuhren durch schöne Landschaften und gingen in die Innenstadt, wo wir weitere heitere, aber tiefe Gespräche führten. Als wir zum Tempel zurückkehrten, war mein Herz warm und erfüllt von Licht und Kraft.

Drei Jahre später besuchte Meister M noch einmal unseren Tempel in Japan. Ich hatte inzwischen ein Jahr in Amerika gelebt und dort die Verantwortung für einen neu erbauten Tempel übernommen. Ab und zu kam ich auch nach Japan und hatte das Glück, noch einmal ein paar Stunden mit Meister M verbringen zu dürfen.

Diese zweite Begegnung jedoch war ernster als die erste. Er beobachtete mich genau und fragte, ob ich nicht eines Tages heiraten möchte. Ich hatte keine klare Antwort. Vielleicht wäre das keine schlechte Idee, aber mein Weg als Mönch war festgelegt. Trotzdem fand ich es toll, solche Möglichkeiten mit jemandem wie Meister M zu diskutieren.

Als ich Abschied nahm, um nach Amerika zurückzukehren, war Meister M noch für ein paar Tage im Tempel zu Gast. Als ich ins Auto stieg, das mich zum Flughafen bringen sollte, kam er auf mich zu, schaute mir in die Augen und sagte: »Gehe nicht gegen den Wind, sei der Wind!

Manchmal ist er ruhig und manchmal bewegt, sei schnell und kraftvoll wie ein Hurrikan, doch ohne zu zerstören!«

Obwohl ich damals nicht genau wusste, was er mir mitteilen wollte, weiß ich jetzt, dass es eine kostbare Anweisung war, die mich bis heute führt.

Nach den vielen Jahren in Japan war mein Atem tief, mein Körper topfit und meine Energie hoch und ausgeglichen. Und trotzdem litt ich innerlich, ich war nicht glücklich. Wenn ich jetzt zurückschaue, sehe ich, dass ich sehr einsam war. Meister M sagt oft: »Wir sind immer allein, bis wir *all-ein* sind.«

Obwohl ich von vielen starken und weisen Menschen außerordentliche Schulungen erhalten hatte und obwohl mein Meister ein außergewöhnlicher Lehrer war, fühlte ich mich gefesselt und eingeengt. Langsam stieg in mir das Gefühl auf, dass ich meine tiefste Erfüllung nie auf diesem Weg finden würde. So entschied ich mich, auf Pilgerreise zu gehen. Ich wollte nach Indien.

Den Tempel nach fünfzehn Jahren zu verlassen, war nicht einfach. Ich bin nicht ohne innere Anspannung durch die Tempeltore hinausgetreten, aber mein Meister hatte mir versichert, dass ich seinen Respekt habe und dass ich immer wieder in den Tempel zurückkehren dürfe, was mich beruhigte.

Indien

Mein Ziel war Tiruvannamalai in Südindien. Ich hatte Freunde in Amerika, die den Zen-Buddhismus verlassen hatten. Sie verbrachten jeden Winter am Berg Arunachala, wo Sri Ramana Maharshi fünfzig Jahre gelebt hatte. Ich wusste, dass ich meine Pilgerreise dort beginnen musste. Alles würde in Ordnung sein, sobald ich diesen Berg erreicht hätte, dachte ich mir.

Ich hatte gehört, dass Meister M früher diesen Ort mehrmals besucht hatte und viele indische Menschen ihn dort aufgesucht haben, was mir ein positives Gefühl über meine Entscheidung gab. Aber ich hätte nie erwartet, dass ich eines Morgens auf den Treppen des Ramana-Ashrams

Meister M treffen würde. Als er mich dort sah, begrüßte er mich mit den Worten: »Ah, you escaped!«

Obwohl ich ihn seit vielen Jahren nicht mehr gesehen hatte, war es, als ob wir ein Gespräch vom Tag zuvor weiterführten. Wir trafen uns mehrmals, keines dieser Treffen war geplant. Einmal sagte er: »Wir sind nicht Freunde, bitte, sei dir darüber tief im Klaren. Verwechsle die Dinge nicht.«

Eines Tages begleitete ich ihn zu einer indischen Familie, die ihn eingeladen hatte. Ihre junge Tochter hatte einen schweren Unfall erlitten und war seither fast am ganzen Körper gelähmt, sie lag auf einem Bett und konnte sich kaum bewegen. Als wir das Haus betraten, standen alle mit gefalteten Händen an der Türe und begrüßten ihn respektvoll mit leuchtenden Augen.

Die junge Frau und ihre Familie waren in großer Sorge, doch die strahlende kraftvolle Anwesenheit von Meister M verwandelte unmittelbar die Atmosphäre im gesamten Haus. Er setzte sich neben das Bett der jungen Frau und sprach mit ihr, sie kannten sich offensichtlich. Auf einem kleinen Altar standen Fotos von bekannten indischen Heiligen, zwischen ihnen auch zwei Fotos von Meister M.

In der meditativen Atmosphäre des Zimmers beobachtete ich Meister M, und was ich sah, war einfach wunderbar. Er blies sanft auf bestimmte Körperteile der jungen Frau, sein Atem hatte eine feine, intensive blaue Farbe, die auch den ganzen Raum zu füllen schien. Der Körper der gelähmten Frau reagierte enorm stark auf das Blasen von Meister M; er zuckte heftig, bäumte sich auf und entspannte sich danach tief. Ein Teil ihres inneren Leidens war ausgelöscht, das war in ihrem Gesicht deutlich sichtbar.

Dieser Besuch kam mir so natürlich und sanft vor, ich war erstaunt und tief berührt von der ungewöhnlichen Art, wie Meister M das innere Leiden dieser jungen Frau gelöscht hatte.

Während eines weiteren Gesprächs in dieser Woche lud Meister M mich nach München zu einer seiner Zusammenkünfte ein, falls ich einmal in der Nähe wäre. Für mich war das eine seltsame Vorstellung. Warum sollte ich nach Deutschland gehen?

Ihm war sehr bewusst, dass ich in einem großen Dilemma steckte und nicht wusste, ob ich in den Zen-Tempel zurückkehren sollte oder nicht, in welche Richtung ich mich orientieren sollte. Was tun, wenn ich kein Mönch mehr war?

An meinem letzten Tag in Tiruvannamalai war ich bei Meister M eingeladen, um seinen Segen zu erhalten. Ich besuchte ihn in dem Ashram, in dem er damals wohnte. Er war sehr still und hatte ein sehr ernstes Gesicht. Dann legte er eine Hand in die Mitte meiner Brust. Eine tiefe Stille erfüllte augenblicklich meinen Körper.

Nach einigen Minuten sagte er, ich sollte neun Tage lang keine Zen-Meditation und kein Tai Chi praktizieren. Ich solle in diesen Tagen sanft diese vier einfachen Worte wiederholen: »Zeig mir den Weg, zeig mir den Weg ...« Er erklärte, dass dies kein Mantra sei, das stundenlang wiederholt werde. Die Worte seien mit der eingestrahlten Kraft verbunden, die Wirkung werde sich entfalten. Nach diesem Segen lächelte er und sagte: »Jeder Weg, den du wählst, wird schön sein.« Nach einer kleinen Pause fügte er zu: »Und dennoch kannst du nicht wählen.«

Nicht geplant und doch geschehen

Und so kam es, dass ich Wochen später in München landete. Fünf Tage nach meiner Ankunft saß ich mit weit über tausend Menschen in einem großen Saal. Ich betrachtete die Leute und bemerkte ihre leisen Stimmen und lockere Kleidung, von allen strahlte etwas Feines, Leuchtendes aus. Ich war erstaunt, so eine große Gruppe von Menschen zu sehen, die so still und friedlich war. Ich genoss die tiefe absorbierende Stille in der großen Halle, in der der Anlass stattfand.

Meister M betrat die Bühne, das gigantische Licht, das von ihm ausging, durchstrahlte und durchflutete augenblicklich den gesamten Raum. Dann kam mein Moment für die persönliche Begegnung. Ich stand vor ihm, und er schaute mich an und schaute durch mich hindurch. Dann hob er seine rechte Hand. Im selben Moment begannen meine Beine zu zittern, dann zu schütteln und schließlich bewegten sie sich hin und her wie ein Pendel, es war wahrlich eine ungewöhnliche Situation. Ich konnte nicht glauben, was hier mit mir geschah!

Als er seine Geste veränderte und mir in die Augen schaute, floss eine beruhigende Wärme von meinen Beinen in meinen Bauch und durchflutete meinen ganzen Körper.

Am Ende des Tages ging ich noch einmal nach vorne, um mich von ihm zu verabschieden. Seine Augen waren so tief und hell, dass ich die Weite des gesamten Universums in ihnen spüren konnte.

In den kommenden Wochen lernte ich viele Menschen kennen, die schon seit Jahren die Zusammenkünfte von Meister M besuchten. Viele dieser Menschen sind mir tiefe Freunde geworden. Meine Pilgerreise war vorbei. Ich bin in Deutschland geblieben, ich hatte gefunden, was ich suchte.

Ich fand eine Arbeit als Sozialarbeiter und wohne nun in einer wunderbaren bayerischen Landschaft. Während dieser ersten Zeit haben mir Meister M und die Menschen in meinem Umfeld geduldig dabei geholfen, »in die Welt« zu kommen und zu leben. Ich war oft ungeschickt und unfähig, meine Erfahrungen über Ordnung und Disziplin auf richtige und nützliche Weise umzusetzen.

Meister M war sehr unterstützend während der Jahre des Wandels, aber auch sehr direkt und kompromisslos. Manchmal empfand ich ihn strenger als die Klosterdisziplin, die ich erlebt hatte, und strenger als den Zen-Meister in Japan. Wenn Meister M etwas nicht gefallen hat, bekam ich fast augenblicklich eine Nachricht. Er wusste von Dingen, noch ehe sie stattgefunden hatten. Obwohl ich mich auf das Gefühl gefreut hatte, geführt zu werden, war es gewöhnungsbedürftig, zu realisieren, dass ich die totale Verantwortung für all meine Gedanken und Handlungen hatte, um mit ihm arbeiten zu können. Wenn ich mir Anerkennung wünschte, war er verschwunden. Wenn ich ein klares Gefühl für meine eigene Verantwortung hatte, war er da, um mich zu unterstützen. Ich denke nicht, dass Meister M mich Unabhängigkeit lehrte, er lebt sie uns vielmehr vor unseren eigenen Augen vor: Einfachheit, Klarheit und reine Liebe. Er begleitet mich und ist vollkommen für mich da, bis alle Schatten und Missverständnisse getilgt sind.

Der Weg des Dienens geht weiter. Ich übersetze Bücher und Artikel für Meister M, eine wunderbare Gelegenheit, die Arbeit mit ihm zu vertiefen und die Kraft und Liebe mit anderen zu teilen. Durch meine Zusammenarbeit und mein Zusammensein mit Meister M habe ich gesehen, wie Spiritualität in der modernen Gesellschaft funktioniert, so wie ich es mir in den vielen Jahren als Mönch nie vorgestellt habe. Es ist wunderbar.

Das tiefe Herz, den klaren Kopf und die Hingabe zu den Menschen, die ich hier gefunden habe, haben mich auf meinem Weg des Dienens stark inspiriert, ich erkenne diesen Weg als einen Weg der bedingungslosen Liebe, so wie Meister M uns dies umfassend vorlebt.

Ich erkenne klar, dass ich den Weg des Dienens, den Pfad des Bodhisattwas nicht verlassen habe. Meister M liebt es, zu sehen, wie seine Arbeit unter seinen vielen hunderten Schülern in der modernen Welt blüht und gute Früchte hervorbringt. Sicher berührt der Wohlgeruch seiner Liebe auch die Kinder und die Erwachsenen, mit denen ich arbeite.

Auf diesem Lebensweg muss ich sehr wach bleiben, aber ich muss nicht mehr wählen. Letztlich gibt es keinen Weg des Dienens mehr, dem ich folgen könnte. Das tiefe Herz, das dient, ist hier. Es ist mein eigenes Leben, und dafür bin ich dankbar.

Meine Fragen an Meister M

F.: Ist es falsch, einer Religion zu folgen oder Übungen zu machen?

MM: Was falsch oder richtig ist, ist subjektiv geprägt, das Wesentliche ist jenseits von beiden. Was im Verstand abläuft, gehört zur Verstandeswelt. Dazu gehören Übungen, Rituale, Meditationen und auch verschiedene religiöse Glaubensmodelle. Diese konzeptuellen Vorstellungen können nicht die konzeptfreie Wirklichkeit sein. Menschen erfreuen sich so lange an Konzepten, bis sie gewahr sind, wer und was sie in Wirklichkeit *nicht* sind und nie waren! Das Ich bezeugt alles, aber wer bezeugt das Ich?

Das Ich erforscht die ganze Welt, ohne gewahr zu sein, dass es den Wachzustand, in dem es forscht, in Wirklichkeit gar nicht gibt.

F.: Ist es falsch, den Wunsch zu erwecken, etwas haben zu wollen?

MM: Das Problem ist nicht der Wunsch an sich, sondern die Vorstellung, dass man etwas Gewünschtes für sich haben und besitzen kann. Die Gedanken sind ständig damit beschäftigt. Was man hat, an dem hält man fest.

Haben bedeutet Anhaften, und Anhaften schafft Verwirrung, Gier, Ängste und auch Enttäuschungen.

Lasse alles Konzeptuelle durch Einsicht in dir verdunsten und entdecke, was du *vor* den Wünschen und dem Gewünschten wirklich bist. Wie kann das, was ohne Form und ohne Gestalt ist, etwas wünschen, haben, halten oder verlieren? Das Leben selbst ist Fülle. Wenn man sich etwas wünscht, sollte man stets der Nebenwirkungen, die mit dem Wunsch einhergehen, gewahr sein.

F.: Gibt es Sexualität, die frei von Bindung, aber voller Liebe ist?

MM: Jeder Körper, der geboren ist, ist das Resultat von Sexualität. Sei dir bewusst, wie du über dieses Thema nachdenkst und wie es dich beschäftigt. Was auf der Körperebene abläuft, besteht aus einer Ansammlung von Erfahrungen, Eindrücken, Erinnerungen und Empfindungen und dem Wunsch, Schönes immer wieder zu erleben. Sexualität an sich ist nicht bindend. Die emotionalen Nebenprodukte wie Enttäuschungen, Eifersucht, Machtansprüche, und was alles damit verbunden ist, binden. Diese Kräfte destabilisieren den Menschen, machen ihn unberechenbar und lassen ihn leiden.

Lebe dein Leben und genieße das Leben. Achte jedoch auf deine mentalen Inhalte und ihre Bewegungen.

F.: In der Zen-buddhistischen Tradition hatten wir im Kloster fast kein Geld zur Verfügung. In der modernen Welt, in der ich jetzt lebe, geht vieles um Geld. Wie kann man mit Geld umgehen und frei von den Problemen leben, die mit Geld scheinbar immer verbunden sind?

MM: Geld macht nicht glücklich, aber keines zu haben, macht auch nicht glücklicher. Wenn man mit Geld vernünftig umgeht, kann man damit auch Gutes tun. Geld ist nichts anderes als bedrucktes Farbpapier, das für Waren eingetauscht wird. Es ist weder gut noch schlecht. Wer jedoch seinen Lebenssinn im Geld sucht und zu finden hofft, ist auf dem sicheren Weg in die Verwirrung.

Menschen arbeiten täglich viele Stunden, um Geld zu verdienen, damit sie ihre Familien ernähren können und um anliegende Rechnungen zu begleichen. Das religiöse Theater von selbst gewählter Armut ist lächerlich und trivial.

Ich habe in Indien sogenannt Heilige gesehen, die nie Geld berühren, nie Geld in ihre Hände nehmen, weil Geld scheinbar unrein ist. Sie sind aber sehr wohl bereit, täglich Essen und Spenden von Menschen anzunehmen, die täglich für Geld hart arbeiten müssen. Diese spirituelle Heuchelei ist trivial.

F.: Gibt es »sinnvolle Arbeit« oder Arbeit, die sinnvoller ist als eine andere?

MM: Ich kenne keine Arbeit, die nicht sinnvoll wäre.

F.: Muss man eigentlich durch Krisen und Leid gehen, um zu erwachen?

MM: Lebenskrisen rütteln auf und ermöglichen, tiefer über das Leben nachzudenken. Missverständnisse zu durchschauen und nicht mehr zu wiederholen, Lieblosigkeiten nicht mehr zu beleben, das nennt man Gewahrsein dessen, was man nie wirklich war.

F.: Gibt es Fehler im Leben?

MM: Fehler ist nur ein anderes Wort für Missverständnis. Wer ohne Fehler ist, werfe den ersten Stein, aber bitte nicht dieses Buch.

Diese Meister gibt es wirklich

Sabine Wenk

Mein Dialog mit Mario Mantese begann vor vielen Jahren. Damals war ich Geschäftsführerin eines jungen Verlages. Schon einmal hatte ich ihn kurz für ein Kalenderprojekt kontaktiert, doch jetzt ging es um die Besprechung eines seiner Bücher, und zwar *Im Land der Stille*. Wir erkundigten uns auch nach der Möglichkeit eines Interviews für unser halbjährlich erscheinendes Journal.

Eine Freundin von mir hatte in der Zwischenzeit eine seiner Zusammenkünfte besucht. Ich arbeitete gerade an der Buchbesprechung und rief sie an, um zu fragen, wie der Darshan und die Zusammenkunft für sie gewesen seien. Als sie davon sprach, fing sie plötzlich an zu weinen. Ihre tiefe Berührung war spürbar. In einem der nächsten E-Mails schrieb ich Meister M davon und auch, dass sie diese Berührung für mich mitgebracht hätte. Ich schrieb ihm ebenfalls, dass ich ihn gerne besuchen möchte und mir die Termine für das Interview bereits herausgeschrieben hätte. »Wir werden sehen«, lautete seine Antwort. Und dann traute ich mich noch einen Schritt aus meiner Festung heraus und unterschrieb mit: »Schön, dass es dich gibt, wer immer du bist.«

Ein paar Tage später antwortete er; natürlich sei ich willkommen, an seinem Darshan und der Zusammenkunft teilzunehmen. Wenn ich ihm meine Adresse maile, werde er veranlassen, dass man mir eine Einladung zukommen ließe. Er dankte mir für die Buchbesprechung und merkte noch an: »*Im Land der Stille* ist eigentlich kein Roman, diese Meister gibt es!«

Da war er, der Moment. Diese Meister gibt es. Ich hatte bereits in dem Buch *Leben und Lehren der Meister im fernen Osten* von Baird Spalding von ihnen gelesen. Und nun war durch diese einfache Aussage auf einmal auch innerlich klar: Es gibt sie, diese Meister ...

Am Abend kam eine weitere E-Mail von Meister M: Falls ich nach Zürich käme, möge ich es ihn frühzeitig wissen lassen, weil er mich und meine Freundin am Abend nach der Zusammenkunft für einen Tee einladen möchte. Noch ein großer Moment. Ich hielt den Atem an.

Und dann zitierte er die letzten Worte meines Briefes, den Absatz »Wer immer du bist ...« und antwortete: »Bezüglich dieser Aussage ein paar Augenblicke für dich. Der kosmische Meister M ist fähig, die Last und die Missverständnisse des gesamten Universums zu tragen, und dies, ohne es zu berühren. Meister M ist kein Objekt, deshalb berühren ihn weder Leid noch Schmerz, er ist reine, fließende Liebe. Meister M gibt keine Antworten, sondern nimmt den Menschen liebevoll ihre Fragen, ihre Sorgen und inneren Krankheiten ab. Wer sich Meister M nähert, erlebt das Universelle in sich. So ist es! Gruß, M.«

Dammbruch

Nach unseren ersten Dialogen überschlugen sich für mich die Ereignisse. Ich fuhr im Frühjahr mit meiner Freundin nach Zürich. Mein erstes Wochenende mit Meister M, bevor wir ihn beide dann am Montagmorgen privat zum Interview in einem Hotel in der Innenstadt treffen würden.

Ich kann mich nicht mehr an alles erinnern. Aber ich weiß noch, dass ich mich während der Zusammenkunft tief ergriffen fühlte. Immer wieder kamen mir biblische Worte in den Sinn. Das hat auch seinen Niederschlag in dem später veröffentlichten Interview gefunden. Damals hätte ich mich nicht getraut, auch nur zu denken, dass ich hier einem Meister gegenüberstehe, der diese uralten inneren Worte mit Leben erfüllt. Die Zusammenkunft hat mich auf eine gewisse Weise unterspült. Auch meine geschäftliche Standfestigkeit hatte ich längst verloren und dachte im Hinblick auf das morgige Gespräch: »Das kann ja heiter werden.« Wurde es dann auch.

Als Erstes schenkte er uns beiden eine kleine, krumme kanarische Banane. Unsere Versuche, das Gespräch zu führen, lösten sich sehr schnell auf. Und doch fand natürlich Wichtiges und Wesentliches seinen Weg. Nach dem Interview gingen wir zusammen essen, mein Herz klopfte spürbar. Innerlich war ich nicht mehr zu halten. Dammbruch! Ich hatte oft das Gefühl, dass ich gleichzeitig mit Meister M und mir sprach und viel lachte, wie ein Gebirgsbach, der, im Lichte glitzernd und sprudelnd, aus zwei Strömen zusammenfließt.

Auf unserer Rückfahrt im Nachtzug in den Norden stand meine Freundin mitten in der Nacht aus dem Bett unter mir auf und begann zu reden. Auch ich war hellwach. Wir sprachen aus der Nacht heraus über alles, was uns bewegte. Wir fanden Worte für das Unfassbare und Große, das hier geschah. Viele Tränen bahnten sich ihren Weg und ich sagte ihr: »Ich weiß, ich kann nie mehr verloren gehen.«

In der Folgezeit schrieb ich viele Gedichte.

In der Tiefe höre ich dich
In der Tiefe spüre ich dich
In der Tiefe
Ich fühle mich gemeint
In der Erfüllung
Wird Sehnsucht sichtbar und still
Es trägt mich

Welch ein Segen

Jahre später. München – Darshan: Der Meister schaut jedem kurz in die Augen und erkennt ihn vollkommen, nimmt ihn vollständig wahr. Während des Darshans spricht er nicht. Zu jener Zeit kamen die Menschen zu mehreren nach vorne und setzten sich auf dort liegende Kissen im Halbkreis vor ihn. Er wandte sich jedem einzeln zu. Manchmal bedeutete er jemandem, näher zu kommen. Auch mir, was ich in der Aufregung erst gar nicht verstand. Ich kniete dann also direkt vor seinen Füßen und er legte mir die Hand auf den Kopf. Welch ein Segen! Zeit meines Lebens hatte ich mich nach dieser Segnung gesehnt. Diese tiefe innere Segnung, die im Grunde des Herzens ankommt und vermittelt, dass wirklich alles gut ist. Eine Segnung, die das aufgebrachte Herz beruhigt und stillt, die die Grundlage dafür schafft, dass man furchtlos in die Tiefe lauschen kann. Darshan ist eine Segnung, eine tiefe Berührung des ewigen Lichts. Damals konnte ich es noch nicht erfassen. Ich konnte nur eine sehr starke Energie und eine große Liebe wahrnehmen. Seitdem atme ich aus, bis heute, nicht nur in den Zusammenkünften. In der Tiefe löst sich etwas, heilt, atmet aus, kommt zutiefst zur Ruhe.

Die Nacht darauf war so energievoll, dass an Schlaf kaum zu denken war. Die Freundin, mit der ich mir ein Hotelzimmer teilte, rief mitten in der Nacht meinen Namen und fragte: »Wo bist du denn?« Ich war im Dunkeln ins Bad gegangen, hatte kein Licht gemacht, um sie nicht zu wecken. Ich antwortete, um sie zu beruhigen, kam zurück ins Zimmer und stellte mich im Schlafanzug auf den Balkon, um durchzuatmen und diese starke Energie zu meistern. Ich hatte das Gefühl, dass sich das Wasser in jeder Körperzelle drehte. Wir sprachen noch einen Augenblick darüber und ruhten weiter, bis es Tag wurde.

Der Tag der Zusammenkunft: Meister M kommt auf die Bühne. Er strahlt. Ich auch. Ich lausche seinen Worten. Ich hatte mich selbst noch nie so erlebt, und so etwas hatte ich auch noch nicht erlebt. Endlich, endlich sprach mir jemand aus der Seele. Er sprach mir gleichzeitig in die Seele und aus der Seele. Das war es, was ich mein Leben lang so schmerzlich vermisst hatte. Erst diese Segnung und nun das Erklingen der Seele. Ein tiefes Wissen wird offenbar. Es ist wie ein Ruf, ein inneres Zuhause. Ein großes Wiedererkennen. In diesem Moment war die Suche vorbei. Eine Suche, die mich zu alten Menschen geführt hatte, denen ich Löcher in den Bauch fragte, um das Leben zu verstehen, und in die Kirche, um nach dem Gottesdienst wieder nach Hause zu gehen, ohne genau zu wissen, was genau mich so enttäuschte. Ich suchte in der Natur, war Mitbegründerin eines Ökomarktes, arbeitete Auge in Auge mit dreizehn Kühen auf einem Bauernhof und wurde Gärtnerin. Und ich suchte in der Psychotherapie und in der Nähe eines Lehrers und seiner spirituellen Schule, die eine sehr gute Vorbereitung für alles war, was dann folgte.

Den nächsten Nachmittag verbrachte ich mit Meister M und einigen Menschen, die schon viele Jahre bei ihm waren. Wir gingen in den Englischen Garten. Als wir uns im Hofgarten mitten unter dem Kreuzgewölbe eines Pavillons befanden, blieb Meister M stehen. Wir waren allein. Er fragte mich: »Warum hast du mir nicht geantwortet, als ich dich per E-Mail fragte, ob du in die Inneren Kreise kommen möchtest?« Ich antwortete: »Aus Minderwert und aus Überheblichkeit. Ich konnte mir nicht vorstellen, dass ich wirklich zu den Treffen der Inneren Kreise eingeladen werde. Ich nahm an, du hättest dich vertan, und entschied mich daraufhin, deine Frage zu ignorieren.« Er fragte mich noch einmal, ob ich denn komme möchte, und ich sagte sofort zu.

Später schrieb er mir und erklärte, warum es wichtig sei, dass ich ihm auf seine Fragen klar antworte. Er sagte: »Dass du deine Schwächen klar aufzeigst, ist deine Stärke. Ich klage nicht an und kritisiere nicht. Wir sind Menschen und keine Maschinen. Sieh das innere Gesicht der reinen Spiritualität. Es gibt niemanden, der, wenn er sich wirklich meinem Herzen zuwendet, nicht zur gegebenen Zeit geeignet wäre, in die Inneren Kreise einzutreten.

Der kosmische Meister M ist die Verkörperung von Güte, Liebe und unendlicher Großzügigkeit. Entdecke die Schönheit des gedankenlosen Annehmens und genieße den heiligen Strom der Liebe, der dich überflutet! Das ist kein Spiel, sei dessen tief gewahr!«

Nach dem Frühsommertag an der frischen Luft im Herzen Münchens kamen wir am Abend zu einem Treffen in eine Privatwohnung, wir waren eingeladen worden.

Das Wohnzimmer war schon sehr voll. Ich hatte einen günstigen Platz auf einem ungünstigen Kissen. Meister M setzte sich mit gekreuzten Beinen auf das Sofa. Einen Augenblick wurde noch geplaudert. Als es ruhiger wurde, schaute er zu mir herüber und winkte mich neben sich. Ich glaube, ich wurde feuerrot im Gesicht. Egal. Ich stand auf und ging zu ihm. Wir schlossen die Augen und gingen alle zusammen in die Stille.

Irgendwann nahm ich vor meinem Herzen etwas wahr. Ich öffnete kurz die Augen und sah seine Hand vor meinem Brustkorb. Ich schloss die Augen wieder und spürte, was geschah. Ich sah, wie das Dunkle in meinem Herzen von irgendetwas Lichtem durchbohrt worden war, eine Art Verschluss entfernt wurde. Nach ungefähr einer Viertelstunde öffneten wir die Augen wieder. Er sprach zu uns. Ich konnte kaum noch aus den Augen schauen, ein weißes Licht strömte mir aus den Augenlidern. Ich war froh, dass mich später jemand mit zurück nach Germering nahm, wo ich mich noch eine Nacht im Hotel ausruhte, bevor ich am nächsten Tag meine Rückreise antrat.

Ich war vollkommen entflammt und blieb in engem E-Mail-Kontakt mit Meister M. Er ermutigte mich immer wieder, manchmal mit nur einem, zwei Sätzen. Es war ein Labsal, ich hatte das Gefühl, ihn zu trinken. Einmal schrieb: er: »Wer sein Herz wirklich ganz öffnet, wird überschüttet mit Liebe und Gnade, der Nahrung zum Erwachen.« Für mich war sein ganzes Wesen eine einzige Einladung.

Diese Einladung war so, als sage er: »Komm!« Und natürlich kam ich, ohne zu gehen und ohne ein konkretes Ziel. Was mir widerfährt, ist eine große Liebesgeschichte, eine Liebe, die sich in tiefem Vertrauen dem zuneigt, was sein Innerstes ist. Innerlich taute etwas. Langsam. Ich verfolgte, wie es taute und wie ich folgte, dem, der meine Stimme ist, dem, der mein Herz ist.

Zu der Zeit stieg allerdings auch eine tiefe innere Verzweiflung auf, die mich auf eine tiefe Weise verstummen ließ. Aber zu ihm konnte ich sprechen.

Er sagte: »Ja, ja, ja, fürchte dich nicht, meine Liebe ist dein Erwachen, fürchte dich nicht. Ich verstehe deine momentane Verzweiflung, schenke sie mir! Komm näher, fürchte dich nicht.«

Jahrtausendealte Kräfte

Meister M sagte mir, ich dürfe ihm immer schreiben, wenn ich es fühlte und es wichtig sei. Das war gut für mich, denn es stand mir eine schwere Zeit bevor: »In mir ist eine Aussichtslosigkeit, ein stummes Weinen. Letzte Nacht fauchte ich Schwärze. Es fauchte grau und schwarz aus mir heraus. Wie ein Aufmarsch von Höllenwesen – mit den unglaublichsten Fratzen und sehr klaren Augen. Sie marschierten aus der Tiefe herauf, durch den Solarplexus hinein und aus dem Hals wieder heraus. Es marschierte durch mich hindurch.«

Ich bat Meister M um Hilfe. Er wies mich an, eine Seite im Buch *Licht einer großen Seele* zu lesen und sagte mir: »Wer sich mir wirklich nähert, den durchdringt das Licht aller Lichter vollkommen. Jahrtausendealte Kräfte werden hochgespült und in meiner Liebe verbrannt. Erlösung ist kein Spiel. Fürchte dich nicht, ich bin wirklich hier.«

Ich hatte noch manch schwarze Nacht zu durchstehen. Zwischendurch hatte ich das Gefühl, als würde ich im Herzen und im Hals operiert, verschlossene Kanäle wurden passierbar gemacht. Ich schrieb Meister M: »Zeitweilig stockt mir das Blut in den Adern. Obwohl diese schwarzen Passagen so furchterregend sind, ist Vertrauen da. Ich folge dir. Und auch, wenn ich dich vor Schwärze nicht sehe: Ich weiß, dass du da bist.« Langsam lösten sich alte Verfestigungen und Verkrampfungen auf, gleichzeitig fühlte ich mich unendlich gehalten.

»Die Schwärze kann sich selbst nicht sehen. Das Licht ist da, es wäscht deine Seele rein, alles wird gut«, schrieb mir Meister M.

Noch über ein Jahr lang hatte ich ein graues Tal zu durchschreiten. Manchmal berichtete ich ihm davon. In dieser dunklen Zeit wurde mir seine große Fürsorge zuteil, die er jedem schenkt, der sie braucht, der in seiner spirituellen Arbeit ist.

Er schrieb mir: »Das Tal, das du durchschreitest, ist düster und schwierig, aber ich schreite neben dir her und halte deine Hand. Sei geduldig und lasse diese Schatten durch dich abfließen, bis der Sturm sich glättet.«

Ich berichtete ihm ferner von Wellen großen Zorns und großer Aggression und er klärte mich auf: »Deine Aggression ist nicht deine Aggression, sondern die zerstörerische Kraft des Egos, das sich vor der einfließenden Liebe aufbäumt. Das Aufbäumen beinhaltet den Anfang und das Ende dieser Kraft.«

In dieser ganzen Zeit habe ich viel geweint, viel auf meinem Sofa gelegen, geruht und in den Himmel geschaut. In dieser Zeit sind viele Dinge an ihren Platz gefallen und ich hatte tiefe Einsichten. Wenn ein wesentliches Lebensthema im Bewusstsein aufstieg, wurden gleichzeitig alle dieses Thema betreffenden Situationen in meinem Leben sichtbar. Sie fielen um wie Dominosteine in einer Linie. Eine Art Kanal wurde frei, und das Thema löste sich vollständig auf. In jenem Jahr ist vieles frei geworden. Ich lag da und sah dabei zu. Ich wusste, dass ich nichts beschleunigen, nichts forcieren konnte.

Meister M sagt: *Wer wirklich Ja sagt zu mir, zu dieser Seele sage ich tausendmal Ja!*

Er schrieb mir am Ende dieser schwierigen Zeit: »Sabine, du hast das Tor der wahren Demut und Selbstübergabe weit geöffnet, gesegnet bist du. Ja, meine Liebe, meine Umsorgung und Versorgung sind dir gewiss. Komm näher, immer näher in mein Herz, es hat Platz für viele Tausende Menschen!«

Glück am Stück

Die Dramen und das Leiden gehen langsam zu Ende. Manchmal vergesse ich, dass die intensive erlösende Arbeit mit Meister M immer wieder Altes, Gebundenes hochschwemmt, denn er ist eine enorme, läuternde, alles transformierende Lichtkraft.

Ich schwimme dem Licht entgegen und schmelze so langsam dahin. Es ist, wie einem tonlosen Ton zu folgen, ein tiefes Ausheilen. Die Arbeit von Meister M ist unpersönlicher Natur, die die Menschen nicht bindet. Genau das ist derart ungewohnt, dass es manche Menschen möglicherweise irritiert und sie das wiederum in ihr gewohnt gebundenes Denken einordnen. Doch Erkennen geschieht nicht im Kopf, das ist mir heute klar.

In der Zwischenzeit habe ich eine Firma gegründet, die mittlerweile gut drei Jahre alt ist. Sie hat zufriedene Stammkunden und versorgt mich jeden Monat mit einem Einkommen, das wir brauchen, um unser Leben zu managen und Altlasten abzutragen.

Vor zweieinhalb Jahren haben mein Mann und ich geheiratet. Wir sind beide seit mehreren Jahren in den Inneren Kreisen. Als Meister M uns im Frühjahr darauf in Zürich zu sich nach oben bat, segnete er uns. Und er wünschte uns mit einem Lachen »viel Glück am Stück«. Ich bin reich beschenkt worden, und ich weiß das sehr zu schätzen. Seit einigen Jahren schreibe ich Meister M nicht mehr. Warum auch, wenn es im Moment einfach nichts zu sagen gibt.

Endlos und alles durchdringend, bist du da für uns, welch ein Segen!

Meine Fragen an Meister M

F.: Gibt es die unterschiedlichen Welten, wie Yogananda sie in seiner *Autobiographie eines Yogi* beschreibt:

Physischer Körper – Sinneseindrücke, Astralwelt – emotionale Bindungen, Kausalwelt – Bindung an Wahrnehmungen, Das Göttliche, Universelle – keine Bindung?

Entspricht die Astralwelt dem Jenseits und der Traumwelt und sind diese drei identisch?

Wer geht wann in welche Welt ein?

Ist es davon abhängig, wie tief wir erkennen und entsprechende Bindungen lösen?

MM: Solange es das Ich gibt, gibt es auch diese Welten, die selbst nichts anderes als Ich sind. Welten kann es nur geben, wenn sie subjektiv wahrgenommen und erlebt werden. Das Göttliche, Universelle – keine Bindung, ist keine Welt, kein Ort. Wo es Welten gibt, gibt es Dualität, und wo es Dualität gibt, gibt es ein Erscheinen und Vergehen. Also sei weltenlos glücklich, sei hier und jetzt, sei du selbst. Das, was du wirklich bist, kann nicht ein Etwas sein. Nur das, was du *nicht* bist, kann ein Etwas sein. Dieses Etwas ist überlagert und somit nicht das, was du wirklich bist. Du bist *vor* jeglicher Überlagerung.

F.: Kann ich überhaupt etwas tun, um zu diesem letzten Ziel zu gelangen?

MM: Die Idee vom Gehen und einem letzten Ziel existiert bloß als Vorstellung im konditionierten Verstand. Der Verstand selbst hat diese Vorstellungen erschaffen.

Traue dem Verstand nicht und entdecke, was du wirklich nicht bist. Gehen bedeutet, sich innerlich von zu Hause zu entfernen. Dies zu erkennen, ist das, was du tun kannst. Doch Erkenntnis ist abhängig von etwas, das außerhalb von ihr liegt, um sich als richtig zu erweisen. Da nun gerade das, wovon sie abhängig ist, ungewiss ist, wie kannst du wissen, ob das, was du das Universum nennst, nicht du selbst bist?

Entdecke, wie das Denken funktioniert, und kümmere dich nicht so sehr um das Gedachte. Gewahrsein ist keine Aktivität.

F.: Gibt es für mich als Person – sinnhaft die Welt und die Mitmenschen erlebend – die Möglichkeit, das Absolute, das Universelle zu erfassen, wenn Subjekte und Objekte, also auch ich als Person, Illusionen sind?

MM: Der Konflikt entsteht, wenn du den Angelpunkt, an dem diese Frage entsteht, nicht klar objektivieren kannst. Die physischen Körper, alle deine Beziehungen und alles, was du dein Eigen nennst, werden sich irgendwann restlos auflösen. Die Essenz, das, was du wirklich bist, ist ewig unberührt von allem, was kommt und geht. Du bist *das, was ist*, bevor etwas geschieht.

Die Mitmenschen und die Welt können nicht getrennt von dir existieren, deshalb ist die Welt, so wie du sie siehst und erlebst, so wie du bist.

F.: Wer bin ich, der alles sieht und durchdringt, um beständig festzustellen, dass nichts da ist, was durchdrungen werden könnte. Und doch findet Durchdringung statt. Oder ist das auch eine Illusion?

MM: Durchdringung ist wirklich. Die Frage »Wer bin ich« ist unwirklich, da du nie etwas oder jemand warst. Durchdringung ist ein anderes Wort für Selbstverwirklichung.

F.: Ist es notwendig, verschiedene Entwicklungsstandpunkte einzunehmen, um die Welt immer wieder neu einzuordnen, bis sie sich auflöst? Löst sie sich am Ende auf? Oder wird dann nur die Illusion bewusst? Wem wird sie bewusst? Gibt es die Welt? Wenn ja, wie ist sie wirklich, jenseits von Illusionen?

MM: Die phänomenale Welt, die im Wachzustand erscheint, gibt es in Wirklichkeit nicht, außer als Spiegelung im Bewusstsein.

Das Ich bildet sich verschiedene Entwicklungspunkte ein, die Wurzel dieser Vorstellungen ist der Verstand. Wenn du den Verstand näher analysierst, wirst du nichts finden, da er nichts als ein Bündel zusammengefügter Gedanken ist. Die Welt ist Bewusstsein, Bewusstsein ist die Welt. Beide verschwinden, wenn das Selbst verwirklicht ist.

F.: Beinhaltet jede Gotteslehre Wahres und Falsches? – Gibt es die absolute Wahrheit überhaupt?

MM: Es gibt nur Gottes Leere, die Essenz, das ist die absolute Wahrheit. Weil du Worte für wahr hältst, hast du dich in den Vorstellungen, die durch Worte entstanden sind, verirrt. So etwas wie eine Gotteslehre gibt es nicht. Die große Stille, das, was du wirklich bist, ist jenseits von Worten, Lehren und Vorstellungen.

F.: Was macht den kosmischen Menschen aus?

MM: Der kosmische Mensch ist nicht ein Körper oder eine Persönlichkeit, der kosmische Mensch ist universelles Hiersein, Totalität. Dualität hat nie wirklich existiert, sie ist rein illusorisch. Nichts wurde jemals erschaffen, und doch bewegt sich scheinbar alles im Bewusstsein, doch du bist *vor* dem, was im Bewusstsein abläuft. Die Welt verändert sich, du bleibst dasselbe.

Ein Hauch von Ewigkeit

Lars Fischer

Ich sitze auf der Terrasse eines Sommerhauses auf der dänischen Insel Römö. Der Morgendunst über dem Meer und über dem Golfplatz vor dem Haus ist dabei sich aufzulösen. Schon jetzt kann man merken, dass es ein guter Tag wird.

Ich bin mit meiner Lebenspartnerin hierhergekommen, um ein paar Wochen Urlaub zu machen, um zu entspannen, die Stille zu genießen und um ein bisschen Zeit und Ruhe zu finden, mich in diesen Text hineinzuschreiben. Die ersten Golfspieler haben schon ihren Ball in den Bach geschossen und hinter mir kann ich die Kaffeemaschine hören. Ich bin bereit zu schreiben.

Ich bin 1969 in Klarup in Dänemark geboren. Klarup ist eine Vorstadt von Aalborg, im nördlichsten Teil von Jütland und die viertgrößte Stadt im Lande. Das bedeutete eine Kindheit im Einfamilienhaus mit Garten hinter dem Haus, Ligusterhecke, Himmel-und-Hölle-Spiel auf der Straße, Fußballklub und zehn Minuten zu Fuß zur Schule.

An Schultagen stand ich um 6.23 Uhr auf und hatte eine strikte Morgenroutine, bis ich um 7.30 Uhr das Haus verließ. Neun Jahre lang war ich um 7.40 Uhr in der Schule – tagtäglich der erste Schüler.

Ich verwendete täglich sechs Minuten fürs Zähneputzen, und um diese Zeit vernünftig zu nützen, las ich währenddessen Bücher. Ich habe beim Zähneputzen viele, viele Bücher gelesen – u. a. das gesamte Neue Testament. Das Buch stand, an den Spiegel gelehnt, auf der Ablage über dem Waschbecken, und ich konnte im Laufe dieser paar Minuten ganz leicht ein paar Seiten lesen.

Mein kultureller, religiöser Hintergrund ist protestantisch, aber ich habe keine christliche Erziehung erhalten. Wir gingen nur in die Kirche, wenn es ein Familienereignis wie eine Taufe oder eine Konfirmation gab. Darüber hinaus war Religion kein Thema, mit dem wir uns in unserer Familie beschäftigt hätten. Wir sprachen nie über Religion. Ja, wir redeten eigentlich nie über etwas Wichtiges – wir sprachen weder über unsere Gefühle noch unsere Beziehungen oder andere wichtige Themen.

Meine Eltern vertrauten darauf, dass ich groß genug war, um auf mich selbst aufzupassen und mich von den schlimmsten Fallgruben in einem jungen Leben fernzuhalten. Ich liebte sie innig, hatte aber schon längst jeden Versuch aufgegeben, mit ihnen über Dinge zu sprechen, die mir wichtig waren oder mich berührten.

Trotz meiner nicht religiösen Erziehung entwickelte ich von klein auf eine nahe und enge Beziehung zu Gott. Jahrelang betete ich zu ihm, wenn ich am Abend im Bett lag. Ich erzählte ihm, was ich im Laufe des Tages gemacht und erlebt hatte. In den Ferien betete ich nur jeden zweiten Tag, aber dafür erzählte ich ihm dann auch, was ich im Laufe der beiden letzten Tage gemacht hatte. Gott war ein Freund, ein Vertrauter, der Zeit hatte und der immer verstand, wie es mir ging. Gott war der Vater, nach dem ich mich sehnte, der mir immer zuhörte und präsent war und der vor allem nie mit meiner Mutter stritt.

Als ich in die Pubertät kam, fing ich an, das Vaterunser zu beten. Ich hatte es in der Konfirmationsvorbereitung gelernt und ich betrachtete es als ein praktisches, vorgefertigtes Gebet, das alles, was notwendig war, enthielt. Im Rahmen der Konfirmationsvorbereitung mussten wir auch sechzehnmal in die Kirche gehen, was ich natürlich – trotz der einschläfernden und langgezogenen Atmosphäre der Gottesdienste – brav tat. Ich war natürlich der Einzige in der Klasse, der dieser Forderung des Pastors nachkam. Es kam mir nie in den Sinn, es den anderen gleichzutun, nämlich hinsichtlich dieser Pflichtgottesdienste zu lügen. Ich glaube, ich fürchtete die Strafe Gottes, sollte ich in einer so zentralen Angelegenheit lügen.

Meine Beziehung zu Gott änderte sich, als ich älter wurde. Im Laufe meiner Teenagerjahre verlor ich den Kontakt zum Gott meiner Kindheit und mein Weltbild wurde streng naturwissenschaftlich.

Heute sehe ich, dass mein tägliches Gebet der Ausdruck der Spiritualität eines Kindes war – die Sehnsucht danach, sich verbunden und geborgen zu fühlen, die ich immer in meinem Herz getragen hatte und die ich damals nur mit dem christlichen Gott verbinden konnte. Ich war ein ziemlich strukturiertes Kind. Ich versuchte verzweifelt, Sicherheit in dem zu finden, was man messen, wiegen, zählen und in einen festen Rahmen pressen konnte. Meine Familie hielt mich für altklug, und ich konnte sie mit meinem enormen Faktenwissen und meinem vorwurfsvollen Blick für den, der rauchte oder etwas anderes Unvernünftiges tat, zum Wahnsinn treiben. Das Ungezähmte, Unbändige und Unvernünftige erschreckte mich, und ich schob es ins Unsichtbare, Undenkbare und nicht Fühlbare ab.

Das erste große Unzähmbare in meinem Leben war meine Pubertät. Alle festen Haltepunkte meines Lebens verschwanden in kürzester Zeit und wurden von einer schrecklichen Ungewissheit ersetzt. Wer war ich? Was war der Sinn des Lebens?

Und warum waren die Mädchen auf einmal so wahnsinnig anziehend, aber auch so schrecklich furchterregend? Ich wagte nicht, mit ihnen zu reden; aber ach, wie gern hätte ich es doch getan. Ich ging oft zum Kaufmann hinunter, nur um vielleicht ein paar der Mädchen aus der Klasse zu begegnen, um mit ihnen möglicherweise ins Gespräch zu kommen und um vielleicht nach Hause eingeladen zu werden – so ganz zufällig. Das gelang einmal, und es war ein phantastischer Nachmittag, wie im Himmel. Aber ich traute mich nie, selbst eine Verabredung mit einem der Mädchen zu treffen.

Ja, wer war ich? Ich war unsicher und wusste weder ein noch aus. Ich hatte keine inneren Haltepunkte und mein Gottesbild war im Umbruch der Teenagerjahre verschwunden. Mir ging es erbärmlich. Minderwertigkeit, Depression, Sinnlosigkeit, Entfremdung füllten mehr und mehr mein Leben. Von meiner Pubertät an bis zum Alter von fünfundzwanzig Jahren nahmen diese Phänomene in meinem Leben sehr viel Platz ein. Ich brütete und grübelte viel über diese unguten Zustände nach.

Jahrelang glaubte ich, dass mir ein Stoff im Körper fehlte, der Schuld daran war, dass ich mich so unglücklich fühlte. Das konnte ich verstehen – das war messbar, eine wissenschaftliche Erklärung. Zu diesem Zeitpunkt ging ich auf die Universität und hörte Vorlesungen in Naturwissenschaften. Ich lernte dort, das Leben mit wissenschaftlichen Augen zu betrachten. Ich ging nie zu einem Arzt und sprach mit niemandem über diese Dinge. Dazu war ich zu schamhaft, und irgendwie hatte ich die Hoffnung aufgegeben, jemals ein glücklicher Mensch werden zu können.

Als ich Anfang zwanzig war, kam ich in eine schwere Krise. Ich war von meiner Freundin weggezogen, und mein Leeregefühl hatte sich innerlich und äußerlich augenfällig breit gemacht. Da stolperte ich über das Buch von Louise L. Hay *Gesundheit für Körper und Seele*. Es veränderte mein Leben. Zum ersten Mal hörte ich etwas von Spiritualität, bedingungsloser Liebe, von der Liebe zu sich selbst – es gab also einen Ausweg aus der Dunkelheit.

Ich erinnere mich, dass der Begriff »sich selbst lieben« für mich sehr neu und grenzüberschreitend war. Ich war, was dieses Thema anging, voller Scham und es waren viele Versuche notwendig, bevor ich vor dem Spiegel stehen und diese bedeutenden Worte aussprechen konnte. Es war erstrebenswert und richtig, andere zu lieben, die Freundin und die Familie – aber mich selbst zu lieben, da nahm ich ja von der Liebe, die rechtmäßig den anderen zustand, etwas weg.

Im Kriegsgebiet

Einige Jahre später, 1993, ging ich als UN-Soldat nach Bosnien. Ich war Chauffeur und fuhr durch den ganzen zentralen Teil von Bosnien und Kroatien. Zu diesem Zeitpunkt raste der Bürgerkrieg zwischen Serben, Kroaten und den bosnischen Moslems. Das Land war ein Puzzle aus ethnischen Zonen, und zu jeder neuen Zone gehörten Frontlinien, Schützengräben, ein Chaos von wechselnden Allianzen, Checkpoints und nächtlichen Kämpfen.

Sarajevo, das 20 km von dem Lager entfernt lag, in dem ich stationiert war, war unter serbischer Belagerung und wurde jeden Tag mit bis zu 3000 Artilleriegranaten beschossen. Es klang wie ein nie enden wollendes Gewitter. Der Krieg war eine Hölle für alle Beteiligten, und die Zeit in Bosnien war ein sehr starkes Erlebnis für mich.

Alles wurde sehr intensiv mitten in diesem Krieg – wer wusste, was morgen passieren würde. Ja, wer wusste eigentlich, was im nächsten

Moment geschehen würde ... Meine Gedanken über die Zukunft, alle meine Sorgen und Überlegungen und auch meine Depression verschwanden und machten Platz für diesen Augenblick, dieses Jetzt – die Fahrt, die Natur, die Soldaten im Kampf und die stets gegenwärtige Bedrohung meines Lebens und meiner körperlichen Mobilität.

Wenn ich im Auto saß und fuhr, konnte ich die Schüsse hören – und alleine die Schüsse hören zu können, war ein Beweis dafür, dass ich immer noch am Leben war. Oft stand dann die Zeit still, und ich glitt in einen zeitlosen, hypersensiblen Zustand. Ich atmete plötzlich in einer anderen Dimension, in der ich alles in meiner Umgebung genau registrierte: einen Windhauch, der an meiner Wange vorbeistrich, das Geräusch des Motors, die Richtung, aus der der Schuss kam, und alle die anderen winzig kleinen Eindrücke, die dieses Jetzt in meinem Leben ausmachten. Ich war geradezu »süchtig« nach dieser anderen Dimension. Mehrere Jahre hindurch sehnte ich mich danach, wieder in solch eine verdichtete Situation zu kommen, um diese Dimension erneut zu erleben.

Ich habe viele wunderbare und schreckliche Dinge in Bosnien gesehen. So grausam der Krieg auch war, so bedeutungsvoll ist die Zeit dort für mein Leben geworden. Aufgrund der täglichen Schießereien, des Verlusts eines meiner Kameraden und der Tatsache, dass ich einige schreckliche Minuten lang fürchtete, meinen Bruder zu verlieren, der mit mir zusammen Soldat war, begann sich mein Verhältnis zu Leben und Tod grundlegend zu verändern.

Ich hatte es immer als Selbstverständlichkeit angesehen, am Leben zu sein. Irgendwie dachte ich, dass der Tod etwas sei, das nur alte Menschen beträfe. Aber jetzt war der Tod plötzlich eine unaufschiebbare Tatsache geworden, mit der ich tagtäglich konfrontiert wurde. Ich glaube, dass die wirkliche Akzeptanz und die ehrliche Auseinandersetzung mit der Tatsache, dass ich einmal sterbe – mein Körper stirbt! –, mir helfen konnte zu erkennen, dass ich lebe. Ich lebe – jetzt!

Als ich aus Bosnien nach Hause zurückkam, fing ich einen therapeutischen Prozess an. Ich war bis in meine Grundfesten erschüttert und hatte das Bedürfnis, mein Leben und meine traumatischen und dramatischen Erlebnisse zu bearbeiten. Ich zog in eine Wohngemeinschaft mit gleichgesinnten Menschen, mit denen ich reden konnte und die wie ich erkannt hatten, dass der Weg zu einem reich erfüllten, intensiven und befreienden Leben nur über Selbsterkenntnis und spirituelles Erwachen geht.

Während meiner Zeit als Soldat hatte ich langsam zu erkennen begonnen, dass ich mir selbst durch meinen damaligen Zugang zum Leben ein armseliges und deprimiertes Leben erschaffen hatte. Durch den therapeutischen Selbsterkenntnisprozess entdeckte ich jetzt mit Begeisterung, dass ich eigentlich ein gefühlvoller Mensch war. Und ich fand heraus, dass meine jahrelange Depression durch die Unkenntnis und das Ignorieren meiner Gefühle hervorgerufen worden war. Ich lernte meine Gefühle, meine Angst und meinen inneren Schmerz kennen und konfrontierte mich mit meinen Schattenseiten – wow! welch ein Prozess – und konnte sie dadurch in Lebenskraft und Begeisterung verwandeln. Ich begann, mich für das Göttliche zu öffnen.

Meister M

Im Jahre 2004 hörte ich durch meine Schwägerin zum ersten Mal vom kosmischen Meister M. Ihre Beschreibung von ihm und seinen Zusammenkünften und Darshans berührten etwas sehr Tiefes in mir, und ich wusste gleich, dass ich das auch erleben wollte. Seither bin ich voller Freude zu jeder Zusammenkunft nach Zürich und Winterthur gereist, früher auch nach München.

Ich glaube, ich fühlte mich besonders von Meister Ms Geschichte angezogen. Die Art, wie er an die Grenze des Lebens, ja sogar darüber hinaus gewandert war, um dann wieder zu uns anderen zurückzukommen – erleuchtet, wiedergeboren, gereinigt –, um mit uns eine neue Vision der Bewusstwerdung der Menschheit zu teilen. Er schenkt uns eine neue Vision zu den Fragen: Wer sind wir, wer sind wir nicht? Was bedeutet es eigentlich, Mensch zu sein und hier auf der Erde, mitten im Leben zu sein?

Nach der Weisheit, dem Licht und der Liebe, die Meister M durch seine allgegenwärtige Präsenz und seine Bücher mit uns teilt, habe ich immer gesucht. Selbst als Kind hatte ich danach gesucht und nun habe ich meinen Weg gefunden. Meister M ist ein inspirierendes Beispiel für mich. Seine große Kraft und Liebe lassen meinen Panzer schmelzen. Es ist für mich jedes Mal ein großartiges Erlebnis, am Samstag beim Darshan vor ihm zu stehen. Ich werde nervös, wenn ich in der Reihe stehe – aufgeregt vor dem Blick, der durch mich hindurchsieht. Wenn ich vor dem Meister stehe, registriere ich meine Persönlichkeit, die unsicher und fragil ist. Dahinter kann ich mein erweitertes Bewusstsein empfinden – eine Dimension, in der alles still steht und die Energie ganz fein vibriert. Wenn ich mich danach hinsetze, erfüllt mich diese erweiterte Dimension. Ich bin ruhig, voller Leben, präsent, und ich gleite in einen wunderbaren Zustand stiller Ekstase und Leere hinein.

Ich habe keine besonders guten Deutschkenntnisse. Deswegen gehen die meisten Worte von Meister Ms Vortrag am Sonntag über meinen Kopf hinweg. Aber es trifft und inspiriert mich immer, wenn er davon spricht, dass wir unsere Spiritualität in unserem täglichen Leben leben müssen. Ich liebe es, wenn er das sagt und eingehend erklärt.

Spiritualität ist nichts Elitäres oder Abgehobenes. Spiritualität bedeutet, mich selbst, meine Familie und die Menschen um mich herum mit so viel Respekt und Liebe zu behandeln, wie ich es überhaupt vermag – von Montag bis Freitag und auch am Wochenende. Bei genauerem Überlegen glaube ich sogar, dass ich mehr verstehe, als ich unmittelbar denke. Denn wenn wir am Sonntagabend zusammensitzen und darüber reden, was im Laufe des Tages gesagt wurde, kann ich alle Sätze, die meine Freunde im Gespräch nennen, wiedererkennen. Das Gesagte liegt in meinem Inneren und arbeitet klärend, erlösend und transformierend.

Mein Verstand kann die Worte von Meister M überhaupt nicht erfassen. Er redet von Dingen, die meine gewohnten Vorstellungen und Gedankengänge gewaltig ins Wanken bringen. Wenn mein Verstand versucht, zu begreifen, wirkt das eher als Barriere, die ein Verstehen auf tieferer Ebene und eine Erlösung verhindern. Glücklicherweise können meine Gedanken gleich nach dem dritten Satz von ihm nicht mehr mithalten, sie verknoten sich vollständig ineinander. Für den Rest der Zeit treibe ich in einem Meer von Geräuschfetzen, Gedankenschnipseln, Gefühlen und Reaktionen – und von seliger Stille und Leere. Die heilige Lichtkraft, die Meister M ist, manifestiert sich in meinem Inneren. Seine Liebe berührt mich tief.

Sonntags nach dem Wochenende mit ihm bin ich still, heiter, aufgewühlt und total erschöpft, als ob ich hart gearbeitet hätte. Dieser Prozess dauert normalerweise noch die nächsten Wochen an und alte Zustände von Sinnlosigkeit und Hoffnungslosigkeit können in mir auftauchen. Alte Strukturen lösen sich auf. Ich werde gereinigt und bin glücklich darüber.

Ich genieße jede einzelne Zusammenkunft mit ihm und werde mit der Zeit ganz langsam und geduldig ein gelassenerer Mensch, der sich immer weiteren und tieferen Dimensionen öffnet.

Als Kind kam meine Spiritualität im Glauben an einen freundlichen Gott, der mir Sicherheit und Liebe gab, zum Ausdruck. Heute entspringt meine Spiritualität dem Ort in mir, wo die Liebe wohnt. Eine zeitlose Dimension, die nicht meiner Kultur oder Kindheit entstammt, sondern die klar außerhalb jeder Prägung liegt. Das ist die Essenz meines Wesens.

Während meiner Zeit in Bosnien hatte ich zum ersten Mal Rückenschmerzen. Einige Jahre später wurde festgestellt, dass ich an einer Gichtkrankheit, Morbus Bechterew, leide. Die Ärzte können diese Krankheit noch nicht heilen. So muss ich lernen, mit der Krankheit zu leben, und versuchen, die Schmerzen und das Unbehagen so weit wie möglich zu dämpfen.

Meine Rückenkrankheit hat großen Einfluss auf mein Leben. Es gibt Dinge, die ich nicht mehr machen kann, und andere wiederum, die ich heute viel besser handhaben kann. Ich bin viel fürsorglicher zu mir selbst geworden und führe ein gesundes Leben. Ich vertrage es zum Beispiel nicht, behandelte Lebensmittel zu essen. Die letzten Jahre habe ich als Vegetarier gelebt. Darüber bin ich sehr froh. Als ich mich dazu entschloss, kein Fleisch mehr zu essen, hatte ich das Gefühl, dass mir ein Stein vom Herzen fiel.

Ich kann auch keinen Stress mehr vertragen. Für das Wohlbefinden meines Rückens ist es wichtig, mit mir selbst und meiner Umgebung in Harmonie zu leben. Andernfalls bekomme ich stärkere Schmerzen und der Abbau meiner Rückenwirbel geht schneller voran.

Es ist schon herausfordernd, mit solch einer chronischen Krankheit konfrontiert zu sein. Irgendwie bin ich sogar dafür dankbar, da meine Krankheit mich wirklich motiviert hat, ein gesünderes Leben zu führen und meine leidvollen Neurosen zu bearbeiten.

Als ich herausfand, dass mein Körper krank war, bekam auch mein ganzes Selbstbild einen ordentlichen Knick: Die Identifikation früherer Jahre mit ewiger Gesundheit und körperlicher Stärke hat einem breiteren und akzeptierenderen Verständnis Platz gemacht.

Ich bin nicht mein Körper, doch ich passe fürsorglich auf ihn auf. Ich liebe ihn, er ist ein Teil von mir – aber ich bin nicht der Körper. Meister M spricht oft wunderbar und klar über dieses Thema.

Das Fazit für mich: Ich bin nicht an meine zeitliche Körperlichkeit gebunden, ich kann über sie hinausgehen und tiefere Aspekte meines Daseins erforschen.

Die Allgegenwart von Meister M

Einen Einblick in diese Dimensionen jenseits von Zeit und Raum erhielt ich vor zwei Jahren durch ein tief erschütterndes Erlebnis. Im Dezember 2006 bekam ich plötzlich eine Gehirnblutung mit sehr starken Schmerzen und musste ins Krankenhaus eingeliefert werden. Die Schmerzen in meinem Kopf waren unerträglich, und ich war über das, was mit mir geschah, zutiefst erschrocken und geschockt.

Am nächsten Tag spürte ich plötzlich die Nähe von Meister M. Ich lag erschöpft im Krankenhausbett und fühlte ihn in mir und um mich herum. Das war sehr unterstützend und heilend, und ich wurde von einem schönen Gefühl der Geborgenheit und Ruhe erfüllt. Seine Präsenz war deutlich und klar für mich spürbar. Erst später erfuhr ich, dass ein Freund von mir, der ebenfalls die Zusammenkünfte besucht, auf die Idee gekommen war, bei der Organisation von Meister M anzurufen, um für mich um Unterstützung zu bitten. Ich war tief berührt.

Nach seinen Anweisungen schlief ich die nächsten Wochen mit einem Foto von ihm unter dem Kopfkissen, und ich freute mich jeden Abend darauf, einzuschlafen. Ich hatte in dieser Zeit viele Klarträume mit ihm, und ich wachte am Morgen mit dem Gefühl auf, im Laufe der

Nacht auf einer Reise in den inneren und äußeren Universen gewesen zu sein. Ich fühlte mich geheilt, wach und klar. Ich kam ohne bleibende Schäden durch diese Krise, und meine Schmerzen im Kopf verschwanden schneller, als dies die Ärzte vorausgesagt hatten.

Über diese heilende Unterstützung von ihm bin ich unendlich dankbar. Ich bin in meinem Herzen berührt. Danke, Meister M, für dein universelles Hiersein für uns!

Meine Fragen an Meister M

F.: Was geschieht, wenn wir sterben?

MM: Da du zeitlos hier und jetzt bist, wie und wann könntest du sterben? Was erscheint und vergeht, warst du nie! Also mache dir keine Sorgen um das, was nur als Vorstellung in deinem Gehirn existiert. Der Körper kommt, der Körper geht, doch das, was du wirklich bist, verändert sich nie.

F.: Nicht alles, was sich Liebe nennt, ist Liebe. Kannst du etwas zur bedingungslosen Liebe sagen?

MM: Liebe lässt sich nicht an Tugend, Moral, speziellen Worten oder Handlungen messen. Zeitloses Hier-und-Jetzt-Sein ist reine Liebe und somit überpersönlich. Liebe ist jenseits von allen Konzepten, frei von Wollen, Haben, Festhalten und Enttäuschungen. Liebe will nichts und ist nie an Bedingungen geknüpft, Liebe ist das, was du wirklich bist.

F.: Würdest Du empfehlen, Organspender zu werden?

MM: Dazu kann ich nichts sagen. Jeder Mensch trifft diesbezüglich seine eigenen Entscheidungen.

F.: Kannst du etwas über Wiedergeburt sagen?

MM: Nur Tote werden wiedergeboren. Wiedergeburt ist nichts anderes als ein fortwährendes Sterben. »Lasst die Toten ihre Toten begraben und folget mir nach«, sagte Meister Jesus.

F.: Haben wir einen vorbestimmten Weg durch das Leben?

MM: Da Meister M das Ende aller Wege ist, enden auch alle vorbestimmten Wege, wenn es sie gäbe, hier und jetzt.

F.: Kannst du bitte etwas zur ökonomischen Situation in der Welt sagen?

MM: Geld kommt und geht. Sich selbst zu erkennen, ist der größte Reichtum.

F.: Gibt es eine innere, wegweisende göttliche Stimme in uns?

MM: Erkenne das, was *vor* dieser inneren, wegweisenden göttlichen Stimme ist, denn das, was ohne zu verstehen realisiert wird, verändert sich nie. Das Ich bildet sich Wegweisendes ein, da jedoch das Ich in Wirklichkeit gar nicht existiert, ist auch die Idee einer wegweisenden göttlichen Stimme nichts als eine Illusion. Gott ist hier und jetzt, alles Wegweisende weist weg vom Hier und Jetzt.

F.: Um welche Entwicklungsstufe geht es im Moment für uns Menschen hier auf der Erde?

MM: Um keine. Entwicklungsstufen existieren lediglich als Vorstellungen, die der Verstand produziert.

F.: Haben Frauen und Männer unterschiedliche Wege zum Göttlichen?

MM: Es gibt nur *eine* Totalität, aus der Frauen- und Männerkörper erscheinen und vergehen, doch sie existieren bloß als Überlagerungen im Bewusstsein. Gott ist *all-ein*, beides in *einem* und nichts von *beidem*.

F.: Haben Religionen eine Bedeutung in der heutigen modernen Welt?

MM: Heute ist morgen schon wieder Vergangenheit und das Moderne ist das Alte. Religionen haben die Bedeutung, die jeder ihnen subjektiv zuordnet. Für die einen scheinen sie außerordentlich wichtig, für andere überhaupt nicht.

F.: Gibt es Engel – und welche Rolle spielen sie dann?

MM: Ich habe noch nie einen Engel gesehen. Menschen mit Tierflügeln, so werden Engel dargestellt. Ob es diese gefiederten Freunde wirklich gibt oder sie so nur in der christlich-religiösen Vorstellung der Menschen existieren, weiß ich nicht.

Eine behütende, ordnende Macht gibt es sicher, da alles in der Totalität, in der universellen Essenz existiert.

F.: Gibt es Gut und Böse, oder sind das nur subjektive Vorstellungen?

MM: Gutes und Böses existiert nur, wenn man gut oder böse denkt und danach handelt.

F.: Welche Eigenschaften charakterisieren ein gut gelebtes Leben?

MM: Einfachheit, Klarheit, Liebe und Güte.

Mein Hiersein jenseits des Körpers

Nicoletta Fiechter

Mit einer von den Ärzten vorausgesagten Lebenserwartung von zwei Jahren startete ich meinen Ausflug auf dieser schönen Erde. Ich war das lebhafteste und jüngste Kind von drei Mädchen. Man erzählte mir später, meine Mutter hätte über mich gesagt – noch bevor die Ärzte mit ihr über meine kurze Lebenserwartung gesprochen hatten –, dass auch ich wie meine ältere Schwester Irene nicht werde gehen können. Woher wusste sie das? Und doch, diese Aussage bewahrheitete sich.

Ich sehe mich noch auf meinem Schaukelpferdchen sitzen, voller Kraft und Lebenswillen schaukelte ich hin und her. Doch eine unsichtbare Kraft vermochte meinem Schaukeln und meiner Lebensfreude jäh ein Ende zu setzen. Es waren die Augen meiner Schwester Irene. Sie saß in ihrem Rollstuhl, überblickte alles und vermittelte mir: »Bewege dich nicht, das geziemt sich nicht.« Der Neid, der aus ihren Augen sprach, bannte jede meiner Regungen. Ich versprach ihr innerlich, mich mit ihr zu verbünden und mich auch nicht zu bewegen. Ich blieb sitzen und gebar damit meine irrige Kindermeinung, dass alle Kinder im Rollstuhl sitzen und dass man erst als Erwachsener zu laufen lernt.

Ich sah selten andere Kinder, denn meine Mutter schämte sich sehr, nach einer glorreichen Sportkarriere, in der sie Weltmeisterin im Hochsprung geworden war, sich nun mit zwei Kindern im Rollstuhl zu zeigen.

Ich fühlte mich nie behindert und weiß tief innen auch, dass ich es nicht bin und dass ich mich eigentlich bewegen kann. Dieses Wissen zog ich, nachdem meine Schwester Irene mit sechzehn Jahren, wie ihr prophezeit worden war, immer schwächer und schwächer wurde und schlussendlich an einer Lungenentzündung starb, konsequent durch.

Nach ihrem Tod wurde ich im Alter von neun Jahren in einem Kinderspital untergebracht. Über mir hing ebenfalls eine prophezeiende,

113

dunkle Wolke. Das nächste Todesopfer sollte ich sein. In mir stieg Trotz hoch, und ich proklamierte lauthals, dass ich gar nicht behindert sei. Und immer, wenn ich krank war, schrie ich meine Eltern mit dem Vorwurf an, dass sie es gewollt hätten, dass ich krank wäre. So empfand meine Kinderseele, und so empfinde ich noch heute als erwachsene Frau. Ihr Wille traf mich, so absurd dies tönen mag. Viele Ursachen häuften sich und bildeten diesen unbewussten Willen, der meinen Willen brach. Ich grolle meinen Eltern aber nicht mehr. Es wird wohl so richtig gewesen sein. Und ich habe es so angenommen.

Eines Tages, als meine Eltern auf meine für mich große Not gar nicht eingingen, geschah etwas Seltsames. Aus meinem Munde quoll plötzlich der Satz: »Es wird einmal einer kommen, der mir die Wahrheit sagen wird.« Meine Eltern waren verdutzt über diese Worte, konnten aber nichts damit anfangen. Ich jedoch war beruhigt. Es ist schwierig zu beweisen, was sich da kundtat. Ich sagte diese Worte daher, aber verstand selbst nicht, was ich da sagte. Es war da eine Gegenwart, eine Energie, eine andere Instanz, die sich durch mich ausdrückte und offenbarte und mir diese Botschaft brachte.

Von Meister M wusste ich damals noch nichts. Es sollte auch noch viele Jahre dauern, bis ich ihn physisch treffen durfte. Ich war einfach durchströmt von einer Liebe, die ich bis hierher nicht gekannt hatte. Von da an hatte ich immerhin die Gewissheit, dass *ER* kommen wird.

Mein Konflikt – ich fühle mich innerlich stark und gesund, weise jedoch äußerlich sichtbar einen behinderten Körper vor – begleitet mich, seit ich mich wahrnehmen kann. Ich gab der äußeren Erscheinung nicht nach, da ich diese ja nicht als meinen Willen ansah. Das war nach wie vor der Wille meiner Eltern. Ich zog das Bild der nichtbehinderten jungen Frau viele Jahre durch und wurde als sehr arrogant erlebt. Ich fühlte mich zwar eher einsam als arrogant, denn ich gehörte keiner Gruppe wirklich an – weder den Behinderten noch den Nichtbehinderten.

In Behindertenkreisen fühlte ich mich nicht wohl, denn es wurde immer über die Krankheit geklagt. Ich aber wollte doch sein wie die Nichtbehinderten, einen Beruf erlernen und meinen Platz in dieser Gesellschaft einnehmen. Mein Vorbild war meine andere Schwester, Lucilla. Sie ist nicht behindert und besuchte das Gymnasium. Das wollte ich auch, und die Matur (Abitur) wollte ich ebenfalls machen.

Ausbildung

Ich forderte mir alles ab, um das Image, das ich mir aufgebaut hatte, zu erreichen. Und wie das so ist, mussten meine Leistungen immer dreimal so brillant sein wie die eines Nichtbehinderten, um Schritt halten zu können. Seitens meines Vaters, der mich immer noch als schwaches Kind ansah und der mich lieber in einem Behindertenheim als in der eigenen Wohnung gesehen hätte, sowie von der Invalidenversicherungsstelle, wurden mir etliche Steine in meinen Ausbildungsweg gelegt. Doch je mehr Steine ich antraf, desto stärker wurde mein Trotz, gerade das zu tun, was mir niemand zutraute. Ich hätte eine Ausbildung als Locherin machen sollen, Karten lochen für die ersten Computerprogramme. Nein, das wollte ich nicht.

Wie ein Wunder ergab sich plötzlich eine ungeahnte Möglichkeit, die meinem Wunsch nach mehr Wissen entgegenkam. Ich durfte ein Jahr lang ins Welschland (französischsprachige Schweiz) in ein Rudolf-Steiner-Internat. Das war für mich das erste Sprungbrett, um in die Welt der Nichtbehinderten einzutauchen. Dieses für mich sehr wichtige Jahr schloss ich mit der Mittleren-Reife-Prüfung ab.

Ab jetzt standen mir die Türen zu den öffentlichen Schulen offen. So wurde für mich, auf mein ewiges Drängen hin, ein Platz an der Töchterschule der Stadt Zürich (Handelsabteilung) gefunden. Und wieder kam ein Stein meines Vaters angerollt. Ich durfte nicht an der Diplomprüfung teilnehmen, da er erneut Angst hatte, dass dies zu anstrengend für mich sei. Diese Erniedrigung traf mich zutiefst, hatte ich doch in drei Jahren den gesamten Primar- und Sekundarschulstoff, den ich in der Spitalschule nicht gelernt hatte, sowie den laufenden Handelsschulstoff in mich hineingestopft. Und nun durfte ich keinen Abschluss machen. Das sollte mir mein Vater büßen.

Nach dieser Niederlage arbeitete ich ein Jahr lang in einem Treuhandunternehmen in der Personalabteilung. Allein die Vorstellung, ich müsse den Rest meines Lebens AHV-Ausweise sortieren und ihre Nummern auflisten, ließ mich in eine Depression fallen.

Aber da war ja noch die Rache an meinem Vater, die mir jetzt zu Hilfe kam und mir Kraft gab. Ich zog eine liebe alte Tante ins Vertrauen. Sie verstand, dass es mein sehnlichster Wunsch war, das Abitur zu machen. Zusammen suchten wir nach einer Schule und fanden die kantonale Maturitätsschule für Erwachsene in Zürich, in der ich mir, regulär wie alle anderen Schüler, die lang ersehnte Matur erarbeiten konnte. Hier machte ich die zweite Begegnung mit dieser kraftvollen Liebesenergie, die ich schon einmal in meiner Kindheit erlebt hatte – und zwar beim Schreiben meiner Maturarbeit.

Das Thema, das ich mir ausgewählt hatte, lautete: »Verstehen heißt die Zusammenhänge erkennen.« Der uns beaufsichtigende Lehrer schritt durch die Tischreihen. Bei mir angelangt, sagte er zu mir: »Du hast dir das schwierigste Thema ausgewählt.«

Ich hörte aus seiner Stimme heraus, dass er mir diesen Schwierigkeitsgrad nicht zutraute, und dachte: »Bringe mich jetzt ja nicht durcheinander, es fließen im Moment die Worte so leicht und poetisch aus meiner Feder, wie wenn sie gar nicht von mir kämen.« Ich schrieb über einen Traum, in dem sich das Fließen des Meisters mittels Flammen aus dem Herzchakra auf den Schüler übertrug. Der Schüler war ich. Ich schrieb vier volle Seiten.

Meine Hand war geführt, und es zeigte sich keine Ermüdungserscheinung, wie es sonst der Fall war. Als der Aufsatz geschrieben war, war alles vorbei. Ich aber war erfrischt. Wieder war aus der geistigen Sphäre diese Liebe zu mir gekommen, die ich heute mit Meister M bezeichnen würde. Mit dieser Arbeit handelte ich mir eine nie zuvor gekannte Note Sechs (Sehr gut) ein, das ist in anderen europäischen Ländern eine Eins.

Nach der Matur erarbeitete ich mir das Primarlehrerpatent am Oberseminar in Zürich, um dann gleich eine Stelle als Oberstufenlehrerin in einem Heim für schwererziehbare Mädchen anzunehmen. (Kurz zuvor hatte das Haus noch »Heim für gefallene Mädchen« geheißen.)

Während der gesamten Ausbildungszeit wohnte ich in einem Heim für körperbehinderte Erwachsene. Da ich so aktiv meiner Ausbildung nachging, hatte ich nur wenig Kontakt zu meinen Mitbewohnern. Das intensive Lernen ließ mir keine Zeit für Unternehmungen mit den anderen Heimbewohnern. Hinter meinem Rücken wurde abschätzig über die, deren Geist man durch die Wände hindurch spüren würde, gesprochen. Ich verstand nicht, was damit gemeint war, fühlte ich mich doch immer sehr einsam und deprimiert. In mir machte sich ein immenser Schmerz breit, den ich mir nicht erklären konnte und dem ich auch keine Worte zu geben vermochte. Ich legte oft stundenlang meinen Kopf auf die Lehrbücher und ließ Bäche salziger Tränen darauf fließen. Ich hatte keine wirklichen Freunde, mit denen ich meine Nöte hätte besprechen können. Gleichzeitig mit den Tränen schrie es aus meinem Innern auf kindliche Weise: »Hilf mir, oh Gott.« Es kam aber keine Hilfe. Nicht einmal Gott konnte mir helfen. So fing ich an, in Büchern und an Seminaren nach Hilfe zu suchen.

Hilfe?

Das erste Buch hieß *Meditation, aber richtig.* Dann ging ich zu Yoga über. Das half schon ein wenig. Der Reihe nach probierte ich alles erdenklich Verrückte aus.

Ich suchte Orte auf, an denen Mutter Maria erschienen war, wie Lourdes und Medjugorje in Jugoslawien. Mit einer jungen Frau, die ins Kloster zu gehen gedachte, besuchte ich unzählige katholische Kirchen und Stätten von Heiliggesprochenen, zum Beispiel von Bruder Klaus. Sein bekanntes Gebet: »Mein Herr und mein Gott, nimm alles von mir, was mich hindert zu Dir. Mein Herr und mein Gott, gib alles mir, was mich führet zu Dir. Mein Herr und mein Gott, oh nimm mich mir und gib mich ganz zu eigen Dir«, begleitete mich zu allen Tageszeiten. Wir beteten auch nächtelang den Rosenkranz, obwohl ich zu dieser Zeit schon längst aus der Kirche ausgetreten war.

Dann landete ich in einer Pfingstgemeinde, wo die Menschen im Heiligen Geiste ruhten. Diese Zeremonien gingen oft nächtelang und immer fiel wieder einer oder eine rückwärts in die Arme eines Helfers, der mit offenen Armen dastand und die Menschen auffing. Ich fiel nie, da ich ja gar nicht fallen kann. Hellwach saß ich da und verstand nicht, dass einige bis zur Bewusstlosigkeit vom Heiligen Geist geküsst wurden und man diese mit kaltem Wasser wieder ins Erdenleben zurückholen musste.

An die Reihenfolge, in der ich mich so herumtummelte, kann ich mich nicht mehr erinnern. Es waren Hellseher, Hand-, Karten- und Kaffeesatzleser, Runenleger, Astrologen, Pendler, Magnetopathen, Wirbelsäulenstrecker, Gesundbeter, unter anderen auch ein sehr obskurer Typ, der mir eine Flüssigkeit in den Kopf spritzte, weiter Medien, Indianer, Seminarleiter und Körpertherapeuten aller möglichen Richtungen und Erkenntnisse. Ich wollte einfach geheilt werden, wie war mir egal. Ich suchte mein Heil außerhalb von mir.

Und immer hatte ich den Satz meiner Kindheit in den Ohren: »Es wird einer kommen, der dir die Wahrheit sagt.« Ich glaube, dass ich unter all den aufgezählten »Helfern« den einen suchte, der sich mir angekündigt hatte. Ich konnte nicht mehr warten und las unzählige Bücher über Meister, Heilige und Erleuchtete.

Mein innerer Schmerz aber ließ nicht nach. Ich wand mich in ihm und wollte nicht mehr leben. Da fasste ich eines Tages den Entschluss, meinem Leben ein Ende zu setzen. Ich hatte mit mir abgemacht, dass ich mich unter die Bahn werfen würde, die an dem Haus, in dem ich damals lebte, vorbeifuhr. Als die Bahn anrasselte, nahm ich Anlauf und wollte mit ihr zusammenknallen, damit sie mich zerquetschen könne. Doch mit etwas hatte ich nicht gerechnet: Eine starke, unsichtbare Hand legte sich auf meine Schulter und hielt mich zurück. Ich blieb stehen, erschrak zutiefst ob meiner Absicht und zitterte am ganzen Körper. Diese dritte Begegnung – die starke Hand auf meiner Schulter – war von derselben Liebesqualität und Energie wie in den beiden vorangegangenen Situationen und für mich ein äußerst tiefes Erlebnis und gleichzeitig ein Erwachen in Dankbarkeit zu dieser Inkarnation.

Hatte mir mein Meister über so viele Jahre hindurch Botschaften geschickt, die ich als außerordentlich stark erlebte, aber nicht verstand, weil er mir damit etwas sagen wollte und sich damit ankündigte?

Zu jener Zeit, als ich diese Winke erhielt, war ich noch sehr unbewusst und an eine solche Gnade und deren Auswirkung und Bedeutung wagte ich gar nicht zu denken. Und doch spürte ich hinter all der Not, die ich durchlief, eine mich tragende und schützende Kraft.

Die Ankündigungen meines Meisters hatte ich also erhalten, und doch war er noch immer nicht physisch hier und ich noch immer auf der Suche nach innerem Frieden und Ausgeglichenheit.

Ich unterrichtete die mich aufs Äußerste fordernden Jugendlichen. Sie hatten alle eine Heimgeschichte, wie ich sie auch kannte. Deshalb konnte ich mich gut in sie hineinversetzen, und so wurden wir Freunde, die sich im Klassenzimmer gegenseitig helfen konnten. Sie schrieben nämlich für mich an die Wandtafel und merkten gar nicht, dass sie im Unterricht saßen und etwas dabei lernten. Natürlich forderten sie mich auch gewaltig heraus, um ihre und meine Kräfte zu messen. Es waren inzwischen auch Knaben als Tagesschüler ins Heim eingetreten, für die es lustig war, mich mitsamt meinem Elektrorollstuhl (185 Kilo) an den Hinterrädern hochzuheben. Diese Jugendlichen waren mir physisch mehrere hundertmal überlegen.

Ich ließ sie gewähren: Sie durften ruhig stärker sein als ich. Das war ja nichts Neues für mich. Und dabei fiel mir auch kein Stein aus der Krone. Doch wenn es mir zu bunt wurde und wenn die Schüler begannen, mein Pult auszuräumen und sich meiner Dinge zu bedienen, hatte ich meine ganz eigenen Waffen. Im Laufe meines Lebens musste ich mir viele Male mit meiner Vorstellungskraft weiterhelfen. Ich schulte diese an alltäglichen Dingen und erfuhr oft deren unglaubliche Wirkung. So auch hier. Ich bildete mental eine Mauer um mein Pult und legte genau fest, bis wohin die Schüler Zugang haben dürfen. Es klappte außerordentlich gut. Es ging niemand weiter, als bis zu meiner geistigen Mauer. Die Schüler selbst, die alles andere als unsensibel waren, bemerkten: »Sie sind aber stark!« Ansonsten nannten sie mich »die vierspännige Wildsau«. Diesen Kosenamen trug ich zehn Jahre lang.

Mit der Zeit verspürte ich den Wunsch, den Zugang zu den Schülern noch auf einer anderen Ebene zu finden als nur durch die trockene Art der Lehrbücher. Deshalb entschloss ich mich eines Tages, berufsbegleitend eine Ausbildung zur Kunsttherapeutin zu machen.

Zu dieser Zeit lebte ich noch mit drei weiteren Frauen in einer Wohngemeinschaft. Eine der Frauen kannte den Leiter einer Kunstschule, und ich meldete mich dort an. Die Ausbildung war gleichzeitig auch Therapie für mich. Ich lernte viel über mich. Doch der immense Schmerz in mir marterte weiterhin meine Seele. Zu einzelnen Studierenden hatte ich mehr Kontakt als zu anderen, denn wir therapierten einander in Kleingruppen, in denen wir übten. So ergaben sich auch viele persönliche Gespräche.

Und dann kam Meister M

Eines Tages erzählte mir eine Frau, dass sie an Zusammenkünfte ginge, die sehr speziell und kraftvoll seien. Der spirituelle Lehrer dort sei ebenfalls körperbehindert, und sie denke, dies sei auch etwas für mich. Ich stutzte, denn ich wollte nicht wieder in einem Verein landen, der nur von Krankheiten sprach. Aber neugierig war ich ja schon und meldete mich an.

Ich war sehr überrascht, als ich Meister M das erste Mal erblickte. Da war gar nichts, was nach Krankheit roch. Er kam auf mich zu und begrüßte mich. Dies war vor über zwanzig Jahren noch so üblich. Er gab jedem die Hand.

Ein bisschen suspekt kam mir das Ganze schon vor, vor allem, weil so wenig Menschen da waren. Dann schlief ich ein. Ich schlief bis zur Mittagspause. Und als ich wieder erwachte, fühlte ich mich, als sei ich zu Hause angekommen. Ich konnte das, was ich fühlte, nirgends einordnen. Ich fühlte mich erlöst. Meine Suche hatte ein Ende. Ich musste nicht mehr überall hinrennen, um mein Heil zu suchen. Überall gab ich meinen Austritt bekannt.

Nun besuchte ich nur noch die Zusammenkünfte von Meister M. Er legte ab und zu seine Hände auf meinen kraftlosen Körper. Dieser fing dabei immer an zu zappeln und sich zu strecken, neues Leben durchflutete ihn. Dies ist auch heute noch so. Ein Blick von ihm vermag meinem Körper Leben zu schenken, sodass ich oft das Gefühl habe, alle Last werde von mir abgenommen. Ich befinde mich dann in einer Ebene der Leichtigkeit, in der ich körperlich und seelisch tanze. Nur leider übermannt mich danach immer wieder die Schwere, deren Sinn ich noch nicht kenne. Ich stelle mir oft vor, dass ich gehen kann, und frage mich auch immer wieder: »Warum heilt er mich nicht, es wäre doch sicher ein Leichtes für ihn. Brauche ich diese körperliche Behinderung noch, oder bin ich auch behinderungstechnisch noch so stark in Konzepten verfangen?«

Sei es, wie es wolle: Eines ist sicher, ohne ihn hätte ich mit meinem Leben längst abgeschlossen. Und immer, wenn ich mal wieder in Gruppen von behinderten Menschen weile, darf ich hören: »Mensch, bist du gut drauf, mit deiner Behinderung und deinem Alter. Andere können sich schon nicht mehr bewegen.« Und dann leite ich dieses Kompliment dankbar an unseren Meister weiter, weil ich ahne, dass er da im Spiel war. Den Wunsch nach körperlicher Heilung konnte ich allerdings noch nicht ganz begraben.

Dass ich Meister M treffen durfte, ist sicher das größte Geschenk, das mein Leben mir machen konnte. Auch kann ich das Ausmaß des Segens nicht erfassen, was es bedeutet, einem Meister wie ihm zu begegnen. Das »Warum darf ich diesen Segen erfahren?« bleibt verborgen.

Ich denke oft über Konzepte nach, die uns Menschen bestimmen, und ich suche dort auch den Grund von Krankheit und Gesundheit. Meine Forschung bringt mich aber nie weiter als bis zum Erkennen gewisser Gemeinsamkeiten der physischen und der psychischen Struktur, das heißt des Mangels oder des Zuviels. Bei dieser Erkenntnis bleibe ich jeweils stehen mit der großen Frage: »Und jetzt, wie löse ich das Erkannte auf?« Ich kann es nicht. Diese bittere Pille und diese Ohnmacht versetzen meinem aufgeblasenen Ego immer wieder einen heilsamen Dämpfer. Hier kann nur der Meister helfen. Genesung geschieht nur durch seine Gnade.

Vergebens versuche ich Dinge in mir zu verändern, doch es gelingt mir nicht. Nach einiger Zeit merke ich jedoch erstaunt, dass sich alles in mir verändert hat, und zwar auf eine viel bessere Art und Weise, als ich es mir je hätte vorstellen und wünschen können. Und so mysteriös, wie sich die Dinge im Licht dieses Meisters verändern und auflösen, so gewaltig durfte ich in den Anfängen mit ihm die Abgründe und Tiefen meiner Seele kennenlernen. Jahrelange Therapien brachten meinem Schmerz keine Linderung. Die Medizin hat dafür nur Namen und stellt Diagnosen. Meister M aber brachte mein seelisches Geschwür, das über viele Jahre hinweg so sehr geschmerzt hatte, zum Aufbrechen. Dieser Schmerz, der da tobte, brachte mich fast zum Wahnsinn.

Damals war es mir noch möglich, ihn ab und zu anzurufen, er hatte es mir erlaubt. Doch das ist jetzt mit den Tausenden Menschen, die ihn aufsuchen, unmöglich geworden. Ich rief ihn vor allem dann an, wenn ich es nicht mehr aushielt. Kaum hatte ich den Hörer am Ohr, noch bevor ich seine Stimme vernahm, linderte sich meine Not. Ein Balsam, ein heiliges Licht floss zu mir, das ich unaufhörlich hätte trinken wollen. Wärme durchströmte mich und ich fühlte mich verstanden, obwohl ich ihn damals verbal nur sehr schlecht verstehen konnte. Verbaler Trost hätte mir zu dieser Zeit auch nichts gebracht. Die seelische Wunde wurde immer und immer wieder in Nektar gebadet, so kam mir dieses Heilmittel vor. Es dauerte viele Jahre, bis sich der Schmerz beruhigte und ausheilte. Jetzt aber kann ich sagen, dass er ganz verschwunden ist. Ich würde heute dieses Geschwür als das »gebremste Wachstum« bezeichnen. Denn als die Wunde verheilt war, erblühten in mir langsam, langsam das Vertrauen und die Freude am Leben.

Ich glaube, mein Leben hätte ein elendes Ende genommen, wäre ich nicht in die Hände von Meister M geraten. Ich bin ein völlig anderer Mensch geworden. Obwohl Strukturen des Elends mich noch begleiten, bin ich doch innerlich dem Elend entflohen.

Ich war früher eher verschlossen, spürte aber schnell, wenn ein Mensch die gleichen spirituellen Interessen pflegte. Ich könnte hier Bücher füllen, wie viel Literatur ich mir einverleibte, ja, buchstäblich in mich hineinfraß. Alles aber im Geheimen. Während des Schreibens merke ich, dass ich schon von eh und je mein ganzes Leben danach ausrichtete, das Licht aller Lichter zu finden. Ich lernte viele Gebete und Sprüche auswendig, um den Tag mit ihnen zu beginnen oder zu beenden.

Heute lese ich nicht mehr so viele Bücher. Es genügt mir, dass von Meister M Gehörte tief zu empfinden und zu überdenken. Aber besonders wichtig für mich sind die tiefen Erfahrungen mit ihm, von denen ich schon einige erleben durfte.

Zwei sich ähnelnde Erlebnisse hatte ich im Paraplegiker-Zentrum in Nottwil. Beide Male hatte ich hohes Fieber. Das erste Mal lag ich nach einer Nierensteinzertrümmerung im Fieberdelirium. Die Ärzte wollten mit starken Medikamenten einschreiten. Ich hatte ein Foto von Meister M bei mir, legte dieses auf mein Herz und schlief ein. Als ich wieder erwachte, war das Fieber weg. Beim zweiten Mal, als ich wegen eines starken Hustens in Nottwil war, stieg mein Fieber plötzlich an und die Ärzte vermuteten eine Lungenentzündung. Als sie mit den Medikamenten kamen, stellte ich mich schlafend und bat etwas später die Krankenschwester, mir das Büchlein *Die Welt bist du* von Meister M auf die Brust zu legen. Am nächsten Morgen war das Fieber vollkommen verschwunden, und niemand sprach mehr von einer Lungenentzündung.

Es kommt auch sehr oft vor, dass mir, wenn ich ihm schriftlich Fragen stelle, die Antwort, noch bevor ich den Brief abgeschickt habe, in Form eines Gedankens zukommt, und zwar auf eine so logische Art, dass ich mir jeweils sagen muss: »Das hätte mir auch selbst in den Sinn kommen können.«

Mein Alltag

Er ist stark von meinen körperlichen Umständen geprägt. Da ich gerne in meiner eigenen Wohnung lebe, um mehr oder weniger unabhängig zu sein, ist mein Alltag von sehr viel Organisation abhängig. Ich organisiere mir meine Pflege selber und gebe dafür viele Inserate auf. Dementsprechend melden sich dann auch viele Menschen bei mir, Menschen, deren Leben mit Problemen und Sorgen beladen ist. Sie denken nicht selten: »Die muss ja froh sein, wenn ich ihr helfe.«

Manchen ist meine schwierige physische Situation mehr oder weniger egal. Das zeigt sich zum Beispiel darin, dass sie am Morgen, ohne mir etwas zu sagen, gar nicht kommen oder Stunden später erscheinen. In den vielen Jahren habe ich diesbezüglich viele Erfahrungen gemacht, gute, aber leider auch viele sehr schlechte.

Grundsätzlich frage ich mich: »Was motiviert Menschen, anderen zu helfen?« Viele verschiedene Menschen sind schon an meinem Bett gestanden, alle mit der Absicht zu helfen. Würde ich nicht so hilflos in meinem Bett liegen und darauf angewiesen sein, dass ich schlussendlich im Rollstuhl sitze, könnte ich eine interessante Studie schreiben oder einen ausgeflippten Film drehen mit dem Titel: »Hilfe, wem geholfen werden muss.«

Meine Abhängigkeit von anderen Menschen ist wohl der größte Bremser in meinem Leben. Wie oft habe ich mir schon gewünscht, mich nur wenigstens selbst waschen und anziehen zu können. Denn es ist nicht eigentlich die Behinderung, die es so schwer macht, nein, vielmehr ist es das Kräfteverhältnis zwischen mir als Hilfe Empfangende und der Person, die Hilfe gibt. Einerseits werde ich von vielen nicht als vollwertiger Mensch angesehen und andererseits von unerfahrenen Helfenden manchmal fast erstickt.

Da ich als Kunsttherapeutin tätig bin, muss ich mich nach vorgegebenen Zeiten richten. Meine Organisation gleicht einer Kette mit vielen Perlen. Geht eine Perle kaputt, werden alle anderen in Mitleidenschaft gezogen. Nichts klappt mehr. Das gibt viel Stress und Verzweiflung.

Viele Angstgefühle begleiten mich täglich. So ist jeder Tag ein Glücksspiel. Denn mein Wohlergehen hängt ganz stark davon ab, welcher Mensch mir morgens beim Aufstehen hilft und wie groß sein Einfühlungsvermögen und Geschick ist, seine Geduld und sein Hinhören. Bin ich einmal im Rollstuhl, kann ich den ganzen Tag ohne Hilfsperson auskommen. Natürlich muss ich mich in allem einschränken. Mit dem Rollstuhltaxi und neuerdings auch mit Tram und Zug begebe ich mich zur Arbeit oder an andere Orte. Im Sommer bin ich diesbezüglich viel freier, denn ich muss keine einengende Jacke anziehen. Auch macht mir im Winter die Kälte zu schaffen und raubt mir die wenige Bewegungsfähigkeit, die ich noch habe.

Ich benötige viel Disziplin und Organisation, um so zu leben, wie ich dies tue. Ich fühle mich nie wirklich sicher, und es gibt Tage, da komme ich nach Hause und finde eine Absage auf dem Telefonbeantworter vor von der Person, die in einer halben Stunde kommen sollte. Oder ein komisches Kribbeln im Bauch kündigt mir an, dass die Person, die kommen sollte, nicht erscheint. Auf dieses Bauchgefühl kann ich immer gehen. Dann hänge ich zwei Stunden am Telefon, bis ich eine gute Seele gefunden habe, die sich meiner erbarmt und vielleicht, wenn auch ein bisschen widerwillig, doch noch vorbeikommt und mich ins Bett bringt. Diesen schwierigen Situationen versuche ich mit Vertrauen entgegenzutreten. Meister M hat mir einmal gesagt: »Geduld ist eine Form von Liebe.« So schaue ich meine unausweichliche Lage als meine Schulung in Geduld an. Dann macht dieser seelische Marathon Sinn, und ich laufe weiter.

Einer der ersten Sätze, die Meister M zu mir gesagt hatte, war: »Erwarte von mir kein Mitleid, du bist für mich eine Frau wie jede andere und wirst dementsprechend von mir wahrgenommen. Der einzige Unterschied ist, du sitzt in einem Rollstuhl. Da ich selbst in einem behinderten Körper wohne, habe ich tiefes Verständnis für deine Situation. Wir sind körperlich behindert, na und? Wir sind innerlich geistig absolut unbehindert und unverhindert.«

Hier bin ich mit meiner festgefahrenen Situation, die ich nicht zu ändern vermag und zu der ich nur sagen kann: »Dein Wille geschehe.« Das Gebet aus Meister Ms Buch *Im Land der Stille*: »Ewiger Gott, Urgrund allen Seins, aus Dir strömt die wunderbare Lichtkraft, die segnend die heilige Erde und das gesamte Weltenall überflutet« steht am Beginn meines Tages, und jeder Tag endet auch mit diesen heiligen Worten!

Meine Fragen an Meister M

F.: In meiner Erinnerung meine ich, dass du einmal gesagt hast, das Gehirn liegt nicht im Körper, sondern der Körper im Gehirn. Ist also unser Körper von uns selbst erschaffen und somit Behinderung und Krankheit auch?

MM: Der Körper ist nichts als ein Gedanke, eine Wahrnehmung. Krankheit und Behinderung gehören zum Körper und nicht zu dir, sei dessen tief gewahr. Der Körper existiert bloß als Spiegelung im Bewusstsein. Die Gedanken und dein Körper verändern sich ständig, doch das, was du wirklich bist, verändert sich nie.

F.: Wir sprechen immer davon, dass das Leben einen Sinn hat und dass wir diesen Sinn und eine Aufgabe schon auf die Erde mitbringen. Entspricht das auch deiner Auffassung? Wären wir Menschen nicht zufriedener, wenn wir wüssten, was genau unser Sinn und unsere Aufgabe in der Welt ist?

MM: Das Leben lebt sich selbst und der Tod stirbt sich selbst. Weil das erscheinende Ego unter seiner eigenen Sinnlosigkeit leidet, sucht es fieberhaft dieser Sinnlosigkeit einen Sinn zu geben. In Aktivitäten, in

Ablenkungen und im Anhäufen von Gütern hofft es, diese Sinnlosigkeit zu überdecken und befriedigen zu können.

Wenn der Suchende diese Sinnlosigkeit tief durchschaut, überschreitet er eine unsichtbare Grenze und wird gewahr, was er nie war. Das flüchtige Ich löst sich in nichts auf. Das Wesen fließt ins Wesentliche zurück. Weil du dich durch Missverständnisse von der Einen Wirklichkeit abgespalten hast, wirst du von deinen eigenen Gedanken bedrängt. Deshalb drehe dich innerlich um und realisiere, was du wirklich bist. Sei dankbar für dein Hiersein, wie immer das auch sein mag, und lasse dich nicht allzu sehr von Umständen bedrängen. Ruhe in dir selbst!

F.: Wir alle leiden mehr oder weniger. Ist dieses Leiden förderlich, und helfen wir unseren Mitmenschen, wenn wir dieses Leiden tragen (im christlichen Sinne)?

MM: Leiden zeigt uns unsere Grenzen und Begrenzungen. Niemand will leiden, deshalb sucht man nach Möglichkeiten, das Leiden loszuwerden.

Die Idee, dass es förderlich sei, durch das Ertragen des eigenen Leids anderen zu helfen, ist absurd. Solche Gedanken sind mentale Aktivitäten, mentale Ausrichtungen, die die Konzepte vermehren und somit auch das Leiden.

Alle Handlungen haben ihren Ursprung in der Vorstellung »Ich bin«. Sei das, was du wirklich bist, die große Stille – vor dem Körper und der Welt.

F.: Gibt es Menschen, die immer glücklich sind, und darf man das mit gutem Gewissen leben?

MM: Grundlos glücklich zu sein ist unser natürlicher Zustand, und dieses So-Sein hat absolut nichts mit einem guten oder schlechten Gewissen zu tun. Wahres Glücklichsein ist nie objektgebunden. Wenn du klar erkennst, bist du frei von allen Vorstellungen, frei von Haben, Verlieren und Erreichen-Wollen, deshalb grundlos glücklich.

F.: Gehört das Leiden zu jeder Menschenseele und Menschenrasse?

MM: Leiden gehört nicht dir, Leiden ist mit der überlagerten Persönlichkeit verknüpft. Leiden ist nur ein anderes Wort für Unklarheit und Missverständnis. Wenn du deine Unklarheiten und Missverständnisse tief durchschaust, dann verschwinden sie und mit ihnen das innere Leiden.

In deinem Innersten existiert etwas Müheloses, Leichtes, Leuchtendes und Beständiges. Entdecke es, es ist bereits hier und jetzt. Suche es nicht, entdecke ES und sei des Entdeckten tief gewahr!

F.: Haben wir nach dem Verlassen der Erde weiterhin für unsere Entwicklung Willenskräfte zur Verfügung?

MM: Du hast diese Welt nie betreten und warst nie wirklich dieser Körper, wie kannst du sie dann verlassen? Betreten und verlassen sind nichts als Gedanken und Vorstellungen, und der Wille ist Teil dieser Illusion.

F.: Können wir unseren Freunden auf der Erde von dort aus (nachtodlich) unterstützend und helfend zur Verfügung stehen?

MM: Wie viele Freunde sind das, die du später zu unterstützen gedenkst, und was ist mit denen, die nicht deine Freunde sind?

Mache dir keine solchen unnötigen Gedanken, denn so etwas wie ein Leben vor dem Tod und ein Leben nach dem Tod gibt es für die, die am Erwachen sind, nicht, denn sie haben diese phänomenale Illusion des Ichs durchschaut. In Wahrheit kannst du gar nicht sterben, da du immer hier und jetzt bist. Der Tod existiert für die, die dies nicht realisieren. Deshalb stirb, bevor du tot bist, dein Körper existiert nur als Spiegelung im Bewusstsein. Töte nicht den Körper, lasse die Illusion sterben.

F.: Könnte ich mich vierundzwanzig Stunden der Lichtkraft hingeben, würde dann kein Störfaktor und kein negativer Gedanke meinen Alltag beeinflussen können?

MM: Ich habe noch nie eine Stunde gesehen. Dein wahres Hiersein ist nicht messbar, sondern zeitlos. Wo Licht ist, gibt es keine Schatten, wo Schatten, kein Licht. Das, was du wirklich bist, ist *vor* den Sinnen und den sinnlichen Erfahrungen. Dies zu realisieren, löst Ängste, Verunsicherungen und alle unerwünschten überlagerten Eigenschaften auf.

F.: Wie heilt ein Meister? Und was für Voraussetzungen müssen gegeben sein, damit jemand geheilt wird?

MM: Von anderen Meistern weiß ich nichts. Meister M handelt nicht, er wirkt aus dem Nicht-Wirken. Er ist wie die Sonne, der sich unzählige Schatten nähern. Deswegen braucht es, um wirklich heil zu werden, keine speziellen Voraussetzungen. Falsche Hoffnungen und Erwartungen loszulassen, ist bereits Heilung.

Der Mensch macht in seinem Leben – von seiner Jugend bis ins hohe Alter – unzählige Wandlungen durch, er reift heran wie eine Frucht. Was heranreift, ist jedoch nicht die äußere Gestalt. Was heranreift, hat weder Form noch Gestalt.

Dessen gewahr zu sein, lässt die Tiefen des Menschseins erahnen!

Vom reich gefüllten
zum reich erfüllten Leben

Hansjörg Weyermann

Mein persönliches »Ich« mit seinem Ballast von Wünschen und Ängsten, Zu- und Abneigungen, von Sorgen, Hoffnungen und Rückversicherungen war wie ein zerbrechliches Boot, das auf dem stürmischen Meer des Lebens steuerlos dahintrieb, bis ich Meister M in meinem Herzen begegnet bin.

Als älterer Mensch blicke ich nun öfter in den Rückspiegel meines Lebens als in jüngeren Jahren. Obgleich Kindheit und Jugend viele Jahre zurückliegen, habe ich das Gefühl, dass sich der zeitliche Abstand ständig verringert und sie in unmittelbare Nähe rücken.

Wer bin ich? Ich sehe mein Leben von allem Anfang an, in den Tiefen meines Gedächtnisses verborgen, wie in einem Film, der vor meinen Augen abrollt. All das gelebte Leben lastet irgendwie unangenehm auf mir. Doch ich will diesem Film nicht ausweichen. Vor mir entrollen sich die Jahre meiner Jugend mit ihrer Torheit und ihrem Schwung, das instinktive Leben mit seiner fast tierischen Selbstsucht; Umstände und Menschen, die zu dieser Zeit eine große Rolle gespielt haben, edle und gemeine Antriebe, aber auch ein Suchen nach etwas, das immer meiner Berührung auswich und, wenn es nahe erschien, fortwährend meinen Händen entschlüpfte. Augenblicke von Verzweiflung, die unergründlich, hoffnungslos und ohne Ausweg schienen; Augenblicke eines übergroßen Glückes – alles zieht an meinen Augen vorüber.

Und heute?

Mein Leben hat sich sozusagen zweigeteilt, in ein Leben »vorher« und in ein Leben »nachher«. Das Leben »vorher« zog sich bis in die späteren Jahre und war reich befrachtet und vollbeladen mit tausenderlei Aktivitäten und Verpflichtungen, davon das meiste um das Zentrum »Ich«

rotierend, und würde es sich nicht wie ein Nachruf auf einen Verstorbenen anhören, blicke ich heute auf ein reich erfülltes Leben zurück.

Reich erfüllt? Es war zweifellos ein reich gefülltes Leben und eine Art vorbereitende Zeit.

Ich verbrachte eine glückliche Kindheit und Jugend in Bern. Als zweitältestes von sechs Geschwistern durfte ich meinem Spieltrieb und meiner unerschöpflichen Phantasie freien Lauf lassen. Vater war ein fröhlicher Mensch und die Mutter liebenswürdig und klug und von unbestechlicher Ehrlichkeit. Schon früh hat sie uns mit wundervollen Büchern eingedeckt, die sie sorgfältig und unserem Alter entsprechend aussuchte. Ich empfinde heute noch eine tiefe Dankbarkeit meinen Eltern gegenüber, denn sie gaben uns Geborgenheit und die Kraft, das Leben mit Vertrauen und Freude anzugehen.

Ich war ein lebhaftes und fröhliches Kind. Am liebsten spielte ich im Sandkasten oder mit meinen Geschwistern Theater. Doch gab es auch eine andere Seite meines Wesens. Oft hatte ich das Bedürfnis, ganz für mich alleine sein zu müssen. Ich verkroch mich im Garten unter den Büschen, unsichtbar für die Welt, und verhielt mich ganz still, um ja unentdeckt zu bleiben. Es konnte oft eine ganze Weile dauern, bis jemand nach mir suchte und nach mir rief, und nur widerwillig verließ ich jeweils mein Versteck. Später während der Schuljahre verbrachte ich viele Stunden im Wald, in einem mit Zweigen selbst erbauten Versteck und überließ mich meinen Träumen und Phantasien.

Aber da war noch etwas, das ich als Kind weder hinterfragen noch definieren konnte, da dieses Etwas nicht außerhalb von mir existierte. Mein kindliches Bewusstsein hat es einfach angenommen und damit gelebt. Ich konnte es auch nicht formulieren und mit niemandem darüber sprechen. Es begleitete mich, seit ich denken konnte. Ein stiller Gefährte, ein treuer Begleiter, der einfach zu meinem Leben »vorher« gehörte. Und dieses Etwas hieß einfach Angst. Nein, keine erdrückende Angst, eher eine ganz leise, feine, aber stetige. Sie hat sich an mich geklammert und mich Jahrzehnte begleitet. Sie war einfach da, unabhängig von äußeren Begebenheiten. Eine Art Sammelpaket, gefüllt mit Ungewissheit, Unsicherheit, Verlustangst, Angst vor dem Sterben, Furcht vor dem Tod.

Nach Gymnasium und Seminarschule entschloss ich mich zu einer Berufslehre als Schriftsetzer, da mein sehnlichster Wunsch, auf die Kunstgewerbeschule zu gehen, aus finanziellen Gründen damals nicht möglich war. Doch ich belegte an dieser Schule viele Abendkurse, um mein zeichnerisches Talent weiterzuentwickeln. Zu gleicher Zeit machte ich Musik, war Sänger und Gitarrist in einem Tanz-und Unterhaltungsorchester. Es folgten Auslandsaufenthalte und ein zweijähriger Sprachaufenthalt in Genf – der Beginn des reich gefüllten Lebens.

Erste Begegnung mit der Spiritualität

In Genf wurde vor vielen Jahren der Same gelegt, der mein ganzes weiteres Leben grundlegend verändern sollte. Die Tante eines Freundes hatte mich zu sich eingeladen. Sie lebte seit vielen Jahren in dieser Stadt und war Schülerin der Arkan-Schule der theosophischen Gesellschaft, die ihr Wissen aus den Werken von Alice Bailey schöpfte. Ich war fasziniert von ihrer Art, die Dinge zu sehen, und von ihren Ansichten über Gott und die Welt. Ihre Weltanschauung war für mich völlig neu.

Es war meine erste bewusste Begegnung mit der Spiritualität, und ich sog ihre Worte wie ein Schwamm in mich auf. Sie gab mir Bücher zu lesen und war klug genug, mich nicht mit den schwierigen, hochintellektuellen Werken von Alice Bailey zu überrumpeln. Sie wären für mich damals Zweiundzwanzigjährigen völlig unverständlich gewesen.

Als Erstes gab sie mir ein Buch von K. O. Schmidt mit dem Titel *Die Religion der Bergpredigt – als Grundlage rechten Lebens.* Dieses Buch hat in mir eine unglaubliche Befreiung ausgelöst. Meine religiös-protestantische Erziehung mit ihrer furchterregenden Himmel-und-Hölle-Theorie war nicht besonders dazu geeignet, ein unbelastetes Leben führen zu können. In der Folge verschlang ich viele spirituelle Bücher, und ganz besonders hat mich das indische Gedankensystem berührt, denn es gab mir, dem Wahrheitssuchenden, eine untrügliche Hoffnung. Heilige und Weise haben den Menschen praktische Wege gezeigt, durch deren Befolgung man sich von allen Zweifeln und Ungewissheiten befreien und dadurch den Sinn und den Zweck des Lebens erkennen kann.

Nach längerem Auslandsaufenthalt kehrte ich wieder in meine Heimatstadt Bern zurück. Ein älterer Arbeitskollege – er war Alkoholiker und verbrachte die meiste Zeit seines Lebens in Entzugseinrichtungen – teilte meine Begeisterung für Spiritualität, und wir beschlossen, einige Bücher auf dem Versandweg zu vertreiben. Der Versand lief recht gut an, doch als mein Kollege rückfällig wurde und die Firma verlassen musste, schlief das Projekt wieder ein.

Nach geraumer Zeit kam der Anruf einer Liegenschaftsverwaltung: Ich hätte mich vor einigen Monaten für ein freistehendes Ladenlokal am Bubenbergplatz interessiert, mit der Begründung eine Buchhandlung für geistige Literatur eröffnen zu wollen. Dieses Lokal sei inzwischen frei geworden. Mein ehemaliger Kollege, inzwischen wieder in einer Klinik, hatte sich ohne mein Wissen für das leer stehende Lokal interessiert und der Verwaltung meine Adresse und meine Telefonnummer angegeben.

Eröffnung der Buchhandlung Weyermann

Plötzlich vollzog sich alles wie in Trance. Ich wurde von unsichtbaren Händen geführt. Nie vorher hatte ich mich mit dem Gedanken befasst, eine Buchhandlung zu eröffnen. Ich unterzeichnete den Vertrag und erhielt beinahe mühelos das notwendige Startkapital. Mein bester Freund war zu diesem Zeitpunkt stellenlos und half begeistert mit. Wir entwarfen und zimmerten Bücherborde, und mit Hilfe eines befreundeten Buchvertreters fand ich die wenigen Verlage, die damals spirituelle Bücher herausgaben. Die Gestelle wollten sich nicht füllen, und ich reiste am Tag vor der Eröffnung noch nach Dornach, um mich mit anthroposophischen Büchern einzudecken.

Am 1. April 1966 (kein Scherz) eröffnete ich die erste Spezialbuchhandlung im deutschsprachigen Raum: »Die Quelle – Buchhandlung für geistige Literatur«.

Abends bei der Vernissage hatte ich plötzlich das Gefühl, aus der Trance zu erwachen. Dicht gedrängt standen Freunde und Verwandte im kleinen Ladenlokal und betrachteten leicht erschrocken die ungewöhnlichen Bücher. Beinahe hellsichtig konnte ich ihre Gedanken lesen und ihre Skepsis spüren. Wenn das nur gut gehen würde, dachte ich. Aber dann sah ich meine Mutter mit der ihr eigenen Würde und Ruhe. Sie lächelte mir zu, und ihre Augen sagten: »Du wirst es schaffen.«

Anfangs hatte ich große Schwierigkeiten, das Geld wurde knapp, aber dann las ich in meinen Büchern, und es fielen mir die Worte von Ramana Maharshi zu: »Heb den Kopf hoch. Blicke nicht hinunter auf die tosende und stürmische See des vergänglichen Lebens. Sonst kann sie dich in ihren trüben Wogen verschlingen. Richte deinen Blick in die Höhe, bis du die strahlende Wahrheit siehst.«

Eines Morgens fand ich einen Spruch von Yesudian, dem bekannten Yoga-Lehrer, mit Kreide auf unsere Schaufensterfront geschrieben: »Sei tapfer, sei furchtlos, sei frei! Wach auf, steh auf und schreite vorwärts!«

Zuversicht und Freude erfüllten mich von Neuem. Wenig später, es war an einem Samstag, kam ein Mann in den Laden und stutzte ein wenig, als er mich sah. »Gestern war meine Frau bei Ihnen und erzählte begeistert von der Auswahl Ihrer Bücher. Letzte Nacht träumte ich von Ihrer Buchhandlung und erhielt eine Botschaft, sie zu unterstützen. Nun, wie viel Geld brauchen Sie, um Ihren Verpflichtungen nachzukommen?«, fragte er. Bevor ich auch nur denken konnte (ich hätte mir nachträglich am liebsten auf die Zunge gebissen), sagte ich: »Zehntausend Franken.«

»Gut, ich werde sie Ihnen heute Nachmittag bringen«, und er erschien tatsächlich mit dem Geld und legte eine Visitenkarte dazu. »Wenn es Ihnen geschäftlich einmal wirklich gut geht, können Sie es mir zurückgeben. Aber es ist nicht wichtig.«

Von da an ging es aufwärts. Es begann die Hippie-Bewegung, und die Beatles erkoren Maharishi zu ihrem Guru. Das Wort Esoterik begann überall Fuß zu fassen. Wir übernahmen Auslieferungen von deutschen Verlagen für die Schweiz, und wir organisierten Seminare und Workshops. Ehe ich mich versah, hatte ich mehrere Mitarbeiter und eine gut florierende Versandabteilung. Aber für mich galt immer: Wichtig ist der Mensch – das Buch ist nur ein Kommunikationsmittel.

Ein wunderbarer Beruf. Im Laufe der Jahre ergaben sich unendlich viele Begegnungen und wertvolle Freundschaften, die meinen Geist formten. Ich durfte viel Liebe und Sympathie erfahren, und mit den Jahren konnte ich mir ein breit gefächertes Fachwissen aneignen.

Mario Mantese

An unsere erste Begegnung kann ich mich nur noch vage erinnern. Es muss in den frühen Achtzigern gewesen sein, als er in meine Buchhandlung kam und mir sein erstes Buch *Vision des Todes* vorstellte. Kurze Zeit danach sah ich ihn wieder in einer Aufzeichnung des Tessiner Fernsehens (italienische Schweiz), wo er über Jenseitserfahrungen sprach. Er wirkte beinahe spitzbübisch, als er die Aussage eines Teilnehmers in Frage stellte. Ein anderes Mal sah ich ihn im Publikum, jemand hatte ihn zu meinem Vortrag eingeladen. Nach dem Vortrag haben wir uns kurz gesprochen. Obschon er sich positiv über meine Ausführungen äußerte, fühlte ich plötzlich und auf ganz unerklärliche Weise die Oberflächlichkeit meines Vortrags.

Ich hatte kaum den Mut, ihm in die Augen zu schauen. Auch hatte ich das starke Gefühl, dass diese Augen unendlich weiter sähen als gewöhnliche menschliche Augen. Mir war, als ob der Inhalt meines gesamten Wesens vor seinem Blick weit offenläge. Ich brauchte einige Zeit, um mich von diesem Gefühl der Scheu frei zu machen.

Sein Buch *Die Vision des Todes* hat mich stark aufgewühlt, zeitweilig sogar erschreckt. Es hat mir die Illusion der lichtvollen Jenseitsvorstellung zerstört.

Viele Jahre später erschien das Buch *Im Land der Stille,* das mich tief berührte und mich auf das nächste Buch *Licht einer großen Seele* neugierig machte. Von beiden Büchern war ich hellauf begeistert und habe sie mit großer Freude weiterempfohlen. Sie waren in diesem Jahr bei den Verkaufsmessen in Basel und Zürich die weitaus meistverkauften Bücher.

Bei unserer nächsten persönlichen Begegnung konnte ich meine Begeisterung nicht zurückhalten, und er freute sich über den großen Verkaufserfolg. Dann sagte er plötzlich: »Ich bin dir zu Dank verpflichtet. Du hast für mich vor vielen Jahren die ganze Restauflage meines Buches *Vision des Todes* übernommen, da der kleine Privatverlag seine Tore schließen musste. Ich möchte dich gern zum Essen einladen.«

Ein strahlender Sommertag. Wir saßen im Garten eines Landgasthofes unter den alten Linden und genossen die herrliche Mahlzeit. Meister M und seine Lebenspartnerin saßen mir gegenüber. Ich fühlte mich wohl und glücklich in ihrer Gesellschaft. Wir führten angeregte Gespräche. Unter anderem erzählte ich ihm von meinen Geschäftssorgen, die mir seit einigen Jahren zu schaffen machten.

Er hörte aufmerksam zu, doch dann sagte er wie beiläufig: »Schau, es ist doch jetzt alles vollkommen. Wir genießen ein gutes Essen, und es ist ein wunderschöner Sonnentag. Für dich ist dieser Tag allerdings nicht vollkommen, weil du deine Geschäftssorgen mit dir trägst. Lass sie einen Moment verdunsten, mache dir keine Sorgen, ich werde dir helfen.«

Er schaute mir ganz kurz, fast schelmisch in die Augen, und plötzlich war alles weg in mir, was mit meinem persönlichen Ich verbunden war. Tief empfundener Friede umhüllte mich, Freude und Unbeschwertheit, ein Hauch von Erfahrung eines reinen Bewusstseins. Es war, als ob die Zeit den Atem anhielt, wohl nur wenige Momente, dann meldete sich mein Ich und die Welt wieder zurück, aber weniger leidvoll und befreit von Ängsten. Mir war, als ob ein großer Stein von meiner Seele gerollt wäre.

Zum Abschied lud er mich zu seiner nächsten Zusammenkunft ein. Er musste mein Zögern bemerkt haben, und er sagte feinfühlig: »Du musst dich nicht sofort entscheiden, ich werde dich nächste Woche anrufen.«

Ich ging kaum mehr an Seminare, ich hatte selbst Hunderte davon organisiert und musste meistens auch dabei sein und war deshalb völlig übersättigt. Ich sagte zu mir in einem Anflug von Überheblichkeit: »Ich will ein Zeichen, ob ich gehen soll oder nicht.« Ich habe mich später wegen dieser Überheblichkeit noch öfter geschämt, denn ich hatte ihn, Meister M, wohl noch immer nicht wirklich erkannt.

Es war ein schöner, klarer Sonntagabend. Wir hatten Besuch. Warum ich kurz auf den Balkon ging, weiß ich heute nicht mehr. Wolkenloser, blauer Abendhimmel. Ich blickte zur Nydeggkirche und traute meinen Augen nicht. Über der Kirchturmspitze sah ich einen Regenbogen, eigentlich erstaunlich klein. Ich rief die Besucher. »Kommt, seht, ein Regenbogen – ein Regenbogen bei klarem Himmel, das gibt es doch nicht!« Die Antwort war ein allgemeines Kopfschütteln. »Wo siehst du einen Regenbogen?« Da wusste ich, es war mein Zeichen von Meister M. (Was er mir später mit einem verschmitzten Lachen auch bestätigt hat.)

Voller Freude sagte ich für die Zusammenkunft zu, und diesen Schritt habe ich nie bereut und auch kein einziges Mal gezweifelt, ob der eingeschlagene Weg mit ihm der richtige für mich wäre.

Es war der erste Schritt zu meinem neuen Leben, dem Leben »nachher«, und zugleich der Weg von einem gefüllten Leben zu einem erfüllten Leben. Welche Gnade! Sie kommt ungebeten, unerwartet, unvorbereitet, und doch war alles vor-bereitet.

Ein Sprichwort sagt: »Wessen das Herz voll ist, läuft der Mund über.« Vielen Menschen erzählte ich von Meister M und seinen Büchern und dass die wundervollen Dinge, die darin beschrieben sind, teilweise auch mir widerfahren sind. Diejenigen, die mich kannten, ließen sich von meiner Begeisterung anstecken. Sie wussten, dass ich ein kritischer Betrachter und kein romantischer Schwärmer bin. Viele von ihnen haben so den Weg zu Meister M gefunden.

Ein unvergesslicher Tag

Viele vertraute und erwartungsvolle Gesichter erkannte ich in der großen Halle. Meister M betrat die erhöhte Bühne und setzte sich gelassen auf einen Stuhl. Absolute Stille. Ruhig ließ er seine Blicke über die vielen hundert Gesichter gleiten. Ich hatte das Gefühl, dass er mit seinen Augen jeden Einzelnen erfasste. An seine Worte kann ich mich nicht mehr erinnern. Eine unglaubliche Kraft erfasste mich und drang bis in den innersten Kern. Kernphysik! Mein Herz wurde zum Akkumulator dieser heiligen Strahlenenergie und setzte meinen Verstand außer Gefecht. Aber ich konnte es tief spüren, dass das, was wir von Meister M auf der physischen Ebene sehen, nur ein Schatten ist von dem, was er in Wirklichkeit ist. Eines aber wusste ich ganz gewiss: dass ich mit der mir größtmöglichen Hingabe und dem vollsten Vertrauen den Weg mit ihm weitergehen würde.

Das Geschenk der Freundschaft

Ich kenne ihn schon sehr lange, doch das Ausmaß seiner Meisterschaft erkannte ich erst vor einigen Jahren. Seine Anrufe und unser gelegentliches Zusammensein mit ihm und seiner Lebenspartnerin sind für mich jeweils ein großes Geschenk. Bei ihm muss ich mich nicht immer von meiner besten Seite zeigen und auf jedes Wort und jede Gebärde achten, um jeglichen Missklang zu vermeiden. All das wäre weder natürlich noch aufrichtig. Nichts Derartiges kann es bei ihm geben. Ich bin sicher, dass er alles in uns weiß und versteht, ohne uns zu beurteilen und zu verurteilen, trotz aller unserer Unvollkommenheiten. Er unterstützt uns im Bewusstsein, um uns von unseren Schwächen und Fehlern zu befreien.

Aber ich glaube, dass es gewisse Vorbedingungen gibt, die unsere Wandlung möglich machen. Selbst die beste Kamera kann kein gutes Bild machen, wenn sich der Verschluss nicht richtig öffnet. Und wenn der Verschluss unseres Bewusstseins in der Gegenwart des Meisters geschlossen bleibt, wie können wir da hoffen, das von ihm ausgestrahlte erlösende, heilige Licht zu empfangen?

Ich hoffe, dass ich dieser Freundschaft immer würdig sein kann. Das ist »Er«-fülltes Leben – denn Er ist hier, bei uns. Der leise Druck, den ich ein Leben lang mit mir herumtrug, das Sammelpaket der Ängste, hat sich verabschiedet und für einen nie gekannten inneren Frieden den Platz geräumt.

Freundschaft ist ein Edelstein,
will gefunden, erkannt und geschliffen sein.

Meine Fragen an Meister M

F.: Die Frage nach dem freien Willen hat mich als junger Mensch sehr beschäftigt. Ein bekannter spiritueller Lehrer gab mir auf diese Frage folgende Antwort: »Solange du den freien Willen hast, leidest du.« Siehst du das auch so?

MM: Der Wille ist der Motor des Ichs, und da das Ich an sich nicht etwas real Existierendes ist, kann auch der Wille nicht etwas real Existierendes sein. Wer diese treibende Kraft tief durchschaut und überwindet, fügt sich unmittelbar in die kosmischen Abläufe ein, wird durch diese geleitet und verzichtet auf eigene Gedanken!

Meister Jesus hat mit den Worten »Nicht mein, sondern dein Wille geschehe« darauf hingewiesen.

Demut und Einsicht führen über die Relativität des Willens hinaus. Wenn das Gefühl, ein Körper, eine Persönlichkeit zu sein, verschwunden ist, dann ist auch der Wille verschwunden. Gehe über Gedanken und Vorstellungen hinaus. Alles, was aus der Zeit entstanden ist, hat einen Anfang und ein Ende – du nicht!

F.: Ist das Auslöschen der Individualität zugleich der Verlust der Identität?

MM: Identität entsteht durch Identifikation und dadurch die Vorstellung von Individualität. Was ausgelöscht wird, ist das, was du wirklich *nie* warst, denn das, was du wirklich bist, lässt sich nicht auslöschen. Die Welt und das Individuum in der Welt existieren nur im Denken.

F.: Was ist der Unterschied von »in die Stille gehen« und Meditation?

MM: Meditation ist ein Produkt eines Meditierenden. Meditation schafft Ruhe im Mentalen und bewirkt eine physische und psychische Entspannung. So gesehen ist Meditation wertvoll. Der Meditierende kontrolliert bewusst seinen Atem und die Sinnesinstrumente. Es muss also etwas da sein, das diese Kontrolle ermöglicht und vollzieht, nämlich das Ich.

Stille jedoch ist das, was du natürlich bist, frei von Kontrolle und mentaler Aktivität. Stille ist eine Erfahrung ohne einen Erfahrenden und lässt sich nie erreichen oder ermeditieren oder kontrollieren.

Wenn das Ich geht, ist Stille da.

F.: Könnte man das Herz (nicht das physische) gleichsetzen mit dem Selbst?

MM: Spirituelles Herz ist nur ein anderer Name für das Selbst. Deshalb ist es wichtig, die Ursache für die Körperprojektion zu durchschauen, denn das Wirkliche ist immer, wie es ist, und das Unwirkliche, ist ebenfalls immer, wie es ist!

F.: Wir sprechen viel von Selbstverwirklichung. Das Selbst aber ist verwirklicht. Geht es darum, die Wirklichkeit des Selbst zu erfahren?

MM: Das Selbst ist nur ein Wort. Das, was du wirklich bist, ist jenseits der Worte. Hat dir das Selbst gesagt, dass es verwirklicht ist oder verwirklicht werden sollte? Wenn ja, wie und wann? Oder sagst du das, weil du das von anderen gehört hast? Verliere dich nicht in den Theorien der Zeitphilosophen, bei denen die höchste Instanz der Verstand ist.

F.: Mit dem Wort Gnade hatte ich immer meine Mühe. Ist die Gnade eine Art Zufallsprodukt?

MM: Solange die Gnade keine Mühe mit dir hat, ist das ja nicht so schlimm! Gnade wird offenbar, wenn das Bewusstsein in der großen Stille absorbiert ist und der Fluss der Gedanken natürlich und von selbst aufgehört hat, aktiv zu sein. Gnade ist nicht etwas, das man neu dazugewinnt, sondern das als Nicht-Ich realisiert wird. Es gibt keinen Moment, wo Gnade nicht ist!

F.: Woher kommt das weltweite Bedürfnis nach Religion? Keiner der großen Weltreligionen ist es doch gelungen, die Menschheit zu vergeistigen und sie glücklich zu machen.

MM: Weltreligionen entsprechen einem tiefen Bedürfnis der Menschen, doch die Dogmatik, die Glaubensmodelle, sind in den Gehirnen der Menschen entstanden. Außerhalb des Denkens gibt es keine Dogmatik, keine Glaubensmodelle und keine Welt.

Im Wachzustand denkt der Mensch über seine Religion nach – was sie in seinem Leben bedeutet und was sie bewirkt – und hofft vielleicht auf ein besseres Leben nach dem Tod.

Der Erwachende jedoch ist gewahr, dass der Wachzustand in Wirklichkeit gar nicht existiert. Dieses Gewahrsein nennt man Vergeistigung. Es ist ein grundloses Glücklichsein, jenseits von Glauben und Nicht-Glauben.

F.: Ich sage, dass ich keine Angst vor dem Sterben habe. Warum bin ich trotzdem ängstlich bemüht, mein Leben nicht in Gefahr zu bringen?

MM: Du fürchtest dich ja nicht so sehr vor dem Tod, sondern vor dem Sterben. Du fürchtest dich vor Schmerzen, vor unheilbaren Krankheiten, vor unberechenbaren Schicksalsschlägen, vor der Ungewissheit. Du versuchst deinen Körper vor solchen Ereignissen zu schützen und zu beschützen. Alle Lebewesen reagieren und agieren so, das ist normal. Das Leben beschützt sich selbst.

Alles Leben ist immer hier und jetzt, deshalb bist auch du immer hier und jetzt. Jedes Einzelding ist Teil einer größeren Ordnung. Wer sich einfügt, lebt in Harmonie und ist frei von Angst.

F.: Wie kommt man zum ersten Schritt auf dem Pfad? Was lenkt uns dorthin? Ist es Zufall, Schicksal, Karma?

MM: Da dieser Pfad nichts als ein Gedankenkonstrukt ist und nur als Einbildung in deinem Bewusstsein existiert, existiert auch der erste Schritt bloß als Vorstellung. Der erste Schritt schafft eine Abspaltung von deinem unteilbaren Hier- und Jetzt-Sein, also von dem, was du wirklich bist. Das Gehirn schafft sich selbst diesen Ort, an dem die Suche nach etwas anderem beginnen kann.

Wer sucht, findet nichts, da der Suchende wie auch das Gefundene in sich hohl und unwirklich sind.

Alles hat seine Zeit

Sagra Hannich

Ich sehnte mich nach einem Zeichen. Ich suchte und suchte und wurde schließlich gefunden. Zeitlos bin ich im Herzen der Welt aufgehoben. Ich empfinde es als Geschenk, diesen Beitrag schreiben zu dürfen. Es führt mich tiefer in das Wesen der Dinge. Ich erhielt Zeichen, und es geschahen Wunder, die ich als nüchterne lebendige Wirklichkeit erlebte. Ja, auch heute noch können Wunder geschehen.

Die erste Begegnung mit Meister M

Seit 2001 arbeitete ich in einer spirituellen Organisation, der ein Verlag angeschlossen war. In diesem Verlag brachten wir eine Zeitschrift zum Themenbereich Non-Dualität heraus und einen wunderschönen Kalender mit Fotos von lebenden und historischen spirituellen Meistern.

Mario Mantese war der einzige der im Kalender porträtierten Meister, von dem ich nie etwas gehört hatte, dessen Namen ich nicht einmal kannte. Ich stand immer wieder vor seinem Bild, erfasst von einem starken, fast körperlich spürbaren Sehnen. Dieses Sehnen ist uralt, es war schon immer da. Eine feine Resonanz, nahezu hörbar.

Meister M in München

Ich melde mich zu einer Zusammenkunft in München an. Zwei Wochen vor der Zusammenkunft erhalte ich einen Anruf der Organisatoren, ob ich Interesse daran hätte, an dem einen Tag vorher stattfindenden Darshan teilzunehmen. Unbändige Freude durchströmt mich. Mein Herz schlägt wild, meine Knie zittern, eine glühende Hitze breitet sich in meiner Brust aus. Eigentlich kann ich meine starke Reaktion nicht verstehen, doch ich empfinde mich als tief gesegnet.

Schließlich sitze ich am Samstagnachmittag in München beim Darshan. Alles ist sehr einfach und schlicht, eine Organisation der leisen Töne. Meister M betritt den Raum, spricht kurz mit einigen Menschen am Büchertisch. Alles wirkt sehr fein aufeinander eingestimmt.

Dann geht er langsam, den Möglichkeiten seines behinderten Körpers entsprechend, zu seinem Platz. Still beginnt der Darshan. Der ganze Raum scheint von einem Leuchten durchflutet.

Die Empfindung tiefer Barmherzigkeit und Güte lässt mir die Tränen nur so aus den Augen strömen. Alles ist zugleich nüchtern und von Heiligkeit durchdrungen. Langsam treten jeweils vier Menschen vor, setzen sich vor ihn hin. Er wendet sich jedem kurz zu, von Zeit zu Zeit lädt er Menschen ein, näher zu kommen.

Ich sitze vor ihm. Ein Lichtblitz trifft mich, als mein Blick seinen Augen begegnet, anschließend vollkommene Schwärze. Keine Erinnerung, ein Moment kompletter Auslöschung.

Das Nächste, was ich wahrnehme, ist sein Zeichen in meine Richtung, näher zu kommen. Ganz nah rutsche ich zu ihm. Er bedeutet mir, in seine Augen zu schauen. Ich erlebe eine Reise durch tiefste Schwärze. In seinen Augen sehe ich mich als Asche. Zeitlos, ich weiß nichts über Vergangenheit oder Zukunft.

Durch die Schwärze hindurch strahlt mir Licht entgegen, begleitet von einem feinen, hellen Ton. Ich weiß nicht, ob und wie viel Zeit vergangen ist.

Er fragt fürsorglich, ob ich o.k. sei. Noch jetzt, im Moment des Schreibens, empfinde ich die tief einwirkende Kraft dieses Augenblicks. Er bedeutet mir, mich ein wenig nach vorne zu neigen. Dann berührt er meinen Rücken an einigen Punkten, meine Schultern, meinen Kopf. Seine Berührung umfängt mein ganzes Wesen. Eine nie gekannte, doch immer ersehnte Berührung reiner Liebe. Alles in mir trinkt diesen Segen.

Ich weiß nicht, wie ich zurück auf meinen Platz gekommen bin, für Stunden vibriert jede einzelne Zelle meines Nervensystems. Meine Augen brennen wie Feuer.

Er spricht sehr differenziert über komplexe Themen. Nur langsam gewöhne ich mich an seine Aussprache. Ich verstehe sehr wenig. Trotzdem fühle ich mich tief angesprochen. Von Zeit zu Zeit unterbricht er seine eindringlichen Ausführungen mit einigen humorvollen Sätzen, worüber alle herzhaft lachen. Manchmal macht er mit seinen Händen einige Gesten, die den ganzen Raum bewegen.

In einer Pause ruft man mich kurz nach vorne. Unsere Redaktion hatte mich beauftragt, ihn um ein Interview zum Thema »Tod« für unser Journal zu bitten. Alles ergibt sich ganz unkompliziert.

Es entfaltet sich ein Gespräch über die Missverständnisse, die die Menschen zum Thema Tod in sich tragen. Die Erinnerung daran lässt mich erröten, denn zu diesem Zeitpunkt glaubte ich noch zu verstehen, worum es hier bei der Begegnung mit diesem Meister geht. Er sagt: »Das Ich ist das Reich des Todes, und ich bin hier, um dieses Reich aufzulösen und wahres Leben zu bringen.« Er führt das Thema noch ein wenig weiter aus. Immer wieder blitzt sein Humor durch, wir lachen viel.

Die Fragen, die er mir stellt, sind an eine Ebene jenseits des Denkens gerichtet und wirken wie Samenkörner tief in meiner Seele fort. All meine Versuche, sie zu beantworten, sind kläglich bis vergeblich, doch holt das Gespräch eine vorbehaltlose Seite in mir hervor, etwas Sprühendes, und ich »fliege« mit Meister M in dieses überwältigende Thema hinein.

Er sagt: »Das, was du als Welt bezeichnest, ist nicht etwas, das außerhalb von dir existiert. Das Bewusstsein, durch das du die Welt wahrnimmst, ist vergänglich. Durch die Augen der Zeit siehst du Kommen und Gehen, und diese Bewegung bezeichnest du als Leben und Tod. Aber was hat dieses Kommen und Gehen mit dir zu tun, mit dir, ungeborenes, ungewordenes Hier und Jetzt?

Universelle Liebe ist ein anderes Wort für das, was du wirklich bist, also warum kümmerst du dich um das, was du nie warst?«

Ich spüre das Einschmelzen seiner Worte in meine Seele. Hier geht es um etwas Großes, das weit über mich als Person hinausreicht. Ich kann nichts tun, um zu verstehen, nur einfach still lauschen.

Er sagt weiter zu mir: »Ja, dein Herz wurde geöffnet und mit Liebe durchflutet. Fürchte dich nicht, ich bin wirklich hier. Wende dein Herz, deine Liebe mir zu, ungezwungen, wie sich die Blumen ganz natürlich der Sonne zuwenden. Es geht nicht um Wissen, sondern um deine Fähigkeit, mich tief zu lieben, das heißt, dich tief zu lieben. Liebe ist mein Wesen und der Schlüssel zu deiner Erlösung.«

Spirituelle Lehrer und Meister – alles hat seine Zeit

Der erste spirituelle Ort, der in meiner Erinnerung lebt, war ein kleiner Mischwald nahe meinem Zuhause. Hier hatte ich meinen Platz, meine Zuflucht, mitten im Wald. Als Kind vom Land lernte ich früh, Feuer zu machen, und so saß ich oft stundenlang an meinem Platz im Wald am Feuer. Mir gefiel es, dort allein zu sein. Ich fühlte mich ruhig und tief eingewurzelt in die Erde.

Ich wuchs in der Atmosphäre des von Angst und Schuld angetriebenen deutschen Nachkriegsmaterialismus auf. Erfolg und Leistung galten als wichtigste Wertmaßstäbe. Dieser stille Ort war ein Segen für mich. Ich sehnte mich schon damals, ich weiß nicht wonach.

Ich begann zu suchen, ohne zu wissen. Ich suchte im Westen, im Osten, im Christentum und in östlichen Religionen. Studierte Theologie, verließ enttäuscht die Kirche, besuchte Lehrer und Meister und war Schülerin verschiedener spiritueller Schulen.

Ich praktizierte lange Zeit buddhistische Meditationen des Theravada, später des tibetischen Buddhismus – ein erster Hoffnungsschimmer auf der Suche nach Befreiung vom Leiden. Erste Hinweise auf die Möglichkeit, das quälende Pendel der Gegensätze, die Fragen von Gut und Böse, Licht und Dunkelheit, Schuld und Unschuld zu überwinden. Erste Schritte, den Geist und seine Aktivität kennen und beruhigen zu lernen. Ich studierte Buddhas Worte, diesen nüchtern-klaren Weg zur Befreiung vom Leiden. Doch er kam mir endlos vor! Kalpas würden vergehen müssen, bis schließlich irgendwann endlich der Schimmer der befreienden Erkenntnis mich streifen würde?

Als mein Vater plötzlich stirbt, ich seinen Körper aufgebahrt anschaue, realisiere ich die Leerheit dieser körperlichen Hülle. Wer war mein Vater? Wer bin ich? Sogyal Rinpoches *Das Tibetische Buch vom Leben und vom Sterben* wird für lange Zeit mein Anker.

Ich empfinde eine tiefe Sehnsucht nach spiritueller Führung und bin zugleich naiv, in kindlichem Missverstehen unwissentlich bereit, die Verantwortung für mich und mein Leben abzugeben.

1978: Der erste Kontakt mit einem erleuchteten indischen Meister – Osho

Ich lese seine Bücher, die mich faszinieren. Ich bleibe lange auf Abstand, will instinktiv nicht nach Amerika in seinen Ashram reisen. Der Traum einer Kommune des »Neuen Menschen« dort wird zu einem Albtraum. Erstmals bekomme ich einen Eindruck davon, wie sich Macht mit der spirituellen Sehnsucht von Menschen vermischt. Wie daraus Trennendes wird: Wir sind die »Chosen Few«, wir gegen den Rest der Welt.

Trotz alldem, 1985 die erste direkte Begegnung mit dem Meister. Wie gerne ich mich verneige! Ich werde Sannyasin und fühle, wie etwas in mir zu neuem Leben erwacht. Ich springe in das große experimentelle Abenteuer, das Zusammentreffen von östlicher Spiritualität und westlicher Therapie im Ashram in Indien. Seine letzten öffentlich gesprochenen Worte sind ein gnadenreiches Geschenk: »Samasati – remember, you are a Buddha.«

Mit seinem Tod blitzt für einen Moment die Realisation dieser Wahrheit auf und wirft mich völlig aus der Bahn. Ich bin weiterhin regelmäßig in Indien. Seit 1988 studiere und praktiziere ich dort im indischen Ashram und in Deutschland »Tibetan Pulsing Healing«, eine körpertherapeutische Methode. Durch die Einweihung in diese Arbeit erreicht ein tiefer Heilimpuls meinen Körper und meine Seele.

Die Suche ist nicht zu Ende. Ich lerne Lehrer hinduistischer Traditionslinien kennen, entdecke die Schriften Ramana Maharshis. Ein weiter Raum! Meine tiefe Frage danach, wer ich wirklich bin, kann als Frage erst jetzt wirklich erwachen.

Ich beginne deutschsprachige Advaita-Lehrer und deren Satsangs zu besuchen. Ich bin berührt und fasziniert. Das ist es! Wahrheit, Erleuchtung! Jetzt und hier möglich. Ich erfahre Momente tiefen Erkennens. Die Wolkendecke öffnet sich und schließt sich wieder.

Noch einmal wird meiner brennenden Sehnsucht nach Befreiung ein Weg angeboten, der nur einem Ziel, der Erleuchtung, gewidmet ist. Ich bin offen, mich einzulassen, und ein Jahr, bevor ich Meister M begegnen sollte, trete ich erneut einer Schule bei, werde Schülerin eines Lehrers. Die Worte, mit denen er über Wahrheit, Befreiung und das Erwachen zur Wirklichkeit spricht, sind bestechend brillant.

Ich bin zu allem bereit und stelle mich ganz in den Dienst des Lehrers, der Schule und der Organisation. Unbewusst folge ich der Idee, die Erleuchtung müsse und könne erarbeitet werden. Irrglaube und Hoffnung zugleich: »Ich« kann Erleuchtung erarbeiten. Ich arbeite und arbeite. Innere Arbeit in Form einer spirituell-therapeutischen Methode, äußere Arbeit in der Organisation.

Neben der Sehnsucht nach Erkenntnis bewegt mich auf der Ebene der Persönlichkeit das Ringen um Liebe und Anerkennung und ein tiefes Bedürfnis nach Sicherheit, die ich bei einem Lehrer zu finden hoffe. Die anfängliche Begeisterung wandelt sich bald in ein ständig angestrengtes Getrieben-Sein. Ich verliere den Kontakt zu meiner tiefsten Sehnsucht und verstricke mich stattdessen in eine Art spirituellen Ehrgeiz.

Ich gelte zuzeiten als Vorbild(lich). Normales Leben mischt sich mehr und mehr mit einem spirituellen Kontext. Ich glaube mich auf dem »einzig wahren« Weg zur Befreiung, mir selbst und anderen gegenüber auf einer Mission. Ich bin zu großen Opfern bereit. Das verlange ich auch von anderen. Spuren, die ich hinterlasse.

Meister M schrieb mir hierzu in dieser Zeit: »Wenn Belastbarkeit zur Last wird, dann sollte man wach sein, bevor der Körper reagiert und vielleicht irreparablen Schaden nimmt. Schöne Worte reichen nicht. Sei nicht so sonderbar hart zu dir selbst, so unnatürlich verantwortungsvoll. Lerne endlich, Nein zu sagen, und arbeite nur so viel, wie es für dich möglich und richtig ist. Sag endlich Ja zu dir selbst, zu deinem Leben, zu alldem, was in dir ist und so gerne herauskommen möchte.« Seine Worte treffen die Situation vollkommen. Das klärende Licht beginnt tiefes Missverstehen zu durchdringen.

Ich stecke zugleich mitten in einer fünfjährigen »Schulungszeit«. Die therapeutische »innere Arbeit« mit den Schattenkräften beginnt erkenntnisreich und weitend, dennoch führt die fortgesetzte Beschäftigung mit diesen Kräften dazu, dass ich mich immer mehr in unheilsame Gedankenwelten verstricke. Egokräfte erstarken, und ich fühle mich mehr denn je verhaftet, unfrei und verwirrt.

Immer auf der Suche nach dem »Make it«, lasse ich kein gutes Haar an mir. Selbstzweifel und Angst ergreifen mich immer wieder und stärker denn je. Die uralten, gewohnten Denkstrukturen habe ich in ihrer Dimension und ihrem Wirken noch nicht klar und endgültig erkannt. Ich realisiere, dass alt nicht neu ist und Erlösung nicht im Außen geschieht. Im Denken ist es nicht zu lösen, das erkenne ich jedoch erst viel später. Was ich spüre, ist Einsamkeit und dass ich mich in dieser Umgebung nicht ent-wickeln kann.

Wo ist bloß all das Gute, Erweckende, das ich auf meinem Weg bis hierher erfuhr? Ich begegne der Lieblosigkeit im eigenen Inneren und sehne mich verzweifelt nach Heilung der Krankheit im eigenen Kopf. Eine spontane, natürliche Unmittelbarkeit scheint weit entfernt zu sein.

Auf meine Fragen schrieb mir Meister M: »Bindung und Unmittelbarkeit sind große Gegensätze, und dass das Herz darunter leidet, ist klar. Man kann warten und hoffen, dass irgendeinmal etwas geschieht, dass man irgendeinmal erwacht, doch dieses Hoffen und Warten ist hohl und schafft nichts als immer mehr Missverständnisse. Also, sei jetzt still und folge bedingungslos der Stimme des Herzens.«

Die barmherzige Klarheit seiner Worte reißt mich aus dem Schlaf, einer Art Selbsthypnose. Eine Kraft schießt mir den Rücken hoch, als ich diese Worte von ihm empfange. Vom klärenden Licht erhellt sehe ich das Trümmerfeld, vor dem ich stehe, und bin bestürzt über den Ort, an den ich innerlich geraten bin. Als die Bestürzung abklingt, bricht nie gekannte Traurigkeit in mir hervor, ich weine unendlich lang.

In dieser ganzen Zeit besuche ich regelmäßig die Zusammenkünfte von Meister M. Nie bin ich zu etwas gedrängt, nie an irgendetwas gebunden worden. Eine heilsame Freiheit. In dem ganzen Desaster meiner subjektiven Verfassung findet die Lichtberührung von Meister M meine Seele.

Immer wieder schreibe ich an Meister M. Meist sind seine Antworten sehr kurz, oft demaskierend und zutiefst liebend. Manches Mal gefriert mir das Blut in den Adern, wenn ich die Dimension seiner »antwortenden Worte« zu ahnen beginne. Manchmal antwortet er, ohne dass ich gefragt habe!

In alldem wirkt die Botschaft tiefer Liebe und Barmherzigkeit, die meine Seele beruhigt und nährt, mich ermutigt, der Stimme des Herzens weiter zu folgen. Ich kann nicht mehr anders.

Meister M sagte mir immer wieder: »Fürchte dich nicht, trete ein, das Tor wurde dir geöffnet. Dein Herz wurde von Liebe durchflutet. Das Ende des Leidens ist eingeläutet. Tränen des Schmerzes werden sich in Tränen der Freude wandeln!«

Die Bücher *Im Herzen der Welt* und *Im Land der Stille* sind mir ständige Begleiter, die mich immer wieder tief im Herzen berühren. Ich lese sie immer wieder, Wort für Wort, jedes Mal mit neuen Augen, vor allem sehr intensiv nach Zusammenkünften und Darshans.

Sie strahlen auf mystische Weise in mich ein, bewirken unendlich viel Heilsames in mir. Ich spüre sehr deutlich, wie sich durch das Lesen Konsequenzen für mein Leben anbahnen.

Gibt es überhaupt einen Weg zu gehen, von irgendwo weg, irgendwo hin? Was ist zu tun, was ist nicht zu tun? In mir tosen Stürme, die inneren und äußeren Hindernisse türmen sich immer höher auf.

Meister M antwortete mir einmal auf meine verzweifelten und zweifelnden Fragen: »Du bist der Weg, das Licht und die Liebe selbst, der Lehrer ist ein Wegweiser. Folge der Stimme des Herzens und nicht der Stimme des Verstandes. Ich habe dir einmal gesagt, der kosmische Meister ist kein Lehrer, sondern universelles Hiersein, allmählich beginnst du es zu erkennen.«

Ich erleide einen geistig-seelischen und körperlichen Zusammenbruch. Durch meinen Körper rast eine ganze Palette psychosomatischer Beschwerden. Vom Solarplexus ausgehend breitet sich Brennen im gesamten Bauchbereich aus. Es brennt und brennt. Ebenso meine Handflächen. Mein Herzrhythmus gerät völlig durcheinander. Ich falle aus einem inneren und äußeren Gefüge heraus. Erst jetzt spüre ich, wie viel ich innerlich und äußerlich trage und leiste. Zugleich fühle ich mich gescheitert. Noch schrecke ich vor der vollständigen und klaren Konsequenz, mich der universellen Liebe zuzuwenden, zurück. Ich bewege mich furchtsam in einer Wüste. Hier ist eine ganz neue Art von Mut gefragt. Ich habe großes Glück, dass es Menschen gibt, die mir eine Oase sind.

In dieser Zeit schrieb mir Meister M folgende Worte: »Wo du hinwillst, das warst du immer, wo du hingehörst, das bin ich. Ich nehme keinen Einfluss darauf, wie du dein Leben gestaltest, doch ich nehme unmittelbar Einfluss auf die Herzen aller Lebewesen, die sich mir zuwenden, ich bin ihr Zuhause, das Land der Stille. Alles Persönliche und Egozentrische fürchtet sich vor der universellen Liebe, da bist du nicht allein. Ich bin der Anfang und das Ende von allem, was kommt und geht, ich bin hier und jetzt!«

Alles hat seine Zeit. Ich brauche wohl auch diese schwierige Zeit! Sie ist überaus klärend, schmerzlich und lässt mich uralte innere Verstrickungen erkennen. Ich beginne, Denkstrukturen und meine Übertragungen auf scheinbar Äußeres zu realisieren, im Guten wie im Bösen. Die Sehnsucht wächst, in das Herz der Dinge einzutauchen. Ich bete um Erbarmen.

Meister M lehrt mich Geduld und ruft gleichzeitig zu Klarheit auf. In der Liebe des kosmischen Meisters aufgehoben wird es nun endlich möglich, zu sehen, wie Kräfte des Egos mich bewegt haben und wie ich sie belebt und bewegt habe. Der kosmische Meister sagt: »Ich bin kein Lieber, ich bin Klarheit. Ich bin kein Lehrer, sondern ein Vollender.«

Es bewahrheiten sich einmal mehr Meister Ms Worte, dass es im Zusammensein mit ihm nicht um ein esoterisches Kinderspiel geht. Keine Spielerei, keine Sentimentalität, keine romantische Verklärung eines Erleuchteten. Es gibt auch nicht die Krücke einer idealisierten Lehrer-Schüler-Beziehung. Keine Bindung, keine Anbindung.

Ich bin in die Welt zurückgerufen, in die natürliche Verantwortung für mich und mein Leben und alles, was mich umgibt. Die Spur führte mich zu einem ganz normalen Leben, jenseits vom Besonderen, vom Kopf auf die Füße gestellt und unaufgeregt. Nichts mehr sein, was ich nicht bin!

Ich lerne Ja zu mir selbst zu sagen. Hier gibt es endgültig nichts, das ich zu beweisen hätte. Inzwischen arbeite ich wieder selbständig in meinem früheren Beruf als Körper- und Bewegungstherapeutin.

Das rechte Maß ist hier, ich folge mehr, als dass ich strebe. Und viele Dinge des praktischen Lebens scheinen sich auf geheimnisvolle Weise von ganz allein zu regeln. Eine natürliche Bescheidenheit kehrt ein, eine heilige Gewissheit. Mein Leben ändert sich am tiefsten Grunde, und alles kommt langsam in Frieden. Was für ein Glück! Ich atme auf. Meister M hat die »Operation Leben« mit mir längst begonnen. Ich fühle mich weit über die Grenzen dieses Körpers hinaus versorgt und gut aufgehoben.

Essen mit Meister M

In den Jahren 2002 und 2004 schreiben wir, eine Freundin und ich, jeweils einen Artikel über unsere Erfahrungen bei der Begegnung mit Meister M. Er lädt uns in dieser Zeitspanne zweimal zu einem gemeinsamen Essen ein. Dies sind eindrückliche Gelegenheiten, ihn in alltäglichen Situationen zu erleben, in Gesprächen über Dinge des einfachen Lebens. Scheinbar unbedeutende Fragen und Bemerkungen wirken tief und nachhaltig.

Einmal sind wir nach dem Darshan in einer Pizzeria in München verabredet. Nachdem er mehr als 1200 Menschen am »Licht seiner großen Seele« hat teilhaben lassen, treffen wir uns also mit ihm, seiner Lebenspartnerin und Maximilian. Das Restaurant ist bis auf den letzten Platz besetzt, es ist stickig und dazu völlig verraucht.

Meister M scheint all das nicht zu stören. Er ist hier persönlich bekannt, scherzt mit dem Chef und den Kellnern. Kein Alkohol, kein Fleisch, schon alles klar.

Als wir an dem für uns reservierten Tisch »mittendrin« Platz genommen und bestellt haben, beginnt Meister M eine Unterhaltung mit uns. Rund um uns herum lautes Sprechen, fast Geschrei. Auch das scheint ihn kaum zu beeindrucken. Es sprudelt nur so aus ihm heraus, und obwohl ich inzwischen mit meinem Ohr fast über seinem Teller hänge, verstehe ich nichts.

150

Er stellt Fragen, deren Beantwortung mir unmöglich ist. Seine Fragen wirken entleerend – alle Bemühung um Antwort erübrigt sich schon im Ansatz. Eine Katastrophe für mein, wie für jedes Ego! Mein innerer Stresspegel nimmt zu. Ich habe keine Ahnung, worum es hier eigentlich geht, und wie fast immer in der Begegnung mit ihm bin ich wie »vor den Kopf geschlagen«. Obendrein quäle ich mich damit, mich entspannen zu wollen. So geht das eine ganze Weile.

Schließlich wird klar: Ich kann mich weiter anstrengen und in der Hölle schmoren oder ich beginne es einfach zu genießen, hier zu sitzen, nichts zu verstehen und mit einem gut gelaunten Meister M ein wunderbares Abendessen einzunehmen.

Ich weiß sehr wenig, kann nur ahnen und staunen. Es tut gut zu bekennen: Ich weiß nicht. Es erschafft Raum für Entdecken. Immer vollzieht sich in diesen Momenten ein mystischer Seins-Dialog, der eine tiefe Transformation bewirkt.

Das Wort Meister Ms ist erlösende Gewissheit und wird zur lebendigen Wirklichkeit. Entwurzelt von Altem, beginnt eine sanfte neue Einwurzelung. Ein tiefer innerer Frieden stellt sich ein. Meine größte Sehnsucht wird gestillt, das ist gewiss. Ich lausche dem uralten Ton aus dem Innersten meiner Seele. Meister M ist hier – mein Herz vibriert und summt.

Danke für den Tod, den du schenkst. Danke für das Leben, das du schenkst. Nirgends mehr hingehen, nirgends mehr ankommen. Nichts ist mehr eine Frage der Zeit. Von Liebe umfangen findet eine grundlegende Transformation statt, vollkommen unpersönlich, wunderbar.

In tiefster Dankbarkeit versunken im Herzen des Universums, im Herzen von Meister M.

Meine Fragen an Meister M

F.: Du lehrst keine Methode. Du bist das Ende aller Methoden. Trotzdem geschieht Ent-decken. Wie?

MM: Um zu ent-decken, was du wirklich nicht bist, braucht es keine Methode. Methoden und spirituelle Anstrengungen sind nutzlos, sie verstärken bloß die Verwirrung und nähren das Ego.

F.: Was ist wahre Selbstübergabe?

MM: Selbstübergabe bedeutet, das Falsche als falsch zu durchschauen. Dabei verschwindet die Vorstellung, etwas tun zu müssen. Wenn das Unwahre als unwahr durchschaut wird, verdunstet es, was bleibt, ist das Selbst. Alle Aktivitäten entstehen vom Ego, sind Ego. Dessen gewahr zu sein, nennt man Selbstübergabe. Das Ego ist weder gut noch schlecht, es ist das, was es in Wirklichkeit nicht gibt. Ego ist bloß eine überlagerte Illusion, wie ein Schatten vor der Sonne. Du wirst zu dem, was du glaubst, doch das, was du glaubst, ist nie das, was du wirklich bist.

F.: Wie wirken Selbstverantwortung und Selbstübergabe zusammen?

MM: Selbstübergabe vollzieht sich, wenn man klar erkennt, was man wirklich nicht ist. Daraus entsteht eine umfassende Verantwortung für jeden einzelnen Gedanken, jedes Wort und jede Handlung, für jedes Lebewesen. Schau genau hin, sei deines zeitlosen Jetzt-Seins gewahr.

F.: Woran erkennt der Suchende den wahren Meister?

MM: Er entdeckt ihn in seinem Herzen und weiß ohne Zweifel, dass er zu Hause angekommen und sein Suchen beendet ist.

F.: Ist es für den Meister möglich, die Befreiung einer Seele zu bewirken?

MM: Ja.

F.: Wie wird der Geist still? Wie hören die Gedanken auf?

MM: Geist ist Stille, Gedanken verursachen Lärm in der Stille. Wenn das Ich tot ist, dann sind Gedanken stille, heilige Instrumente.

F.: Wo ereignet sich die Welt?

MM: Nirgends. Die Welt ist kein Ereignis. Das Ich schafft durch Vorstellungen und Identifikationen mit dem Gesehenen Ereignisse.

F.: Gibt es mich, gibt es dich? Was ist innen, was außen?

MM: Dich, mich, andere, innen und außen haben nie wirklich existiert, du bist universell. *Vor* allem, was sich scheinbar multipliziert, bist du. Dich, mich und andere – wo warst du vor dieser Erfahrung? Dies gilt es zu ent-*decken*.

F.: Kann man etwas tun, um aus dem Ich zu erwachen?

MM: Man kann nicht aus *etwas* erwachen, das es in Wirklichkeit nicht gibt, dies zu realisieren, nennt man Erwachen.

F.: Von wo wirkt bzw. bewegt sich der Wille?

MM: Ego ist ein anderes Wort für den Willen. Der Ego-Wille bewirkt eine ständige Veränderung seiner von ihm gesteuerten Umgebung, dadurch entfernt sich das Wesen vom Wesentlichen, ohne sich dessen bewusst zu sein. Wenn du das, was du wirklich bist, realisierst, bist du frei vom Willen und seinen Aktivitäten.

F.: Ist alles, was geschieht, Gottes Wille und in seiner Gnade ruhend?

MM: Gott hat keinen Willen, er berührt die Welt nicht, obwohl er Alles in Allem ist. In Gott, der Totalität, ist nie etwas geschehen oder vorgefallen, denn Gott geht nicht von hier nach dort, er ist das zeitlose Hier und Jetzt.

F.: Wer ist Gott?

MM: Gott ist hinter dem Wort Gott und hinter allen organisierten Religionen und Vorstellungen. Gott hat keine Ahnung, dass er Gott genannt wird, deshalb ist er göttlich.

F.: Wie kann der tiefe Glaube an die unabhängige Existenz eines materiellen Körpers und an diese Person überwunden werden? Sollte man sich darum bemühen?

MM: Das Bemühen selbst ist die Ursache dieser illusorischen Vorstellung. Menschen sind ständig beschäftigt, weil sie die große Stille, ihr wahres Hiersein nicht ertragen.

F.: Was ist Schuld, wie wird ein Mensch schuldig?

MM: Schuld ist, wenn der Mensch vergessen hat, was er wirklich ist.

F.: Wer ist der Lehrer?

MM: Der Lehrer ist der Leerer dieser Frage.

F.: Wer bin ich?

MM: Wer möchtest du sein? Wenn du die Unwirklichkeit des Ich-Bewusstseins erkennst, verschwindet es und mit ihm die Vorstellung, jemand oder etwas zu sein.

154

Reise – aber wohin?

Günther Marr

Ich wuchs in sehr bescheidenen Nachkriegsverhältnissen im südlichen Bayern auf und hatte eine wunderbar behütete Kindheit. Ich war glücklich und zufrieden, ein eher stilles und in mich gekehrtes Kind. Trotz der relativen Armut empfand ich keinerlei Mangel, da ich mir dessen gar nicht bewusst war. Mit Beginn der Jugendzeit tauchte ich voll in die äußere Welt ein. Nach Schule und Studium folgten die Heirat und die Geburt von zwei Wunschkindern. Dann kamen die Zeiten, in denen ich nach Anerkennung strebte, Karriere machen und mir meine Wünsche erfüllen wollte, die mich im wahrsten Sinne des Wortes fesselten.

Meine spirituelle Reise in die innere Welt begann, ohne dass ich mir dessen voll bewusst war, mit etwa achtzehn Jahren, als ich mit dem Lesen von *Götter, Gräber und Gelehrte* in die mystische, geheimnisvolle Welt der Ägypter eintauchte und mit der *Autobiographie eines Yogi* von Yogananda in die indische Geisteswelt. Diese ließ mich so schnell nicht wieder los. In einer ausgedehnten, jahrzehntelangen Lesephase verschlang ich *Die indische Geisteswelt* von Glasenapp, *Sport und Yoga* von Selvarajan Yesudian, *Den dreifachen Yoga* von Swami Sivananda Sarasvati, *Die Großen Meister im Himalaya*, Bücher von Ramana Maharshi und viele andere. Ich las unzählige religionsphilosophische Bücher verschiedenster Richtungen und solche, die sich mit dem Leben nach dem Tode befassten, auch die Totenbücher der Ägypter und der Tibeter. Ich interessierte mich für die Upanishaden, das Mahabharata, das Ramayana, las Tagore und Aurobindo, dessen Ashram in Pondicherry ich noch kennenlernen durfte. Dies war nur ein Bruchteil dessen, was ich in mich hineinstopfte.

Etwa mit zwanzig Jahren begann ich zum Befremden meiner Eltern Hatha-Yoga zu üben unter der Anleitung eines Lehrerfreundes, den mir eine Fügung zugeteilt hatte und der nach zwei Jahren genauso unvermittelt verschwand, wie er in mein Leben getreten war. Für seine selbstlose Hilfe in einer richtungslosen Zeit empfinde ich tiefe Dankbarkeit. Dies war der Beginn einer jahrzehntelangen Suche nach dem Sinn des Lebens, nach dem »Was bin ich«, nach einem Meister. Dabei war mir zu diesem Zeitpunkt nicht klar, dass ich mich längst auf diesem Weg befand, der hieß lernen, lernen und nochmals lernen. Und erst im Nachhinein ist mir klar geworden, wie viele »Lehrer« und Mitmenschen mich begleitend gelehrt haben und mich immer wieder auf die Fährte der Liebe geschubst haben in Richtung Geduld, Güte, Großmut, Höflichkeit, Demut, Selbstlosigkeit, Gleichmut, Arglosigkeit und Aufrichtigkeit.

Viele Jahre später, nachdem ich sein Buch gelesen hatte, durfte ich Selvarajan Yesudian in Zürich treffen und er schrieb mir in mein abgegriffenes Buch: »Steh' auf! Erwache! Und halte nicht an, bis Du das Ziel erreicht hast.« Die kleine Zeichnung daneben erfreut mich noch heute.

Da ich schon immer sehr reiselustig war, wurde im Laufe der Zeit, als ich bereits recht reiseerfahren war, auch Indien zu meinem Ziel. Eine Reise auf den Spuren Yoganandas und Sri Yukteswars führte uns von Delhi aus nach Srinagar, Rishikesh, Gorakhpur, Vrindaban, Rantschi, Puri, Bubaneshwar, Varanasi und an viele andere Orte. Auf dieser ersten Indienreise mit etwa fünfundvierzig Jahren wurde die Liebe für ein Land geweckt, das man kaum analysieren und nur schwer beschreiben kann. Die Briten nennen dieses Phänomen zutreffend »bitten by the Indian bug«.

Wir blieben auch eine Woche in Tiruvannamalai und gingen jeden Tag in die Höhlen auf dem Arunachala, in denen sich Ramana Maharshi viele Jahre aufgehalten hatte. Die zeitlose Zeit, die wir dort verbracht haben, ist unbeschreiblich und war eine Erfahrung, die ich nie mehr missen möchte. Insgesamt war diese Indienreise von tiefer Gnade und heiligem Segen begleitet. Wir sind reich beschenkt worden.

Meister M

In meiner Lesephase hatte ich nach Unendlichkeit, nach Freiheit und Vollendung, nach der ursachlosen Ursache gesucht und nichts gefunden. Das Lesen hatte ich auch fast eingestellt, weil sich die Aussagen in den Büchern immer mehr ähnelten. Schließlich hatte ich das Suchen aufgegeben.

Die Antwort auf meine lange Suche kam dann ganz unerwartet, und ich erkannte sie auch anfangs nicht als solche, denn nicht ich fand, sondern ich wurde gefunden. Soweit ich mich erinnere, waren wir nur sechs bis acht Freunde, zumeist Yoga-Praktizierende, die in die Privatwohnung von Heidi R. in der Nähe von München eingeladen wurden, um »IHN« kennenzulernen. Heidi war damals sehr darauf bedacht, dass ich als bekannter Skeptiker mitkam, und erzählte deshalb wahre Wunderdinge von einem Weisen und Heiler. Von Mario Mantese war die Rede.

Er muss wohl an diesem Abend meine Vorbehalte gespürt haben, und so wurde ausgerechnet ich ausgewählt, mich auf den Boden zu legen, wonach er mit seinen Händen behutsam und ohne mich körperlich zu berühren über meinen Körper ging. Meine anfängliche Skepsis schmolz wie Schnee an der Sonne und schuf Raum für ein unendliches Mitgefühl, als ich seine körperlichen Behinderungen wahrnahm.

Ich habe ihn in den darauffolgenden Jahren einige Male in der Schweiz besuchen dürfen und bin nach diesen Gesprächen immer gestärkt und voller Zuversicht nach Hause zurückgekehrt. Eines jedoch ist mir bis heute ein Rätsel geblieben: Ich habe mich nach jeder Verabschiedung noch einmal umgedreht, um ihn noch einmal zu sehen, doch er war jedes Mal wie vom Erdboden verschwunden.

Seit dem ersten Zusammentreffen bin ich ohne Unterbrechung dreimal im Jahr bei seinen Zusammenkünften und Darshans, und dies seit etwa fünfundzwanzig Jahren.

Meister M hat durch sein »beredtes Schweigen in der Stille« und durch die Ausstrahlung einer immensen inneren Kraft einen Prozess in mir in Gang gesetzt, der die Dualität der Schöpfung überwindet und die Einheit mit Gott innerlich sichtbar macht. Eine Transformation des Bewusstseins vollzieht sich. Obwohl sich das Eintauchen in alte Strukturen und Denkmuster im alltäglichen Leben noch nicht ganz vermeiden lässt, hat sich die Wahrnehmung durch einen Reinigungs- und Ablösungsprozess vertieft.

Freiheit, Kraft, Gelassenheit und innere Ruhe sind eingetreten. Nichts macht mir Angst, nichts muss außen bleiben, weil es innen schmerzlich wäre, es zu erkennen. Ich habe gelernt, die Dinge zu akzeptieren, wie sie sind, und versuche sie nicht mehr zu manipulieren. Kein Mögen, kein Ablehnen, alles ist gut, weil es ist. Ich muss nicht eingreifen.

Zum Schluss möchte ich noch bemerken, wie schwer mir diese letzten Ausführungen gefallen sind, da derartige Erfahrungen zwar einerseits »grenzenlos« sind, andererseits jedoch ihre Grenzen in der Mittelbarkeit finden. Überschreitet man diese Grenzen der Mittelbarkeit unbedacht, erhebt man Ansprüche, die man nicht einlösen kann. Man macht nämlich in scheinbar rationaler Form Aussagen, die auf einer Erfahrung beruhen, die selbst nicht wissenschaftlich-rational ist. Letztlich kann diese Wirklichkeit/Wahrheit nicht in Worte gefasst werden, sie muss erlebt/erfahren werden.

Meine Fragen an Meister M

F.: Wie entsteht das Ego?

MM: Das Ego entsteht nicht, es erscheint in Raum und Zeit und ist nichts als eine überlagerte Spiegelung, eine Vor-stellung im Bewusstsein. Das Ich und der Raum sind nicht verschieden, der Körper ist bloß ein Gedanke, der im Raum erscheint. Deshalb realisiere jetzt, was vor dem Raum und vor dem Ich ist.

F.: Was bedeutet genau Bewusstsein?

MM: Die Fähigkeit, die Welt durch die Sinne zu erfassen. Da die Welt nichts anderes als Bewusstsein ist, wird dieses im spirituellen Erwachen überschritten und transzendiert.

F.: Gibt es mehrere Bewusstseinsebenen?

MM: Theoretisch ja, in Wirklichkeit nicht.

F.: Weshalb vollbringen manche Avatare Wunder?

MM: Weil ihr innereigenstes Hiersein so ist. Wunder sprengen Grenzen und Begrenzungen des menschlichen Bewusstseins, deshalb sind sie wertvoll.

F.: Was war deine tiefste Erfahrung?

MM: Dass es den Erfahrenden nicht gibt.

F.: Welchen Sinn und Zweck haben so viele verschiedene Religionen, wenn es doch nur eine Wahrheit geben kann?

MM: Sie sind Wegweiser, sie weisen auf das Eine hin, deshalb sind Religionen wertvoll und wichtig.

F.: Indiens zahlreiche Götter und Göttinnen sind verschiedene Manifestationen des einen Absoluten. Weshalb der Aufwand?

MM: Wer Gott intensiv sucht, scheut keinen Aufwand. Warum geht man in die Kirche, da Gott ja bereits hier und jetzt ist, bevor man das Haus verlässt, um in ein anderes Haus zu gehen, das man Gotteshaus nennt? Wenn Gott nur in der Kirche wohnt und nicht in deinem Herzen, was für ein Gott ist denn das? Gott war schon da, bevor du an ihn dachtest und ihm den Namen Gott angeklebt hast.

Durch Vielfalt wird die Herrlichkeit, die *eine* untrennbare heilige Einheit wahrnehmbar.

F.: Wie kann man am besten danken für das, was man erhält?

MM: Indem man entdeckt, was wahre Demut ist.

F.: Weshalb besteht der Eindruck, dass die Menschheit über die Jahrtausende nichts hinzugelernt hat (zum Beispiel Kriege)?

MM: Bezüglich Kriegen und Lieblosigkeiten scheint die Menschheit in ihren alten starren Verhaltensmustern stecken geblieben zu sein, andererseits hat sie punkto Technik, Kommunikation, Luftfahrt und Hygiene riesige Fortschritte gemacht.

Die Welt ist weder gut noch schlecht, sie spiegelt, wie die Menschen auf der zeiträumlichen relativen Ebene sind und funktionieren. Das, was du wirklich bist, war bereits hier, *bevor* die Welt mit ihren guten und schlechten Seiten in Erscheinung trat. Alles ist in Ordnung, in der Ordnung.

F.: Ist der traumlose Tiefschlafzustand, den wir im Wachzustand erahnen können, unser wahrer Seinszustand?

MM: Licht bewegt sich nicht, Lichtbilder sind flüchtige Illusionen. Die Welt existiert nur in deiner Erinnerung, und weil du dich an sie erinnerst, glaubst du, dass sie wirklich existiert. Vielleicht ist der traumlose Tiefschlaf ein Teil des Traums, da man ja nur im Wachzustand vom traumlosen Tiefschlaf spricht! Wo warst du, *bevor* dieser Gedanke an einen traumlosen Zustand im Wachzustand entstanden ist?

Für das, was du wirklich bist, gibt es keine Worte, keine Beschreibungen, keine Erinnerungen und keine philosophischen Erklärungen.

Auf dem Weg mit dem Meister der Stille

Catrina Demenga

Mit neunzehn Jahren schloss ich mein Musikstudium am Konservatorium Bern mit »Auszeichnung« ab. Überglücklich und erleichtert, dass alle Prüfungen hinter mir lagen, beschloss ich, mein Zimmer neu einzurichten. So saß ich eines Abends in meinem Stübchen und nähte ruhig und entspannt Vorhänge. Auf einmal überfiel mich das Gefühl, jetzt gleich sterben zu müssen. Erschrocken über diesen absurden Gedanken, versuchte ich ihm keine Beachtung zu schenken und an etwas Schönes zu denken. Doch das wollte mir nicht gelingen. Die Angst vor dem Tod hatte sich schon in meinen Nacken gekrallt. Ich fühlte sie neben mir, vor mir, in mir, bis sie sich meiner ganz bemächtigt hatte. Tief beunruhigt ging ich zu meiner Mutter und erzählte ihr, was mir geschehen war.

An das Gespräch erinnere ich mich nicht mehr. Doch einige Tage später kam eine befreundete Kinderärztin auf Besuch. Sie untersuchte meinen Körper, stellte einige Fragen und sagte leichthin, sie kenne einige so zartbesaitete Frauen, die sich immer wieder vor dem Tod fürchteten. »Nicht ernst nehmen, das geht vorüber!« – und damit war diese Sache abgeschlossen.

Im Außen ja, aber in meiner Psyche hatte sich die Todesangst eingenistet und sie sollte während Jahrzehnten mein treuester und ständiger Begleiter auf dem Weg in die eigene Schattenwelt werden. Die Angst hatte mich von nun an fest im Griff. Sie schlich sich in alle Lebensbereiche ein. Mit ihren Fangarmen holte sie mich zurück, wenn ich mich zu weit Richtung Lebensfreude, Heiterkeit, Selbstvertrauen und Glücklichsein bewegte. Die Musik und mein Instrument waren mir zu diesem Zeitpunkt das Liebste. Dort gab ich meine ganze Kraft hinein, entdeckte mich selbst durch die Musik und konnte meine Empfindungen und mein Temperament uneingeschränkt ausdrücken.

Bis dahin hatte ich kaum Lampenfieber gekannt, aber das sollte sich schnell ändern! Denn von nun an hatte ich mit großer Nervosität, körperlichen Blockaden und Ängsten auf der Bühne zu kämpfen und das, was mir das Wichtigste und Größte in meinem Leben war, brachte mir unendliches Leid. Die Angst machte mir mein berufliches und persönliches Leben zeitweise zur Hölle.

Schon als Kind bedeutete mir Religion viel. Später las ich die ersten spirituellen Bücher: Biographien indischer Meister, das Neue Testament oder Schriften christlicher Mystikerinnen, die mir zu einer Quelle des Trostes wurden und mir die Möglichkeit gaben, mich aus den Krallen der Angst zu befreien. Hier nahm auch die Gewissheit ihren Anfang, dass hinter dem Leben ein anderes Leben verborgen liegt, das ich sachte zu erahnen und zu erfühlen anfing.

Es war im Jahre 1988 – ich war mit dem Orchester auf Tournee –, als ich in meinem Hotelzimmer, gepeinigt von Angst, in tiefster Not betete und meditierte. Auf einmal nahm ich in mir eine Veränderung wahr: Die Angst ließ allmählich nach, löste sich vollends auf, und ich glitt sanft in einen unbeschreiblich süßen Frieden in meinem Innern. Ein helles Licht erstrahlte in mir. Wie Balsam strömte eine mir bis dahin unbekannte, auf nichts bezogene, von nichts hervorgerufene Liebe heilend durch mein ganzes Wesen. Ich wusste: *ES* hatte meine Seele berührt und die Seele hatte *ES* erkannt. Lange verharrte ich regungslos in dieser Glückseligkeit. Dann musste ich mich aus der tiefen inneren Stille lösen, mich wieder der Welt zuwenden und zum Konzertsaal fahren. Unendlich dankbar über diese gnadenvolle Erfahrung spürte ich, dass der Ego-Panzer sich gelockert hatte und Demut aufleuchtete.

Zehn Jahre später, als ich zum ersten Mal mit Meister M sprach, sagte er: »Ich rufe dich seit zehn Jahren.« Ich bin sicher, dass ich seinen Ruf vor Jahren in diesem speziellen Moment gehört hatte, als der Funke der Liebe in mir entzündet wurde.

Seither sind viele Tränen geflossen. Vielleicht weinte meine Seele, erleichtert über ihre nahende Erlösung. Von nun an brannte eine nie mehr erlöschende Sehnsucht nach Gott in meinem Herzen und ein anderes Leiden begann. Schmerzlich und oft verzweifelt empfand ich das Getrenntsein von Gott, meinem wahren Wesen.

Das Leben ging weiter, ich kämpfte mich hindurch. Kämpfte mit der Angst, die mich oft ganz zu Boden drückte. Ich glaubte, so nicht mehr weiterleben zu können. Wie sehr erschrak ich eines Tages, als der Gedanke auftauchte, mir das Leben zu nehmen, dann wäre ich meinen gnadenlosen Peiniger los. Nie hätte ich so etwas wirklich getan, denn ich hatte eine kleine Tochter, die ich über alles liebte, und ich spürte auch, dass die Angst mich verändern und auf einen anderen Weg führen wollte, auf den Weg nach innen. Viel später empfand ich diese Angst auch nicht mehr nur als Feind, sondern als eine wegweisende Kraft.

Vorbereitung auf Meister M

Zu meinem vierzigsten Geburtstag schenkte mir ein Freund das Buch *Ich bin* von Nisargadatta Maharaj. Es war mir zuerst zu intellektuell und analytisch. Sehr bald jedoch spürte ich die immense Liebe, Klarheit und Einfachheit seiner Belehrungen, die mich zutiefst berührten und im Innersten erschütterten. Dieses Buch ließ mich nicht mehr los. Ich erkannte, dass ich hier an der Quelle der Wahrheit war. Auch wenn ich vieles vorerst nicht verstand, las ich immer wieder dasselbe – steter Tropfen höhlt den Stein.

Oft erfuhr ich, dass mein Verstehen sich vertiefte und zum eigenen inneren Wissen wurde. Später spielte mir das Leben Ramana Maharshis *Sei was du bist* in die Hände. Auch dieses Buch begleitet mich bis heute. Als ich *Der Weg durchs Feuer* von Irina Tweedie verschlang, erwachte das Bedürfnis nach einem Meister vollends.

Ich hörte von lebenden Meistern in Indien, die von vielen Menschen aus dem Westen aufgesucht wurden. Das war aber nichts für mich. Ich war mir sicher, dass auch in meiner Nähe ein Meister zu finden sein müsste. Doch aktiv suchte ich nie.

Das Studium und Erfühlen dieser spirituellen Schriften war mir wie zu einem zweiten, geheimen Leben geworden. Es half mir, die unzähligen Krisen und tiefen emotionalen Nöte und Ängste zu überwinden. Ich verstand, dass »ich« etwas anderes ist, als ich bis anhin glaubte. Aber was war es? Ich wusste es nicht, ich fühlte es nicht. Aber eine starke innere Kraft führte mich auf diesem Weg weiter. Nie bezweifelte ich die Richtigkeit dieser »Kehrtwendung«, auch wenn ich feststellen musste, dass ich mich immer mehr vom normalen gesellschaftlichen Leben entfernte.

Eines Tages fuhr ich mit dem Fahrrad, von einer Spazierfahrt zurückkehrend, am Fluss entlang nach Hause. Plötzlich hielt ich innerlich an: Es war, als öffnete sich ein Fenster in eine andere Dimension. Ich schaute, ohne etwas zu sehen, ich lauschte, ohne etwas zu hören, und das Herz erkannte etwas, das dem Verstand verschlossen blieb. Maßloses Erstaunen, stille Freude.

Als ich diese außergewöhnliche Wahrnehmung fassen und beschreiben wollte, schloss sich das Fenster augenblicklich. Während vieler Jahre erlebte ich diesen Einblick, den ich »das Andere« nannte, sehr oft. Er kam immer überraschend. Ich konnte ihn nie willentlich herbeiführen. Oft war dieses Schauen-Fühlen so intensiv, dass ich innerlich zutiefst erschüttert wurde.

Im März 1997 gab mir eine Freundin ein kleines Büchlein eines mir gänzlich unbekannten Autors: *Die Welt bist Du – Perlen der Liebe* von Mario Mantese. Dieses Büchlein wurde alsbald mein Kleinod. Ich las täglich darin und nahm es überallhin mit. Die kurzen Texte drangen wie Lichtstrahlen in mich ein und es war mir, als antwortete meine Seele in freudigem Gesang.

Wer war wohl dieser Mario Mantese? Monate später fand ich in einer Buchhandlung andere Bücher von ihm. Ich kaufte *Vision des Todes*. Dieser Mensch und sein Schicksal ließen mich nicht mehr los. Ich wähnte ihn in London, da sich sein Drama dort abgespielt hatte.

Seit einigen Jahren besuchte ich alljährlich einen jungen Mann, der Durchgaben eines geistigen Wesens erhielt. Nach einer kurzen gemeinsamen Meditation sprach es durch ihn. Ich konnte Fragen stellen, die auf eine sehr klare, hilfreiche und liebevoll-strenge Art beantwortet wurden. Dass mein Ego von den für mich durchaus positiven Sitzungen Anerkennung und Bestätigung erhoffte, erwartete und erhielt, wurde mir erst viel später durch Mario Mantese – Meister M – bewusst, nachdem ich in seine Inneren Kreise eingetreten war. Ich erkannte, dass diese mediale Ausrichtung die Arbeit in den Inneren Kreisen nachhaltig stört, was Meister M mir klar bestätigte. Ich bin nie mehr hingegangen. »Hört endlich auf mit diesen bindenden spirituellen Kindergartenspielen«, sagte uns einmal Meister M.

Im Juli 1998 hatte ich eines Nachts ein äußerst eigenartiges Erlebnis. Eigentlich schlief ich, doch ich konnte bewusst sehen und erkennen, was sich in meinem Gehirn und Körper abspielte. Anfangs vermeinte ich ohnmächtig zu werden. Der Verstand wurde plötzlich ausgeschaltet. Ich fühlte mich völlig willenlos, was mich ängstigte. Nun stürzte ich rasend schnell rückwärts in abgründige Tiefen. Panische Angst erfasste mich. Es war wie ein Sturz in den Tod. Nichts konnte ihn aufhalten. Ich wusste, dass ich mich diesem Stürzen einfach hingeben und alle Kontrolle aufgeben musste. Ich ergab mich, das Fallen verlangsamte sich und hörte schließlich auf. Aus dieser seltsamen Willenlosigkeit erwachte ich mit einem unsäglich süßen Schauer, der prickelnd und beseligend über den ganzen Körper floss. Am nächsten Tag dachte ich mit großem Staunen über das nächtliche Erlebnis nach.

Es schien mir, dass mich dieser »Gehirnsturz«, wie ich es nannte, in den Wahnsinn oder in die Erleuchtung führen werde. Viele Jahre später las ich in Eckhart Tolles Buch *Jetzt* eine exakte Beschreibung dieses geistigen Stürzens, das ihm eines Nachts widerfuhr, woraus er am Morgen befreit und wissend erwachte.

Alle paar Nächte erlebte ich von nun an dieses beängstigende Stürzen, das stets mit dem süßen Schauer endete. Es blieb in der Folge nicht bei diesen Stürzen. Intensive »Behandlungen« fingen an, die mir Nacht für Nacht den Schlaf raubten: Gezielt und wie mit Röntgenarmen wurden verschiedene Stellen meines Körpers bearbeitet. Mächtige Energieflüsse strömten auf und ab, hin und her, konzentrierten sich bei gewissen Chakren, an den Händen und insbesondere im Gehirn, wo es knackte und zischte und helle, wie künstlich erzeugte Töne und Akkorde erklangen. Darauf folgten im Gehirn Explosionen von gleißend hellem oder farbigem Licht. Zuweilen war es mir, als bearbeiteten unzählige Hände meinen Körper. In diesem seltsam wachen Schlaf empfand ich mich einmal nur noch als winziger Punkt von Bewusstsein, losgelöst vom Körper, und ich konnte mich so weit ins All begeben, wie ich wollte.

165

Es wurde mir auch das unendliche geistige Potenzial gezeigt, das im Menschen verschüttet brachliegt. Diese Wachträume, die viel mehr eine Einsicht als Träume waren, überwältigten mich. Das Geschaute war so gewaltig, dass ich manchmal kaum fähig war, es zu ertragen. All dies dauerte ein, zwei Jahre. Trotz der schlafraubenden nächtlichen Ereignisse fühlte ich mich aber nie müde.

Begegnung mit Meister M

Ein prächtiger Herbsttag, Ende Oktober 1998. Ganz beglückt und erfüllt kehrte ich von einer Wanderung in meiner geliebten Bergwelt zurück. Der Rucksack war jetzt leicht. Es befanden sich darin nur noch ein kleiner Rest des Picknicks und das Büchlein *Die Welt bist Du*.

Im Zug hielt ich Ausschau nach einem leeren Abteil. Ich wollte allein sein, um die Eindrücke dieses wunderbaren Tages in der Stille ausklingen zu lassen. Jeder Wagen war voll besetzt. Weiter und weiter ging ich, bis ich im letzten Wagen ankam. Im hintersten linken Abteil saß nur eine Frau. Nun gut, so würde ich mich eben hier hinsetzen. Mein Blick fiel auf eine Zeitung, die auf dem Tischchen lag. In fettgedruckten Lettern stand dort der Name Mario Mantese. Meine Seele jauchzte! Nur der Anstand hielt mich davon ab, singend durch den Zug zu tanzen vor lauter Freude. Es war mir ganz klar, dass ich bis ans Ende des Zuges geführt wurde, um auf diese Zeitung zu stoßen.

In mir breitete sich ein strahlendes, ruhiges Lächeln aus. Ich wusste, dass ich nun am Ende meiner jahrelangen Suche angekommen war, weil ich *IHN* gefunden hatte. Mit größtem Interesse und unbeschreiblicher Freude las ich das Interview mit ihm und den Artikel über sein neu erschienenes Buch *Im Land der Stille*. Dabei erfuhr ich, dass er in der Schweiz lebt und Zusammenkünfte in Zürich und München gibt. Noch konnte ich kaum fassen, was da geschehen war. Ich nahm mir vor, ihm sobald wie möglich zu schreiben.

Am nächsten Tag kaufte ich das Buch *Im Land der Stille*. Die innere Erschütterung, die diese Lektüre in mir bewirkte, überstieg an Intensität alles, was ich bis dahin erlebt hatte. In drei Tagen las ich das Buch und kam aus dem Schluchzen kaum mehr heraus.

Als ich mich einigermaßen beruhigt hatte, begann ich den Brief an ihn. Das fiel mir aber gar nicht so leicht, denn innere Stimmen wollten mich mit perfiden Argumenten davon abhalten. Sie redeten mir ein, mich mit diesem Brief lächerlich zu machen, und ließen mich zum ersten Mal an der Richtigkeit dieses Weges auf der Suche nach meinem wahren Wesen zweifeln. Ich schrieb den Brief trotzdem und kündigte mein Erscheinen an seiner Zusammenkunft in Zürich an.

Als es dann so weit war, saß ich gespannt da, in großer freudiger Erwartung, ihm endlich begegnen zu dürfen. Er sprach zu uns, und ich hörte ihm zu. Ohne mir dessen bewusst zu sein, versuchten die inneren Stimmen nochmals, mich von ihm wegzuziehen, sodass ich mich seiner Lichtkraft nicht ganz hingeben konnte.

Ganz leise machten sich Zweifel in mir bemerkbar. Hatte ich mich getäuscht in Meister M? Hatten die Stimmen vielleicht doch recht? Waren mein tiefes Berührtsein und die heftige Erschütterung nicht mehr als eine Projektion? Beunruhigt und traurig kehrte ich nach der Mittagspause mit sehr kritischen Ohren in den Saal zurück.

Nach einigen organisatorischen Mitteilungen fragte Meister M: »Sitzt hier im Saal eine Catrina Demenga?« Erfreut-erschrocken streckte ich den Arm hoch. »Komm nach der Zusammenkunft zu mir.« Das Herz ging mir auf wie eine Blume, alle Zweifel waren weggewischt! Mit Herzklopfen wartete ich, bis sich der letzte Teilnehmer bei ihm verabschiedet hatte, dann ging ich nach vorne. Er schaute mich strahlend an und sagte: »Das ist jetzt also diese Frau. Ich bin Mario.« Seine Natürlichkeit, Schlichtheit und Wärme erweckten großes Vertrauen in mir. Ich fühlte eine Nähe zu ihm, als kannte ich ihn schon lange, lange. »Es war stark für dich, nicht wahr?« Ich bejahte, obwohl ich seine Liebeskraft nur beschränkt gefühlt hatte, da mein Herz von Zweifeln verschlossen war.

Die folgenden kurzen Sätze und Fragen, die er mir stellte, brannten sich für immer in meine Seele ein. Er überraschte mich mit den Worten »Du hast schöne Augen«, was mich total verwirrte. So etwas hätte ich nie erwartet von einem geistigen Lehrer. Ich hatte aber keine Zeit, darüber nachzudenken, denn schon kam die nächste Frage: »Was bist du?« »Musikerin.« Er interessierte sich kurz dafür und fragte weiter: »Bist du allein?« »Ich habe eine Tochter und lebe mit ihr zusammen.« »Magst du sie?« (Was im Berndeutschen auch bedeutet: Bist du ihr gewachsen?) Kurzes Gespräch über meine Tochter. Dann fragte ich, ob ich ihn einmal besuchen könnte, um gewisse Dinge mit ihm zu besprechen. Er verneinte und sagte: »Ich bin für alle da, damit alle alles hören können. Du kannst mich einmal anrufen.« Abschließend gab er mir einen Briefumschlag mit einem Foto von sich und verabschiedete mich mit den Worten: »Schau es dir an, das gibt dir Kraft und Klarheit.«

Schon beim Verlassen des Saales realisierte ich, dass sich seine Fragen nicht nur auf mein äußeres Leben bezogen, sondern auf etwas tiefer Liegendes, Inneres, Geistiges. Seine sonderbaren Fragen enthielten innere Botschaften.

Mit den Worten »Es war stark« hat er klar meine großen Zweifel angesprochen, mit »Du hast schöne Augen« machte er mir meine Körperbezogenheit bewusst. Ich entdeckte in der Frage »Bist du allein?« den Hinweis auf mein wahres Wesen: All-Ein-Sein, und in der Frage »Was bist du?« den Hinweis auf das, was ich nicht bin.

Später habe ich tief erkannt, dass er alles andere als ein Ego-Flatterer ist. Nie schmeichelt er dem Ego, seine Worte können schneidend scharf und absolut kompromisslos sein. Im Laufe der Jahre sah ich immer klarer, wie absolut unkonventionell sein Wesen und seine Verhaltensweisen sind. Er ist in der Welt, aber nicht von dieser Welt. Es gibt kein Maß, mit dem man ihn messen könnte.

Glückselig kehrte ich nach Hause zurück. Ich hatte meinen Meister gefunden, jubelte es ununterbrochen in mir.

Es war Dezember, ich hatte noch ein paar Konzerte. Als ich nach dem letzten Konzert, das auf meinen Geburtstag fiel, nach Hause kam, begrüßte mich meine Tochter freudig mit den Worten: »Du hast das größte Geburtstagsgeschenk erhalten!« »Hat Meister M angerufen?« (Ich hatte ihn gebeten, mich zu kontaktieren.) Sie nickte und sagte, dass sie mit ihm eine Weile gesprochen habe und dass ich ihn in drei Tagen anrufen dürfe.

Beim folgenden Telefongespräch erzählte ich ihm von meinen beunruhigenden nächtlichen Erlebnissen. »Macht es dir Angst«?, fragte er.

Ich bejahte, worauf er antwortete: »Ich nehme dir die Angst, rufe mich in drei Wochen an und teile mir mit, wie es dir geht.« Er sagte auch, dass er mich seit vielen Jahren rufe, ich aber wohl auf dem einen inneren Ohr taub gewesen sei. »Du bist wie ein reifer Apfel, man muss ihn pflücken, sonst verfault er«, meinte er lachend.

Überglücklich und unendlich dankbar empfand ich die seltene Gnade, von einem lebenden Meister geführt, begleitet und geheilt zu werden. In den nächsten drei Wochen löste sich die alte Angst tatsächlich ganz auf. Von nun an besuchte ich regelmäßig die Zusammenkünfte in Zürich und Biel, kannte aber noch niemanden. Ich kam und ging als eher schüchterne Einzelgängerin, der es widerstrebte, sich in die Gruppe zu integrieren.

Es war vielleicht meine zweite Zusammenkunft in Zürich, mit einer gewissen Neugierde betrachtete ich die Menschen im großen Saal. Vor mir saßen zwei ältere Frauen mit geschlossenen Augen, die sich offensichtlich auf Meister M einstimmten. Ich spürte und verstand damals noch nicht die Wichtigkeit der inneren Vorbereitung und hatte für diese Frauen nichts als ein Lächeln übrig. Plötzlich drehte sich eine der Frauen um, schaute mir still in die Augen und legte ihre Hand auf die meine. Erstaunt, ertappt und fragend blickte ich sie an. Sie sagte liebevoll lächelnd: »Einfach so.«

Wie schämte ich mich! Ich denke, dass Meister M in seiner Allgegenwart meine lieblos-überheblichen Gedanken wahrgenommen hatte und mir durch diese Frau eine starke Lektion erteilte. Im Laufe der Jahre habe ich von vielen Menschen gehört und gelesen, dass Meister M ihnen in ähnlichen Situationen solche ungewöhnlichen Lektionen erteilt hat.

Ein Jahr später fuhr ich nach München und nahm zum ersten Mal an einem Darshan teil. Damals standen wir noch in Gruppen von acht Menschen vor ihm. Der Reihe nach »arbeitete« er kurz an jedem von uns. So hatte ich während längerer Zeit die Gelegenheit, ihn aus nächster Nähe zu erleben. Ich erschrak und war fasziniert zugleich: Einen solchen Ausdruck auf einem menschlichen Gesicht hatte ich noch nie gesehen. Sein Gesicht schien wie aus Gold gemeißelt, unbeweglich und

169

von geballter, zentrierter Kraft. Er strahlte eine unvorstellbare, übermenschliche Macht aus. Da blickte mich etwas anderes an als das, was wir gewöhnlich Mensch nennen. Manchmal wich dieser Ausdruck einer unbeschreiblich warmen Liebe und Zartheit, die sich in jeder kleinsten Geste offenbarte. Dieses unfassbare Andere, diese gewaltige Liebeskraft, war es denn auch, die mein ganzes Wesen in wenigen Sekunden erfasste und so tief berührte, dass ich in Tränen ausbrach.

In dieser Zeit befand ich mich oft in einem sehr quälenden Zustand. Vom altbekannten Ufer losgelöst, trieb ich wie ein steuerloses Schiff umher, ohne dass ein anderes Ufer in Sicht gewesen wäre. Ich ging zwar meinen Alltagspflichten durchaus auch freudig nach, doch jeden Morgen überfiel mich beim Erwachen ein Gefühl von Sinnlosigkeit, das sich wie ein schweres graues Tuch über mich legte. Jede Lebensweise, jede Tätigkeit erschien mir hohl und bedeutungslos, weil ich Gott weder in mir noch in der Welt wirklich fühlen konnte. Mit der beinah verzweifelten Gewissheit, wieder das Leben verpasst zu haben, legte ich mich abends ins Bett und schlief oft weinend aus Sehnsucht nach meiner ursprünglichen wahren Heimat ein.

Darshan München, Dezember 2006

Seit Stunden saß ich mit weit über tausend Menschen im Saal. Immer stärker wurde das Gefühl, dass Meister M mich heute zu sich auf die Bühne rufen würde, wenn ich in der langen Reihe vor ihm stünde.

So war es denn auch. Er wies mich an, hinzuknien, legte die Hand auf mein Herz und flüsterte mir ein Wort ins Ohr. Einmal, zweimal, dreimal, immer dieses eine Wort. Ich fühlte, wie sich ganz tief in mir etwas zu regen begann. War es ein uralter Schmerz, Traurigkeit oder dieses Wort an und für sich, das die starke Erschütterung, die mich ergriff, auslöste? Tränen liefen mir über das Gesicht. Das Weinen wurde immer heftiger, und er wiederholte dieses eine Wort wieder und wieder. Etwas in mir brach plötzlich und so gewaltig auf, dass ich fürchtete, der Körper müsste zerbersten. Immer wieder hörte ich seine ruhige Stimme und dieses eine Wort, das er wie Samen in den gelockerten Acker meines Herzens säte.

Als ich mich in seiner liebevollen Gegenwart ein wenig beruhigt hatte, teilte ich ihm mit, dass ich seit einigen Monaten Schmerzen in der Herzgegend verspürte. Lächelnd gab er mir einen Keks und sagte mit dem ihm so eigenen, lieben Humor: »Für den Herzschmerz.«

Wieder zu Hause, weinte es in mir noch lange, lange weiter. Mit der Ruhe, die allmählich einkehrte, verschwanden auch die Schmerzen im Herzen. Heute weiß ich, dass ein von Meister M gesprochenes Wort zu gegebener Zeit wie ein Samenkorn aufgeht und dass sich immer bewahrheitet, was er sagt. So sehe ich mit Freude der Erfüllung dieses einen Wortes entgegen.

Seit vielen Jahren erscheint er mir immer wieder im Traum. Oft ist es nur seine Gegenwart und seine alles überflutende Liebe, die mich so tief berührt, dass ich weinend erwache. Dass Leben, Liebe, Freude, Frieden etwas ganz anderes sind, als ich bis jetzt glaubte und erlebte, spüre ich an den Zusammenkünften sehr stark.

Seine Anwesenheit öffnet in mir die Pforte in eine Dimension des Seins, die mir ermöglicht, den Atem des Göttlichen zu spüren, mich erahnend in die Nähe des Allerheiligsten zu tasten. Genährt von der Kraft des Geistes, beglückt, erhoben und beflügelt von Meister Ms strahlender Liebe löse ich mich am Sonntagabend nach der Zusammenkunft, zumindest äußerlich, aus diesem heiligen Lichtfeld ab. Mit guten Vorsätzen und einem mächtigen Impuls, nach Meister Ms Vorbild zu leben, kehre ich wieder zurück in die Welt, die mir immer wie unwirklich erscheint, bis mich der Alltag mit seiner Realität wieder eingeholt hat.

Meister M sagt: »Euer Alltag ist eure wahre Spiritualität, also seid einfach, unkompliziert und liebevoll, seid einfach normal. Ihr braucht nicht etwas Besonderes zu sein und zu werden!«

Die Zusammenkünfte mit Meister M bewirken in uns allen eine tiefe Wandlung, insbesondere durch die geistige Arbeit in den Inneren Kreisen, wo seine Präsenz enorm ist.

Auch meine nächsten und liebsten Menschen sind von meiner veränderten Lebensweise betroffen. Was Heilung *wirklich* ist, erfahre ich umfassend durch die Anwesenheit von Meister M.

Die Frage nach einem sinnvollen, erfüllten Leben ist bedeutungslos geworden, denn ich erkenne, dass das Leben immer hier und jetzt ist.

Glückselig und in freudigem Staunen verbringe ich nach den Zusammenkünften einige Tage in dieser Gottesgegenwart, die ich in allem spüre.

Ab und zu werde ich von der Dunkelheit wieder verschluckt und finde mich dann erneut in diesem unbekannten, lichtleeren inneren Gelände, außerhalb des vertrauten normalen Lebens, das ich als leer und oberflächlich empfinde. Ein beklemmender, beunruhigender Zustand. Doch vor mir leuchtet diese die Dunkelheit erhellende Lichtspur von Meister M und in mir das Licht der Erkenntnis von Gottes Allgegenwart, das wie eine Sonne in mir aufgegangen ist. So wandere ich weiter auf meinem inneren Weg der Gezeiten von Dunkelheit und Licht. Vor mir und in mir die leuchtende Lichtspur von Meister M.

Dank dir, Leben, dass du mich auf vielen Umwegen zu meinem Meister geführt hast! Dank dir, innig verehrter Meister M, dass du mich gerufen und uns alle in dein großes universelles Herz aufgenommen hast.

Meine Fragen an Meister M

F.: Wer oder was ist Christus?

MM: Das Wort Christos stammt aus dem Griechischen und ist ein Beiname, eine Art Titel und heißt der Gesalbte, was damals als Königswürde verstanden wurde. Es ist ein Ehrenname für Meister Jesus.

F.: Was ist die Seele?

MM: Seele weist auf das Innerste, auf die Psyche des Menschen hin, auf das, was mit dem Geist untrennbar in Verbindung steht. Der Mensch *hat nicht* eine *eigene* Seele, sondern ist von Geist beseelt.

F.: Was ist das Selbst?

MM: Die Welt ist ein vom Ich inszeniertes Theaterstück. *Vor* dem Inszenierenden und dem Inszenierten ist das Selbst, wobei »das Selbst« auch nur ein von Menschen erfundenes Wort ist.

F.: Was versteht man unter Geist? (Jesus: »Ich schicke euch einen Beistand, den heiligen Geist.«)

MM: Geist ist eine universelle Macht, eine universelle, allgegenwärtige Intelligenz, die alles ist, was ist. Da Geist untrennbar ist, kann man ihn nicht schicken, und einen Schickenden gibt es in Wirklichkeit auch nicht.

F.: Was ist der Unterschied beziehungsweise der Zusammenhang zwischen Gewahrsein, Beobachter, Bewusstsein, Ich-Bewusstsein?
MM: Der Beobachter und das Beobachtete sind Bewegungen, sind das Ich, das über sich selbst nachdenkt. Dies klar zu sehen, nennt man Gewahrsein.

F.: Ist der Beobachter im Verstand? Verschwindet der Beobachter mit dem Tod des Körpers?
MM: Der Beobachter benutzt den Verstand und die Sinne, um in der Welt zu funktionieren, doch weder der Beobachter noch der Verstand noch die Sinne noch der Körper existieren wirklich.

F.: Welche Kraft kreiert ununterbrochen Gedanken und zwingt sie in eine bestimmte Richtung?
MM: Das Ich-Bewusstsein ist diese Kraft.

F.: »Sei was du bist. Sei!« Dass ich nicht üben kann, zu sein, ist mir klar. Aber kann ich etwas tun, um nicht mehr zu sein, was ich nicht bin?
MM: Sei ganz natürlich *das*, was *vor* dem Wunsch, etwas zu tun, ist.

F.: Wer weint aus Sehnsucht nach Gott?
MM: Keine Ahnung, ich nicht

F.: Du sagst: »Genießt die Welt, aber verliert den Genießenden nicht aus den Augen.« Da es in Wirklichkeit kein Ego, also niemanden gibt, der genießt, an wen oder was richten sich deine Worte?
MM: Das Leben ist ein Traum eines Träumers, es braucht ja nicht ein Albtraum zu sein. Das Wort Genießen muss hier richtig verstanden werden. Es hat nichts mit Konsumieren oder Gütern zu tun, sondern mit dem tiefen Gewahrsein der unermesslichen Schönheit des sichtba-

ren Universums, dem Kleid dieser einen unfassbaren, allumfassenden, unsichtbaren Allmacht. Genießen ist ein stilles, grundlos glückliches Staunen!

F.: Da es niemanden gibt, der Erfahrungen macht, lässt sich sagen, dass die Seele Erfahrungen macht?

MM: Die Seele ist kein Objekt an sich. Nur das, was du wirklich *nicht* bist, kann Erfahrungen machen, nämlich das Ich.

F.: Kann der Vernebelung des wahren Wesens durch Gedanken, Vorstellungen und Emotionen irgendwie abgeholfen werden?

MM: Wie und wo warst du, bevor diese Vernebelung durch Gedanken, Vorstellungen und Emotionen entstanden ist? Dies herauszufinden, schafft wirklich Ab-Hilfe!

F.: »Der Körper ist eine Projektion im Bewusstsein.« Kannst du das nochmals erklären?

MM: Der Körper und die Welt, die im und durch den Körper erlebt werden, existieren lediglich als Spiegelungen im Bewusstsein. Du stehst vor einem Fluss und beobachtest ihn. Am nächsten Tag gehst du wieder hin und denkst, es sei derselbe Fluss, was aber nicht stimmt, denn über Nacht hat sich das ganze Wasser ausgewechselt.

So ist es auch mit der Welt und dem Körper, sie sind ständig im Fluss und nie die Gleichen, sie kommen und gehen und existieren bloß als Wahrnehmungen, als Spiegelungen im Bewusstsein. Du bist *vor* der Welt, *vor* allen Spiegelungen, hier und jetzt.

Spirituelle Erfahrungen

Michael Schelb

Mein Leben war stets geprägt von großem Interesse für etwas, das nicht von dieser Welt ist. Manche Leute nennen es Gott. Ich wuchs am unteren Ende des Bodensees, genauer am Schweizer Ufer des Untersees, auf. Ich war ein Einzelgänger, Freunde hatte ich keine. Mein Vater starb, als ich noch ein Kleinkind war. Aufgewachsen bin ich bei meiner Großmutter, da meine Mutter arbeiten musste. Meine Großmutter gewährte mir viel Freiraum, den ich auch in Anspruch nahm. Damit ich nicht ganz einsam war, bekam ich einen Hund. Mit diesem war ich jeden Tag stundenlang in der Natur unterwegs und streifte manchmal den ganzen Tag durch die Wälder und am Ufer des Untersees entlang. Durch diese prägenden Erfahrungen fühlte ich mich immer in der Natur am wohlsten und geborgen und erlebte viel Freude.

In unmittelbarer Nähe von dort, wo ich meine Kindheit verbrachte, liegen drei kleine Inseln. Eine von ihnen ist die Insel Werd. Auf ihr befindet sich ein kleines Kloster, das noch heute von einigen Franziskanermönchen bewohnt wird. Die Insel kann über eine alte Holzbrücke erreicht werden.

Zu dieser Insel zog es mich immer wieder. Auf ihr hatte einst der heilige Otmar gelebt und war dort beigesetzt worden. Heute ruhen seine leiblichen Überreste im Kloster St. Gallen. Er ist der Schutzpatron für die Verleumdeten und Verfolgten. Für mich ist dieses Kloster nach wie vor ein sehr spiritueller Ort, an dem schon seit Jahrhunderten meditiert und gebetet wurde.

Die Mönche genießen in der lokalen Bevölkerung großes Ansehen und Respekt. Sie pflegen täglichen Kontakt mit der Außenwelt und engagieren sich in sozialen Belangen. Sie leben wahre spirituelle Seelsorge. Für mich gehörten sie zu meiner Welt wie die Tram oder die U-Bahn in einer Großstadt. Der Gedanke, Mönch zu werden, war für mich nicht abwegig, denn ich verspürte immer schon ein großes inneres Verlangen nach Gott, da ich in der Gesellschaft keine Sinnerfüllung erkennen konnte. Die Welt außerhalb spiritueller Stätten schien mir nichts anzubieten. Nichts schien mir attraktiv genug, um mein Leben und meine Energie dafür einzusetzen.

In meiner Jugend musste ich wohl oder übel die Gottesdienste in der katholischen Kirche besuchen, da dies Pflicht war. In der damaligen Zeit waren Ausnahmen nicht vorgesehen. Anfangs gaben mir die Besuche noch eine gewisse Befriedigung. Doch schon als kleiner Junge merkte ich, das stimmt für mich nicht – diese dogmatische, schuldzuweisende Lehre, wo Gottesdienste aus gesellschaftlichen Gründen besucht und ganze Gruppierungen aufgrund ihrer Religion oder ihrer sexuellen Orientierung ausgegrenzt werden. Dort konnte ich den Durst meiner Seele nach wahrer Spiritualität nicht stillen, soviel war mir klar. Lieber wollte ich ohne einen Gott leben, als mich mit diesen Halbheiten abzugeben.

Das führte dazu, dass ich begann, mich für Bücher von weisen Gelehrten wie Laotse und Konfuzius zu interessieren. Die Bibel oder das Thomas-Evangelium las ich ebenfalls sehr gerne. Darin fand ich schon einige Fragen für mich beantwortet.

Ich hatte schon von Gurus in Indien gehört, aber für mich war klar: Wenn es Erleuchtete in Indien gibt, so muss es die auch hier geben. Weder religiöse Praktiken noch Gurus konnten mich nach Indien oder in eine andere Ecke der Welt ziehen.

Wo ich lebte, musste es doch auch echte Verwirklichte geben. Ich hatte weder Vertrauen in eine Religion, noch hatte ich eine Vorstellung, in welche spirituelle Richtung ich mich bewegen wollte. Ich fühlte mich in einem Zustand von Bereitschaft und spirituellem Verlangen.

Erster Kontakt mit Meister M

Vor etwa zwölf Jahren sah ich mir eine Fernsehsendung an, in der außergewöhnliche Menschen und deren Lebensgeschichten vorgestellt wurden. In dieser Sendung trat Mario Mantese auf. Er erzählte von seinem dramatischen Erlebnis in London, als er durch einen Messerstich ins Herz ins Koma fiel und dabei Todeserfahrungen machte. Ich fühlte mich tief angesprochen und interessierte mich sehr für die Dinge, von denen M. Mantese sprach. Ich wollte mehr über ihn wissen.

Ich fand heraus, dass er Zusammenkünfte gab und dass die nächste in München stattfand. Mein Karatelehrer und seine Frau interessierten sich auch für diese Zusammenkunft, nachdem ich ihnen davon erzählt hatte. Ein paar Wochen nach der Fernsehsendung waren wir in München, im Hotel International, wo Meister M damals die Menschen empfing.

Da saß ich nun und verstand ihn akustisch kaum, da mein Ohr an die Artikulation des Meisters noch nicht gewöhnt war. Doch selbst die Ausführungen, die ich verstehen konnte, habe ich trotzdem nicht verstanden, denn er sprach nicht zum Intellekt.

Am selben Abend fuhren wir wieder zurück in die Schweiz. Mein Karatelehrer und seine Frau, beide kannten sich in esoterischen und spirituellen Fragen gut aus, meinten trocken: »Dieser Mario Mantese hat an der Zusammenkunft die Schwingungsfrequenz enorm erhöht.«

Ich fühlte mich wie ein begossener Pudel. Ich hatte akustisch wenig mitbekommen und, was ich gehört hatte, nicht verstanden. Von Schwingungserhöhung hatte ich ebenfalls nichts gemerkt. Etwas war aber geschehen, was, wusste ich selbst nicht genau. Wie mir erst einige Zeit später richtig bewusst wurde, hatte mich dieser große Meister in der Gestalt von Mario Mantese in der Seele tief berührt, viel tiefer, als ich je erahnen konnte. An dieser Zusammenkunft hatte ich das Wichtigste in meinem Leben gefunden, nämlich den Anfang von meinem Ende. Mein Ende, der Abschied von meinem Ich, hatte an diesem Tag seinen Anfang genommen, ohne dass ich es zu diesem Zeitpunkt realisiert hätte.

Mittlerweile hatte ich mir das Büchlein *Die Welt bist Du* von Meister M gekauft und begonnen darin zu lesen. Ich wusste tief in mir, dass jedes Wort, das ich da las, der von mir gesuchten Wahrheit entsprach und in mir Anklang fand. Intellektuell, mit dem Verstand, konnte ich das nicht erklären und für mich war es auch nicht fassbar, nur spürbar. Ich konnte nichts aus dem Büchlein mit dem Verstand aufnehmen. Nach höchstens zwei Seiten, die ich gelesen hatte, musste ich es jeweils entnervt auf die Seite legen.

Zehn Tage nach der Zusammenkunft geschah etwas Unerwartetes. Ich erkrankte plötzlich schwer und musste mit der Ambulanz in die Notfallstation eines Spitals eingeliefert werden. Während Tagen und Wochen brachen im ganzen Körper Entzündungen, Lymphknotenschwellungen, Muskelverhärtungen und nie zuvor aufgetretene Asthmaanfälle aus. Die Ärzte standen vor einem Rätsel. Spezialisten konnten keine konkrete Diagnose stellen. Mir wurde diplomatisch mitgeteilt, dass es möglicherweise Krebs, Aids oder eine andere derzeit undefinierbare Viruserkrankung sein könnte. Ich ließ mich mit Antibiotika, allerlei Schmerzmitteln, Röntgenaufnahmen, Punktionen, Bluttests und der ganzen Palette der modernen und alternativen Medizin behandeln und untersuchen. Bis zu diesem Zeitpunkt war ich das Musterbeispiel eines gesunden jungen Mannes gewesen.

Für mich war die Angelegenheit klar: Mein Leiden musste mit der Zusammenkunft von Meister M in Zusammenhang stehen. Mir kam immer wieder das Wort »Schwingungserhöhung« in den Sinn.

Ich wollte unbedingt wieder eine Zusammenkunft von Meister M besuchen, doch nach den massiven gesundheitlichen Vorfällen hatte ich davor ernsthafte Angst. Ich brauchte Klarheit über meinen Zustand und über die Veränderungen in meinem Körper. Schließlich setzte ich mich mit Meister M in Verbindung. Er hat mir das ja schließlich eingebrockt, dachte ich. Ich schilderte ihm meine Situation und teilte ihm meine großen Ängste mit. Einen weiteren derartigen Krankheitsschub glaubte ich nicht zu überstehen.

Er nahm sich viel Zeit. Ich lauschte seinen Worten, ohne inhaltlich viel zu verstehen. An etwas erinnere ich mich jedoch genau. Er sagte: »Manchmal werden gewisse Dinge von innen nach außen geschwemmt, wie scheinbar bei dir diese Krankheitserscheinungen. Es ist wie ein Fluss, man muss sich in den Fluss begeben und mit dem Fluss fließen und sich nicht immer an Felsen, Treibholz und Gestrüpp festklammern. Fließen erleichtert die Prozesse. Was hier mit dir geschieht, hat mit dir, deinem Leben zu tun. Schau genau hin, wohin du fließt! Du kannst, wenn du möchtest, weiterhin an den Zusammenkünften teilnehmen, das ist kein Problem.«

Nach diesem Gespräch mit ihm ging ich regelmäßig an die Zusammenkünfte. Mein gesundheitlicher Zustand war unverändert schlecht, ich war ständig krank und hatte starke Schmerzen. Wochen und Monate des Leidens vergingen. Ich las weiterhin im Büchlein *Die Welt bist Du* und wurde weiterhin stets wütend über diese Aphorismen. Ich verstand sie einfach nicht und legte das Büchlein dann für Tage weg, bis ich mich wieder gefasst hatte und weiterlesen konnte. Die Melodie und der Rhythmus der Worte drangen in mich ein, berührten mich. Ganz genau erkannte ich, dass etwas Gigantisches dahintersteckte.

Erst nach vielen Jahren wurde mir klar, weshalb ich von einer solchen Wut beim Lesen ergriffen wurde. Mein Verstand oder mein Ich konnte die Feinheit und Ursprünglichkeit nicht annehmen. Die erlösende Kraft war viel zu intensiv. Mein Herz jedoch hatte alles längst begriffen und labte sich an dieser durchdringenden Stille. Noch heute bin ich ergriffen von der Schönheit und der Tiefe dieser Aphorismen, die nie endend tiefer in mich eindringen.

Mein Gesundheitszustand verbesserte sich weiterhin nicht. Zweifel stiegen in mir auf, und ich fragte mich, ob ich wirklich auf dem rechten Weg wäre oder ob ich mir da etwas vormachte. Skeptisch und etwas widerwillig ging ich an eine weitere Zusammenkunft. Ich brauchte Klarheit. Im Stillen bat ich Meister M inbrünstig, mir ein Zeichen zu geben. Hatte ich mich getäuscht?

Ich saß ziemlich weit vorne und konnte Meister M gut sehen. Im Stillen wiederholte ich meine Bitte um ein Zeichen von ihm und sah Meister M fortwährend in die Augen. Auf einmal erwiderte er kurz meinen Blick, sah mich wortlos und durchdringend an. Ein Lichtstrahl, heller als das hellste Sonnenlicht, durchflutete mich und drang in jede Ritze meines Seins. Ein unbekanntes Hochgefühl erfasste mich und versetzte mich in einen zeit- und raumlosen Zustand. Tränen liefen über meine Wangen und wollten nicht enden. Unbeschreiblich und unerklärlich war diese Berührung. Eine unermessliche Lichtkraft, eine unbeschreibliche Schönheit und tiefe Gnade drangen in mich ein und erfassten mein ganzes Wesen. Mein Herz wurde überschwemmt mit Glück, frohlockte, wie ich es noch nie erlebt hatte. Noch heute spüre ich die Glückseligkeit und Tiefe dieser Belehrung und bin unendlich dankbar. Für diesen Moment war es tausendmal wert, gelebt zu haben. Alle Zweifel an der Arbeit mit Meister M sind seither verschwunden.

Tiefe Ehrfurcht und Liebe empfinde ich für diesen wahrlich großen Meister. Endlich gelang es mir, Alkohol und Fleisch wegzulassen. Als Lebemann war es mir vorher schwergefallen, diesen Entscheid durchzuhalten. Jetzt waren diese Muster gelöscht, und ich legte mein Leben ganz in die Obhut von Meister M.

Mein soziales Umfeld veränderte sich nun drastisch. Mit den alten Lebensgewohnheiten verabschiedeten sich auch viele langjährige Freunde. Uns hatten nur leere und hohle Beschäftigungen verbunden. Unsere Freundschaft bestand aus inhaltslosem Zeitvertreib. Der Schleier der Unkenntnis wurde weggezogen und meine Sicht war in diesem Punkt geklärt. Ich erkannte die Muster meiner nun albern wirkenden Gewohnheiten. Die Befreiung war riesig und fühlte sich großartig an. Plötzlich verstand ich die wirkliche Bedeutung der Wörter »frei sein« und »Freiheit«.

Das Sichbefreien von schädlichen Gewohnheiten ergab eine ganz neue Freiheit. Daraus resultierte auch eine Klarheit in meinem Denken, wie ich sie vorher nicht gekannt hatte. Es war ein scheinbar nicht endender Prozess in Gang gesetzt worden. Nachdem sich die alten Freunde und Gewohnheiten aus meinem Leben verabschiedet hatten, war Platz für Neues vorhanden.

Ich habe dank der Arbeit mit Meister M Raum geschaffen, mein eigenes inneres Haus aufgeräumt. Unterdessen durfte ich meine wunderbare geliebte Frau kennenlernen, wir haben geheiratet, und ich bin nun Vater einer kleinen Tochter. Ein geschätzter Freundeskreis aus respektvollen Menschen, auf die Verlass ist, entstand, und meine physische Gesundheit ist inzwischen wiederhergestellt. Der Kopf hat sich vor dem Herzen verneigt, und ich konnte mit meinem wahren Ursprung in Kontakt treten.

Als Meister M einen neuen Inneren Kreis bildete, trat ich ein. Meine körperliche Gesundheit hatte sich damals zwar noch nicht entscheidend gebessert, aber durch die Arbeit mit ihm hatte sich mein Fokus geändert. Ich konzentrierte mich nicht mehr nur auf den Körper und seine Beschwerden. Ich begann andere Aspekte des Lebens zu sehen und einige Konzepte meiner Gedankenwelt zu durchschauen.

Indien

Vor einigen Jahren ging ich das Abenteuer ein, alleine nach Indien zu reisen. Bei mir zu Hause hatte ich schon längere Zeit den Bildband *Die Weisheiten Indiens Tag für Tag* von O. Föllmi liegen, in dem ich immer wieder las. Die Tagessprüche von Erwachten und die Zitate aus den heiligen Schriften faszinierten mich. Die starken und schönen Bilder gefielen mir sehr. Sie verbanden mich mit der heiligen Stadt Varanasi (Benares), die mich magisch anzuziehen begann. Als meine Frau dann in einem Jahr aus beruflichen Gründen unsere gemeinsamen Ferien absagen musste, nutzte ich die Chance und buchte spontan einen Flug nach Kalkutta, um von dort mit dem Zug nach Varanasi zu gelangen. Konkrete Ziele in der Stadt hatte ich keine, ich wollte sie einfach auf mich wirken lassen.

Ich quartierte mich in einem Hotel an den Ufern des Ganges ein. Schon bei der Ankunft in der Stadt bemerkte ich ein Unwohlsein und verspürte im ganzen Körper starke Schmerzen. Fünf Tage und Nächte musste ich im Hotelzimmer im Bett verbringen. Dabei fand ich weder Schlaf noch Erholung, es war eine Tortur. Tagsüber stand ich kurz auf, um mich in einem anderen Hotel massieren zu lassen, was mir eine kleine Erleichterung verschaffte. Auf dem Rückweg nahm ich mein Essen zu mir. Ansonsten verließ ich mein Zimmer nicht.

Als ich am sechsten Tag eine leichte Besserung verspürte, begab ich mich zu Fuß in die quirlige Altstadt und spazierte durch die engen Gassen. Für indische Verhältnisse waren wenig Menschen unterwegs. Dafür wimmelte es überall von herumstreunenden Hunden. Damit hatte ich überhaupt keine Probleme, schließlich arbeitete ich damals als Polizeihundeführer und -ausbilder und hatte Hunden gegenüber ein großes Selbstvertrauen.

In einer dieser engen Gassen sah ich einen mittelgroßen Hund. Als dieser mich erblickte, wurde er ohne mir erklärbaren Grund sofort sehr aggressiv. Er kam knurrend und bellend auf mich zu. Ich versuchte ruhig zu bleiben und beschloss, mich unbeeindruckt zu zeigen, schließlich hatte ich es ja beruflich mit wirklich »bösen« Hunden zu tun. Ein dahergelaufener Straßenköter konnte mich nicht einschüchtern. Durch sein lautes Gebell kamen immer mehr Hunde hinzu, und ein ganzes Rudel begann mich langsam zu bedrängen. Jetzt wurde es mir allmählich doch mulmig. Schließlich wollte ich mich ja nicht beißen lassen. Möglicherweise waren diese Tiere sogar tollwütig. Eine panische Angst ergriff mich, die ich nicht mehr kontrollieren konnte. Die Situation schien außer Kontrolle zu geraten, und ich wurde durch das Rudel in die Enge getrieben. Jetzt war ich nicht mehr Herr der Lage und ich wusste, dass die Hunde das sofort realisieren und jeden Moment angreifen würden. Einen Ausweg gab es nicht und wegrennen konnte ich nicht. Es wurde kritisch. Zu meinem großen Glück hatten die Hunde nicht nur ihresgleichen herbeigerufen, sondern auch Einheimische. Diese erkannten meine Bedrängnis sofort und trieben die Hunde mit lauten Zurufen in die Flucht.

Meine Erleichterung war riesengroß. Doch die panische Angst steckte mir noch in den Knochen. Irgendetwas Altes, Tiefsitzendes war an die Oberfläche gespült worden und in mein Bewusstsein eingedrungen. Unerwartet und unerklärlich erschien mir das Geschehene. Hunde waren mir immer treue Wegbegleiter, die mir schon über manche schwierige Zeit in der Kindheit hinweggeholfen hatten. Zudem war ich ein professioneller Hundetrainer.

Nachdem ich mich wieder gefasst hatte, wollte ich nur noch zurück ins Hotel. Ich glaubte, dort den Schutz zu finden, den mir Varanasi nicht gerade anbot. Auf dem Rückweg kam ein Mann unmittelbar vor mir aus einem Hauseingang und betrat die Gasse. Er kehrte mir den Rücken zu und ging vor mir her. Sein Gesicht konnte ich nicht sehen. Seine Art zu gehen kam mir sehr bekannt vor, und ich musste sofort an Meister M denken. Genau musterte ich diesen Körper von hinten und war mir sicher, dass er es war. Was für ein Zufall! Ich wollte ihn unbedingt ansprechen, hielt mich aber zurück. Ich erinnerte mich an seine Aussage an einer seiner Zusammenkünfte, dass er in Indien für die lokale Bevölkerung da sei und keine anderen Menschen empfange. Obwohl mich sein Gang, seine Frisur, seine Kleider, einfach alles, an ihn erinnerte, war ich nicht hundertprozentig sicher, dass es sich um Meister M handelte.

Ihn anzusprechen traute ich mich nicht, aber die Neugier trieb mich dazu, ihm hinterherzugehen. Langsam ging er durch die Gassen auf einen belebten Marktplatz zu. Ich war ihm in einigen Metern Abstand unauffällig gefolgt. Er hatte sich nie umgedreht oder mich angeschaut. Ich glaubte mich unentdeckt. Auf dem Marktplatz drehte er sich plötzlich um und fixierte mich mit den Augen. Ich war aufgeflogen. Sein Anblick irritierte mich. War es nun Meister M? Es musste mindestens sein indischer Zwillingsbruder sein, so ähnlich sahen sich die beiden. Sanft sprach er mich auf Englisch an mit den Worten: »Komm her, mein Freund.« Meine Verwirrung war perfekt und mein Verstand rotierte. Völlig verunsichert begab ich mich zu ihm hin. Ohne Umschweife bat er mich, ihn an seinen Ort der Stille am Ganges zu begleiten. Stotternd sagte ich zu und zusammen gingen wir zum Ganges hinunter. Durch ein kleines Tor kamen wir zu einem kleinen Hindutempel. Wir waren ganz alleine. Ich war immer noch nicht sicher, mit wem ich es hier zu tun hatte. Mein Verstand war völlig überfordert. (Ich hatte gehört und gelesen, dass Meister M viele Male Menschen an fernen Orten physisch erschienen war.)

Er stellte sich mir als Ba Bhrshama vor und sagte mir, ich sei die erste und einzige Person, die er an seinen Ort der Stille mitnähme. Seine Freude über unser Wiedersehen nach so vielen Leben wäre unermesslich. Nachdem er zum Ganges hinuntergegangen war, um sich zu waschen, setzten wir uns zusammen wortlos auf die Bank. Zeit und Raum hörten auf zu existieren. Wir saßen da, und es gab nur noch das Hier und Jetzt. Zwei alte Wegbegleiter kreuzten noch einmal ihre Pfade in der Unendlichkeit des Universums. Am nächsten Tag, dem Tag meiner Abreise, trafen wir uns noch einmal und verabschiedeten uns herzlich.

Erst Wochen und Monate nach dieser Begegnung wurde mir die Dimension dieses Zusammentreffens bewusst. Noch heute empfinde ich tiefe Liebe und Dankbarkeit für meinen Lichtbruder Ba Bhrshama, von dem ich immer noch nicht weiß, ob es Meister M war.

Die Arbeit mit Meister M bedeutet nicht selten eine große Herausforderung für Körper und Geist. Er lässt innere Vulkane speien, Orkane toben und Erdbeben uns erschüttern. Seine erlösende Kraft wirkt tief und seine Unterstützung ist immens und doch unerklärbar. Meister M ist immer für mich da. Darauf baue ich mit Freude und Zuversicht. Lange gab es eine gewisse Schwellenangst in mir, etwas hatte Angst, an den Zusammenkünften teilzunehmen. Dennoch freute ich mich auf die Stille des Darshans und die gewaltige lichtvolle Energie, die von Meister M ausstrahlt. Jeweils am Tag der Zusammenkunft waren diese Emotionen augenblicklich verflogen, und ich wollte an keinem anderen Platz der Welt sein als hier bei Meister M.

Heute weiß ich, dass mein Ego immer wieder versucht hat, mich von Meister M fernzuhalten. Es spielte mir auf vielfältige und kreative Weise Streiche und säuselte mir Argumente für das Fernbleiben vor. Es sagte zum Beispiel: »Da musst du nur rumsitzen und bekommst Rückenschmerzen« oder »Es lohnt sich nicht. Selbst nach so vielen Jahren hast du immer noch dieselben Alltagssorgen und du verstehst nicht einmal, was da gesprochen wird.«

Dieser Meister bedeutet den Untergang für alle Egos und Geschichten. Er ist die alles klärende, reine Liebe. Da bleiben Reaktionen des Egos natürlich nicht aus. Mein inneres Verlangen führte mich dennoch an die Zusammenkünfte und Darshans. Es ist diese unglaubliche geballte Energie und Liebeskraft, die von Meister M ausstrahlt. Mein Herz kennt diese Sprache. Eine unbeschreibliche Sehnsucht drängt mich, an den Zusammenkünften wach und aufmerksam zu sein. An keinem anderen Ort bin ich mehr zu Hause als im Herzen von Meister M.

Das Alltagsleben verändert sich langsam, aber merklich. Die Problemstellungen oder Herausforderungen sind vielleicht nicht weniger, aber das Bewusstsein schwingt auf einer erlösenden Ebene. Es ist, als ob man von einer sanften Kraft an der Hand genommen und sicher nach Hause geführt würde, obschon man sich nie von zu Hause entfernt hat.

Meister M führt uns liebevoll und bestimmt durch manch schwierige Zeit, nimmt uns Einschränkungen und Vorstellungen. Schritt für Schritt fügen wir uns ein, es geschieht. Nach den Zusammenkünften bin ich tagelang erfüllt von Liebe und Wärme. Das tiefgreifende Liebesgefühl lässt mich das Ausmaß der universellen Arbeit von Meister M leise erahnen. Folgende Worte kommen mir in den Sinn: wunderschön – voller Licht und Liebe.

Die Klarheit und Bestimmtheit in seiner Arbeit, sein unschlagbarer Humor, seine subtile und respektvolle Art des Vortragens beeindrucken und berühren mich sehr. Ich bin tief bewegt und unendlich dankbar.

Meine Fragen an Meister M

F.: Was ist der Grund für unser Menschendasein?

MM: Wer die Illusion von Form und Gestalt überwunden hat, hat auch die Frage nach einem Grund unseres Daseins gelöscht und ist grundlos glücklich. Das illusorische Ich stellt sich diese Frage, weil es unter seiner Hohlheit leidet und nach Substanz und Stabilität sucht, die es jedoch für etwas, das in Wirklichkeit nicht existiert, nicht geben kann.

F.: Wie würde Meister M seine Arbeit in einem Satz zusammenfassen?

MM: Alle Handlungen basieren auf der Vorstellung »Ich bin«. Nur wer vergessen hat, wer er wirklich ist, handelt. Ohne zu wirken, *alles* bewirken, so ist mein Hiersein.

F.: Welche Farbe hat das Wasser?

MM: Wasser ist farblos. In der Nacht, in der Abwesenheit von Licht, scheint es schwarz, in der Dämmerung grau. Im Sonnenlicht schimmert es in vielen Blau- und Grüntönen und manchmal scheint es silbrig und manchmal golden.

Licht schenkt dem Wasser Farbe, und Licht und Wasser schenken dem Menschen Leben.

F.: Weshalb erscheint einem der Weg zu Gott oder der eigenen Göttlichkeit so schwierig?

MM: Weil das Ich für sich selbst einen schwierigen Weg projiziert, den es in Wirklichkeit jedoch nicht gibt. Das Ich liebt spirituelle Wege, sie schenken ihm den Glauben, wirklich zu existieren. Du gehst die

Wege, an die du glaubst, doch diese spirituellen Wege existieren bloß konzeptuell.

F.: Auf was muss man bei Entscheidungen achten?

MM: Entscheidungen sind wie Früchte, sie brauchen Zeit zum Reifen. Entscheidungen können sich verändern, doch das, was du wirklich bist, bleibt immer gleich.

F.: Wieso hat sich mein Ego so stark entwickelt?

MM: Keine Ahnung, ich habe noch nie ein sich entwickelndes Ego gesehen.

F.: Was kann ich praktisch tun oder nicht tun, um den gleichen oder einen ähnlichen Zustand wie Meister M zu erlangen?

MM: Realisieren, dass Meister M vor allen Zuständen ist. Er ist zustandslos glücklich und zufrieden.

F.: Was heißt es, ein universeller Meister zu sein?

MM: Ein universeller Meister ist nicht jemand Besonderes oder Wichtiges. Er ist in der Welt, aber nicht von der Welt. Er ist absolut abwesend und absolut anwesend, nicht fassbar, nicht messbar und nicht vorstellbar.

F.: Was ist der Wille Gottes?

MM: Wenn wir wüssten, wer oder was Gott ist, dann würden wir vielleicht auch seinen Willen kennen. Hat er die Welt willentlich erschaffen, wenn ja, warum?

Die Welt existiert bloß als Wahrnehmung, als Gedankenkonstrukt, und du kannst ja nicht das sein, worüber du nachdenkst.

Weg aus der Illusion

Hedi und Thomas Hirth

Die mich in dieser Inkarnation begleitende Partnerin Hedi hat sich nach unserer Heirat vor dreiundzwanzig Jahren gemeinsam mit mir auf die spirituelle Suche gemacht. Nach wem oder was wir genau suchten, wussten wir damals noch nicht. Uns interessierte Esoterik und Mystik. Unser damaliger geistiger Lehrer weihte uns in die Geheimnisse von Dämonen, Wächtern, Drachen, Zwergen, Elfen und Feen ein. Dieser Lehrer, Dr. G. S., erklärte uns, dass man solche üblen Kräfte lediglich mit der im Herzen wohnenden Jesuskraft besiegen und auflösen könne. Durch Rückführungen müsse man den Menschen mit seinem Karma konfrontieren, wodurch sich krankheitsverursachende negative Energien im Lichte Jesu auflösen würden.

Da Hedi und mir die Erklärungen damals logisch erschienen, versuchten wir, dieses Konzept in unserer Praxis für Ganzheitliche Heilmethoden durchzuführen. Wir badeten ständig in den Schattenwelten anderer Menschen, dadurch stellte sich ein fast unerträgliches Horrorszenarium in unserem Innenleben ein. Uns wurde klar, wir mussten unbedingt etwas ändern. Von nun an versuchten wir, die dunklen Kräfte loszuwerden und das Jesuslicht zu beleben. Eines Tages erklärte uns Dr. G. S., er könne nichts mehr für uns tun, und er empfahl uns, das Büchlein *Die Welt bist Du* von einem Mario Mantese zu lesen.

Als mir Hedi danach auch noch dessen Buch *Im Land der Stille* vorgelesen hatte, packte uns beide ein unaufhaltsames Verlangen, diesen Meister in einer seiner Zusammenkünfte kennenzulernen, und bereits nach der ersten Zusammenkunft mit Meister M wurde alles anders.

Die Heilung

Da ich über keine wirklich brauchbare visuelle Wahrnehmung verfüge – ich bin blind –, war ich sehr gespannt, wie sich unsere erste Begegnung mit Meister M wohl auswirken würde. Insgeheim hatte ich schon auch den Wunsch und die Erwartung, von Meister M mein Augenlicht zurückzubekommen. Er hat mir etwas völlig anderes gegeben, als ich dachte und erwartete.

Während der ersten Begegnung, als meine Frau und ich beim Darshan vor ihm standen, beschäftigte er sich mit mir. Seine enorm starke Ausstrahlung war kaum auszuhalten. Ich nahm seine Gegenwart als unvorstellbar helles Licht in mir wahr. Ein solches Licht hatte ich noch nie gesehen. Seine behinderte Hand, physisch kühl und unbeweglich, brach Betonwände in mir auf, als er mich berührte. Uraltes, verdrängtes Leiden wurde mir bewusst. Im Strom der Tränen löste Meister M alle Erwartungen, Vorstellungen, Enttäuschungen, Ängste, alles Selbstmitleid und alle Zweifel in mir auf.

Einmal sagte er mir liebevoll und doch sehr ernst: »Das Licht ist in dir, außen ist es dunkel. Zuerst heilt die Seele, dann der Körper!«

Als ich zu einem späteren Zeitpunkt Meister M fragte, was ich da denn sehe, wenn ich ihn als herrliches Lichtwesen wahrnehme, antwortete er mir gelassen: »Du siehst deine eigene Transformation!«

Es dauerte nicht lange und inneres Glück stellte sich in mir ein. Es gab nichts mehr zu verdrängen, nichts mehr zu kompensieren. Die Behinderung meines Körpers hatte keine Wirkung mehr auf mich. Ich war geheilt von allen Vorstellungen, wie es sein könnte, wenn ...! Als mir dann Meister M noch sagte: »Jetzt strahlst du wie ein Marienkäfer«, war alles Krankheitsempfinden in seinem Licht gelöscht.

Eine Partnerschaft in den Inneren Kreisen

Vor über zwanzig Jahren haben meine Partnerin Hedi und ich geheiratet. Es muss wohl Liebe gewesen sein. Mit beidseitig aufeinander abgestimmter Egozentrik führten wir ein meist gut funktionierendes Eheleben. Doch dann kamen die Inneren Kreise mit Meister M, und alle unsere Vorstellungen von einer Ehe wurden relativiert. Ernüchterung stellte sich ein, wir lernten uns neu kennen. Das, was uns wohl schon immer tief vereint hat, wuchs zur zentralen Kraft in unserer Partnerschaft. Es ist die bedingungslose Liebe.

Was das ist? Nach unserer jetzigen Erfahrung nichts Kompliziertes: einfach miteinander sein, ohne Erwartungen, Zwänge und Druck, ergänzend füreinander da sein. Keine Vorwürfe und keine Enttäuschungen, Toleranz und Respekt, nicht mehr unterscheiden zwischen Einssein in der Partnerschaft und Einssein mit anderen Menschen.

Wenn bedingungslose Liebe in einer Partnerschaft leuchtet, wird man erfahren, dass jeder zwischenmenschliche Umgang, gleich mit welcher Person, nichts anderes als eine Parallelpartnerschaft ist. Alles Zwischenmenschliche erlebt man gleichwertig und bewusst.

Familienleben

Unsere beiden Kinder Benjamin und Matthias standen schon immer althergebrachten Verhaltensmustern und Bräuchen sehr kritisch gegenüber. Dies belebte unser Familienleben mit vielen Diskussionen. Spiritualität hingegen war für beide etwas ganz Normales und nichts Besonderes. Beide Jungs nahmen schon vor uns Abstand vom Fleischessen, Rauchen und Alkoholtrinken.

Benjamin ist heute 20 Jahre alt und hat Meister M als seinen spirituellen Lehrer und Meister anerkannt. Auch Matthias beginnt und schließt keinen Tag, ohne sich innerlich mit Meister M zu verbinden.

Matthias war mit mir im Faltkanadier (Kanu) auf einem schwedischen See unterwegs. Wir hatten so etwas nicht das erste Mal unternommen und sind geübt im Umgang mit dem Paddel. Plötzlich überraschten uns starke Windböen, die hohe Wellen aufbrachten, und auch diese kleinen Boote haben ihre Grenzen, das wurde uns in diesen Momenten sehr bewusst. Matthias rief Meister M intensiv um Hilfe und übernahm das Kommando.

Er entwickelte enorme Kräfte und feuerte mich an. Momente später war mir klar, Meister M hatte uns erhört. Er war hier mit uns im Boot und hielt seine schützende Hand über uns. Seine starke Präsenz war spürbar. Da wusste ich, dass nun gar nichts mehr schiefgehen konnte. Dieses Wildwassererlebnis werde ich so schnell nicht vergessen. Eine gigantische Kraft aus uns selbst im Zusammenspiel mit den Naturgewalten, das war schon eine spezielle Erfahrung, und dafür danke ich

Meister M aus tiefstem Herzen. Matthias hat übrigens dieses Erlebnis bisher niemandem erzählt.

Beruflicher Alltag

Auch hier geschah Erstaunliches. Seit Hedi und ich in den Inneren Kreisen sind, hat sich alles zum Guten gewandelt, bis auf die kleinen persönlichen Lernprozesschen. In meiner Arbeit als Physiotherapeut, Osteopath und Kinesiologe fällt mir auf, dass strategische Vorgehensweisen und therapeutische Techniken zunehmend an Bedeutung verlieren. Mein psycho-emotionaler Zustand schafft jetzt intuitiv die Voraussetzungen für die Ausübung einer Therapietechnik. Die Stille inspiriert die Technik und den technischen Erfolg. Mit den Händen sehen und die Stille sein, ist etwas Unbeschreibliches für mich.

Das Vertrauen des Therapeuten in das, was er tut, ist das eine, was schlussendlich beim Patienten geschehen oder eben nicht geschehen kann, entscheidet weder der Therapeut noch der Patient noch der Verstand. Es macht mir Freude zu hören, wie vieles möglich ist. Ein kleines Kind sagte einmal: »Ich habe keine Angst, der ist immer lieb. Ich will wieder zum Thomas. Mama frag ihn, ob Gott auch solche Hände hat wie er!«

Erstaunliches

Ganz am Anfang, als wir in die Inneren Kreise aufgenommen wurden, sagte Meister M: »Ihr werdet noch staunen!« Wir konnten uns nicht so recht vorstellen, was er damit meinte. Heute wissen wir es, jeder Tag bringt neue Erfahrungen und tiefere Einsichten. Wir möchten einige Beispiele erzählen, die uns zum Staunen gebracht haben.

Ein alter Wunsch, mit der Familie nach Norwegen auszuwandern, ist völlig verblasst. Wir sind glücklich und zufrieden, wo wir sind.

Wir sehen in den Menschen vorwiegend das Gute.

Einige Menschen haben Angst und laufen vor uns weg, viele suchen und finden uns.

Hedi steht ein neuer Körper zur Verfügung, zwanzig Kilo Fettpanzer sind weggeschmolzen.

Antworten sind oft schon gegeben, bevor der Verstand die Frage stellt.

Die rezeptive Wahrnehmung ist unglaublich sensibel geworden, alles Hören, alles Sehen, alles Riechen, alles Schmecken, alles Fühlen und alles Empfinden ist eine Freude zu erleben.

Es fällt immer schwerer, sich an Vergangenes zu erinnern, und die Zukunft ist uns nicht wichtig, wir leben hier und jetzt. Dort, wo wir vertrauen, löst sich jedes Problem.

Werter Meister M – wir danken für deine Liebe und unermessliche Geduld!

Unsere Fragen an Meister M

F.: Gibt es Gerechtigkeit auf Erden?

MM: Was die einen als gerecht empfinden, empfinden andere als ungerecht. Tief in unseren Herzen ruht eine Intelligenz, eine leitende Kraft, die das gesamte Menschsein leitet und begleitet. Wer sich in diese universelle Kraft einfügt, wird durch diese ordnende Kraft von Unwissenheit befreit.

Alles Duale drängt ganz natürlich ins einheitliche, ursprüngliche Hier und Jetzt zurück, ins große Gleichgewicht. Wer sich dieser Kraft hingibt, überschreitet die subjektiven Vorstellungen von Gerechtigkeit oder Ungerechtigkeit auf Erden. Das Gerechte kann sich jeden Moment in Ungerechtes umwandeln und Ungerechtes in Gerechtes. Das Wesentliche ruht im Nichtsein, im Nichtwirken, in der Stille.

F.: Gibt es einen Plan Gottes, der sich erfüllen muss?

MM: Von einem Plan weiß ich nichts.

F.: Findet innerhalb der Manifestation ein filmähnlicher Ablauf statt, der durch eine Art Drehbuch festgelegt ist?

MM: Das Drehbuch, der Film, der Schauspieler und das Schauspiel sind das Ich, und das Ich ist nichts als eine Spiegelung im Bewusstsein.

F.: Warum wird die Egozentrik der Menschheit nicht auf einmal von der Stille gelöscht?

MM: Stille ist wirklich und somit wirklich still. Egozentrik ist lediglich eine Bezeichnung für ein überlagertes Gebilde von Vorstellungen und ihren Motiven, die im Bewusstsein erscheinen und vom Ich als real und wirklich empfunden werden. Wer dies realisiert, ist still, ist Stille.

F.: Ist der erwachte kosmische Mensch frei von weiteren Inkarnationen?

MM: Der Erwachende ist gewahr, dass er nie geboren ist und Inkarnationen nichts als Träume eines Träumenden sind.

F.: Bleibt im Kreislauf der Inkarnationen die Pflanze Pflanze, das Tier Tier und der Mensch Mensch?

MM: Wie bereits gesagt, die Welt ist eine Wahrnehmung eines Wahrnehmenden, eine Interpretation eines Interpretierenden. Wer die Welt sieht, sieht sich selbst. Die gesamte körperliche Welt ist in Wirklichkeit inexistent und doch existent, weil nichts getrennt von der Totalität existieren kann. Dein wahres Hiersein ist *vor* der im Bewusstsein erscheinenden Welt und somit *vor* all den vorgestellten Inkarnationen. Das, was *du wirklich bist*, hat nie eine Erfahrung gemacht.

Was kommt und geht und wieder erscheint ist das Ich, mit allem, was es sich vorstellt, mit allem, was es belebt. Denken erzeugt Schicksal und Erinnerungen, Denken erschafft die Umstände, in denen du jetzt und später existierst.

F.: Du sagst: »Wer ein Lebewesen tötet, zerstört ein ganzes Universum.« Warum lebt das Tierreich durch Hacken, Stechen und Töten?

MM: Das sind Abwehrmechanismen, oder sie werden eingesetzt zur Nahrungsbeschaffung. Der Mensch ist kein Tier und hat andere Möglichkeiten zur Nahrungsbeschaffung und andere Möglichkeiten, sich zu wehren. Achtung und Liebe für alle Lebewesen ist die Realisation des reinen Bewusstseins, das alles Leben selbst ist.

Gott existiert, wo immer du bist. Der Mensch sollte Tiere beschützen und auf sie achtgeben und nicht sie töten und aufessen. Der Mensch sollte nichts essen, was ein Gesicht und Augen hat.

F.: Geschieht Transformation auch ohne Begleitung eines kosmischen Meisters?

MM: Wer ohne Vorbereitung, ohne Hilfe und ohne Wasser alleine eine große Wüste durchqueren will, ist töricht. Er wird sich verirren, austrocknen und zugrunde gehen. Deshalb ist es ratsam, mit jemandem die Wüste zu durchqueren, der ein Kenner der Wüste ist. Ein wahrer Meister ist ein wahrer Begleiter, er kennt alle Gefahren und Tücken, er führt seine Begleiter aus der Dunkelheit ins Licht und aus der Sterblichkeit in die Unsterblichkeit.

F.: Sammelt die Stille Erfahrungen durch das, was auf Erden geschieht?

MM: Stille hat die Welt nie berührt. Nie ist ein Ton oder ein Gedanke in die große Stille eingedrungen. Das Ich sammelt Erfahrungen, die Stille nicht.

Wo alles nichts und nichts alles ist

Günther Ciupka

Als Kind konnte ich abends stundenlang in den Sternenhimmel sehen und hatte große Freude daran, später kam ein Fernglas dazu, mit dem wir die Planeten betrachteten. Natürlich dachte ich dabei auch immer an Ufos, wie gerne hätte ich eines entdeckt. In meinen Träumen war ich allerdings öfter in einem Ufo gewesen, genauer gesagt in mehreren. Die sogenannten außerirdischen Wesen habe ich jedoch nie gesehen. Mein Interesse an Ufos und Außerirdischen war als kleiner Bub so stark, dass mich meine Mutter sogar spät in der Nacht weckte, wenn ein Bericht darüber im Fernsehen kam.

Mystische Geschichten haben mich als Kind und auch noch später sehr interessiert. Wie gerne hörte ich die Geschichten meiner Oma und meiner Mutter, die von Geisterreitern und von seltsamen Vorkommnissen in der Kriegszeit und Ähnlichem handelten.

In meiner Lehrzeit als Koch saß ich während einer Nachmittagspause auf einer Treppe und sah in die Landschaft hinaus. Plötzlich war ich wie in einer anderen Dimension, meine Empfindung hatte sich irgendwie geweitet. Eine innere Stimme sprach zu mir, dass ich später in meinem Leben etwas ganz Besonderes tun würde. Nicht was und nicht wann, einfach dies als Information. Lange Zeit trug ich dies wie einen Schatz in mir, da der Zustand doch sehr eigen war. Heute weiß ich, dass dieses »Besondere« nichts Besonderes ist, sondern die Tiefe der Normalität, von der Meister M eindringlich spricht.

In meiner Bundeswehrzeit hatte ich das Buch *Siddhartha* von Hermann Hesse entdeckt, es zog mich in seinen Bann, ich habe es regelrecht verschlungen. Eines Abends, als ich im Bett darin las, erhielt ich plötzlich einen deutlich spürbaren Kuss auf meine rechte Wange, sodass ich richtig erschrak. Die unterschiedlichsten Gedanken flogen mir durch den Kopf, doch ich konnte dieses Geschehnis nicht einordnen.

Mein Interesse für Spiritualität war sehr groß, Erleuchtung das erstrebenswerteste aller Ziele, dem ich immer entgegensah. Das Neue Testament las ich begierig, um mit eigenen Augen zu sehen, was da wirklich drinsteht, da ich mich ja als Christ empfand. Von vorn bis hinten las ich es durch, und immer wieder schlug ich es auf. Ein Satz war für mich besonders wichtig. Meister Jesus sagt: »Alles, was ich kann, könnt ihr auch und noch viel mehr.« Da ist in kurzen klaren Worten beschrieben, dass der Mensch weit mehr ist als allgemein angenommen. Der Mensch ist ein universelles Wesen, fähig, die Kraft Gottes in und durch sich zu offenbaren. Ich wollte die Tiefe dieser Aussage in meinem Dasein in ihrem ganzen Umfang erfassen und leben.

Im Laufe der Jahre füllten viele spirituelle Bücher meinen Schrank und ebenso meinen Kopf. Yoganandas Autobiografie, Oshos Werke, Ramana Maharshi, Nisargadatta Maharaj und viele mehr. Vor allem *Leben und Lehren der* Meister *im fernen Osten* von Baird Spalding habe ich verschlungen und immer wieder darin gelesen.

Das war toll, denn diese spirituellen Bücher gaben mir in vielen Stunden das Gefühl, nah an dieser universellen Welt, nach der ich mich so sehr sehnte, zu sein. Ich war ein spiritueller Schriftgelehrter.

Letztendlich stellte ich jedoch fest, dass mich dieses ganze Bücherwissen nirgendwo hinführte, mir keine Befreiung brachte und nie bringen würde. Es war lediglich Teil meiner intellektuell-spirituellen Spielwiese, die zwar schön war, jedoch mich weder erwecken oder erlösen konnte. Mir war klar, für die direkte Befruchtung und Erweckung der universellen Liebe in mir brauchte es einen erleuchteten Meister.

Meine Jahre mit Meister M

Meister M trat Ende der Achtzigerjahre durch den Besuch einer Freundin in mein Leben. Sie hatte ihn in einem kleinen Kreis an einer Zusammenkunft erlebt und sprach so intensiv über ihn, dass ihre Erzählung sofort mein Interesse weckte. Einige meiner Freunde waren auch schon dort gewesen, wie ich später hörte. So fuhr ich dann mit großer Erwartung zur nächsten Zusammenkunft, und damit begann die große Reise der Entblätterung, des Eindringens in tiefe Schichten meines Seins.

Mein erster Besuch fand im Gemeindesaal in Neufahrn bei Eching statt und ich verstand ihn kaum. Ich, ein Bündel von Vorstellungen und Wünschen, saß da und war emotional mit der Trennung von meiner damaligen Freundin beschäftigt. Der Tag ging rasch vorüber, und ich wusste nicht so recht, was ich damit anfangen sollte. Die tiefe Berührung von Herz zu Herz, die in der Begegnung mit ihm stattfindet, erfuhr ich erst in späteren Jahren. Nach einigen weiteren Zusammenkünften legte ich erst einmal eine Pause ein.

Eines Tages besuchte mich mein guter Freund, wir gingen zusammen im Wald spazieren und er erzählte mir, dass ein innerer Zustand ihm deutlich gemacht habe, er solle mich besuchen und mich auffordern, wieder an den Zusammenkünften mit Meister M teilzunehmen. Kurz zuvor war in mir bereits die Gewissheit erwacht, dass ich wieder an die Zusammenkünften gehen wollte, so konnte ich die Aufforderung von ihm nur staunend bestätigen.

In den darauffolgenden Jahren besuchten immer mehr Menschen Meister M, die Räume wurden ständig zu klein. So wechselten wir dauernd die Lokalitäten, um die wachsende Zahl von Menschen aufnehmen zu können. In diesen Jahren lernte ich zuzuhören, zu lauschen. Mir fiel auf, dass ich, wenn ich meinen Gedankengängen folgte, nicht wirklich hörte, was Meister M sagte. So entdeckte ich, wie ich seine Worte der Klarheit, der Liebe und des Lichtes in mein Herz sinken lassen konnte, ohne sie mit dem Verstand zu zerpflücken.

Einige Jahre war die Frage »aber wie« mein ständiger Begleiter. Der Verstand mühte sich, diesen Kreislauf zu durchbrechen und zu beantworten, was so nicht beantwortet werden konnte. Außer innerem schmerzhaftem Seufzen hat es nichts gebracht. Diese Knoten in den Gehirnwindungen lösten sich im Laufe der Zeit von selbst auf. Gelassenheit stellte sich ein. Ich spürte und erlebte, dass Meister Ms Worte lebendig in einem wirken. Uralte Muster und Konzepte, sozusagen falsche Weltbilder, die ich kreierte, denen ich anhaftete und nachfolgte, verloren ihre Kraft und wurden löchrig.

Dieses intensive innere Wirken von Meister M war aber anfänglich kein Zuckerschlecken. Er sagte zu uns, er sei nicht hier, um uns in ein

»eso-theoretisches Wellness-Programm« einzuführen und unseren aufgeblasenen Egos zu schmeicheln. Ich durchwanderte heftige emotionale und gedankliche Stürme, die mich ganz schön durchschüttelten. Und doch, ich wurde getragen von tiefer innerer Liebe und Stille.

Einige Erlebnisse mit Meister M

Als der erste Innere Kreis gebildet wurde, las Meister M die Namen der von ihm ausgewählten Teilnehmer vor. Alle meine Freunde wurden erwähnt, nur ich nicht. Das hatte gesessen. Enttäuscht, wütend und geladen fuhr ich nach Hause. Es dauerte einige Zeit, bis ich das verdaut hatte.

In dieser und ähnlich schmerzhaften Situationen, in denen mich Meister M immer wieder mit seiner unendlichen Klarheit konfrontierte, lernte ich Hingabe oder, vielleicht besser ausgedrückt, entstand tiefe Hingabe in mir. Die Identifizierung mit der Persönlichkeit bekam Risse und dadurch auch die Verhaftung an Emotionen und Gedankengänge, die mir oft das Leben so schwer machten. Die Länge und Heftigkeit solcher Situationen wurde geringer, Leichtigkeit und Wärme nahmen dafür mehr und mehr ihren Raum ein. Was für eine Wohltat!

Jahre später, als der nächste Innere Kreis gebildet wurde und wieder Namen verlesen wurden, war keine Erwartung, keine Spannung in mir. Ruhig und freudig vernahm ich, wie er meinen Namen auf der Liste vorlas. Ich war bereit. Die kompromisslosen Wege von Meister M sind wahrlich unergründbar.

Während einer Zusammenkunft in Zürich, damals noch in der Paulus-Akademie, spürte ich plötzlich, wie Strahlen von meinem Herzen ausgingen und eine Gruppe von Menschen links hinter mir berührten. Es geschah in Bruchteilen von Sekunden, das beschäftigte mich doch sehr.

In der Pause bemerkte ich, dass Meister M mich mit einem Blick ansah, der alle Schichten meines Wesens durchdrang. Er hatte es natürlich wahrgenommen. Als ich dann zu ihm ging und ihn fragte, was mit mir sei, meinte er nur: »Was soll mit dir sein?« und wandte sich ab. Er nahm mir damit vollkommen den Wind aus den Segeln. Ich hätte mir durch dieses Ereignis etwas einbilden können, das hat er auf der Stelle verhindert.

Die universelle Kraft zeigt sich, wann sie will und durch wen sie will, die Persönlichkeit jedoch hat damit nichts zu tun. Dies hat mir Meister M mit einem kurzen Satz klargemacht.

Wohltuende Ernüchterung, Normalität und Unbeschwertheit stellten sich im Laufe der Zeit ein. Eine Leichtigkeit, die es ermöglichte, mit alltäglichen Schwierigkeiten anders umzugehen. Dies offenbarte und offenbart sich immer mehr in unserem Zusammensein mit Meister M.

Bei einem Treffen mit ihm und einigen Menschen aus den Inneren Kreisen an einem Montagabend in München nach einer Zusammenkunft hatte ich folgendes Erlebnis:

Meister M war schon im Zimmer, und ich kam als Erster dazu. So hatte ich die Möglichkeit, mir jeden Platz auszusuchen. An diesem Abend setzte ich mich am Boden unmittelbar neben ihn, er saß mit gekreuzten Beinen auf dem Sofa. Voll und ganz tauchte ich in die Präsenz von Meister M ein, in die enorm starke Lichtstrahlung, die von ihm ausgeht.

Zurück zu Hause konnte ich kaum schlafen, so geladen fühlte ich mich, Wachträume begleiteten mich. Ich erinnerte mich daran, wie er einmal gesagt hatte: »Wer mir unbedacht zu nah kommt, verbrennt, wer sich zu weit von mir entfernt, erkaltet.« Das normale Gefüge unserer Weltlichkeit wird erschüttert, wenn seine Gnadenkraft sie berührt.

In einer schwierigen Phase, in der mich Nichts-wert-Gefühle längere Zeit begleiteten, schaute ich in der Wohnung meiner Freunde, die gerade in Urlaub waren und für die ich während ihrer Abwesenheit organisatorische Arbeiten erledigte, immer wieder auf ein Bild von Meister M, auf dem er einen anstrahlte und Freude pur verkörperte. Innerlich sprach ich zu ihm, dass ich so ein Bild jetzt nötig hätte. Kurze Zeit später kam ein Brief von ihm mit genau diesem Bild, in dem er sich kurz für meine Mitarbeit bedankte. Gerade jetzt durchstrahlt mich große Freude und Wärme im Herzen, wenn ich daran denke. Dass er ein allsehendes Auge ist, wurde mir einmal mehr klar.

Dank

Geliebter Meister, deine Tiefe ist unergründlich. Deine Worte sind erweckende Taten, festgegründet in kosmischer Meisterschaft. Sie dringen tief in mich ein, benetzen wie universeller Tau mein Innerstes und finden dort Widerhall und bejahendes Erahnen. Ja, so ist es!

In deiner Präsenz erweichen die Krusten der Verblendung und der Ignoranz. Der Segen der Ent-Täuschung tätigt sein Werk und der weglose Weg der Befreiung haucht milde leuchtend sein Lied in unser Dasein. Durch dich bin ich zum bewussten Beobachter der Abläufe dieser Welt geworden. Gewohntes wird in Frage gestellt, alles Erdachte wird als solches erkannt.

Die Spiele des Alltags mit ihren Höhen und Tiefen, mit ihren Schmerzen und Freuden, mit ihren Siegen und Niederlagen laufen weiterhin ab. Doch der Blick darauf wird sanft, die Anhaftung daran fängt an, sich zu verflüchtigen. Der Schläfer beginnt zu erwachen. Die eingebildete Trennung der göttlichen, universellen Liebeskraft und mir hat nie stattgefunden.

Danke von Herzen, Meister M.

Meine Fragen an Meister M

F.: Da es keine Trennung zwischen der göttlichen Liebeskraft und unserem ursprünglichen Sein gibt, wieso erkennen wir das nicht und erschaffen Chaos statt Vollkommenheit? Was verursacht die Unwissenheit?

MM: Vollkommenheit lässt sich nicht erschaffen. Das zu erkennen löst Unwissenheit auf. Das individuelle Leben wird durch das Denken definiert und instand gehalten. Dabei ist der Verstand der Hauptakteur, der jedoch selbst nur aus einem Bündel Gedanken besteht. Die Wirklichkeit ist *vor* den Gedanken. Gedanken sind bloß Bewegungen im Gehirn, Transportmittel für erinnerte Informationen. Hinter der rastlosen Gedankenwelt liegt dein wahres Zuhause, die große Stille.

F.: Wieso erscheint die Welt? Wem erscheint die Welt, wenn der, dem sie erscheint, auch nur eine Erscheinung in der Welt ist?

MM: Wenn du realisierst, dass du nie geboren wurdest, dann wird die Frage, wem die Welt erscheint, sich augenblicklich in nichts auflösen. Die Welt existiert nur als eine Wahrnehmung eines Wahrnehmenden, doch diesen Wahrnehmenden gibt es in Wirklichkeit nicht. Sei natürlich und still, sei das, was sich nie verändert – die große Stille.

F.: Du sagst: »Ein Erwachender denkt kaum, er handelt direkt und unmittelbar.« Kannst du uns dies bitte näher erläutern! Wie sieht der gedankenlose Zustand aus, wie können wir das verstehen?

MM: Um in der Welt, die aus Gedanken besteht, zu leben, benötigen wir Gedanken. Wer erwacht, handelt spontan und intuitiv, denn der Erwachende hat die Gedankenwelt transzendiert. Der Erwachende ist nicht gedankenlos, sondern gedankenleer. Er sieht Gedanken lediglich als Instrumentarium, um in der physischen Gedankenwelt zu funktionieren. Doch er haftet weder an Gedanken noch an ihren Resultaten, deshalb ist sein Hiersein Gedankenleere!

F.: Gibt es das Denken auch ohne Körper?

MM: Der Körper selbst ist nichts anderes als ein Gedanke. Der Körper hat nie gesagt, ich bin dein Körper. Du sagst, das ist mein Körper.

F.: Unsere Weltbilder erschaffen wir durch konzeptionelles Denken, in Verbindung mit Fühlen und Wollen. Der, der daran glaubt und das Ganze bündelt, ist das sogenannte Ego, der Stratege. Entsteht es ausschließlich aufgrund falscher Vorstellungen und Identifikationen?

MM: So ist es.

F.: Es scheint momentan einen kritischen Punkt in der Weltgeschichte zu geben, ein Auflösungsprozess findet statt. Die alten Muster und Strukturen funktionieren nicht mehr richtig, die Auswüchsen falschen Gebrauchs der universellen Kraft werden offenbar. Möchtest du dazu etwas sagen?

MM: Das sagt der, der die Welt so sieht und so erlebt. Der Erwachende ist bloß Zeuge und nie das Bezeugte.

Die gesamte Weltgeschichte besteht nur aus kritischen Punkten. Das kommt in allen Geschichtsbüchern klar zum Ausdruck. Die Weltgeschichte spiegelt sich in deinem Bewusstsein, die Gesamterfahrung ist in dir, da nichts getrennt von dir existieren kann.

Die gesamte Weltgeschichte existiert innerhalb der Totalität, doch die Totalität kennt keine Weltgeschichte. Das Ich kennt die Weltgeschichte, da es die Ursachen und die Wirkungen dieser überlagerten Abläufe selbst ist.

Also, durchschaue den Erfahrenden und seine Erfahrungen und sei gewahr, dass das, was du *wirklich* bist, die Welt nie berührt hat!

Lichtglanz im Herzen

Mina Sterchi-Berov

Geliebter Meister!
Ich verneige mich vor Dir, Ich weine in Deiner Gegenwart vor Ehrfurcht und vor Liebe. Meine Seele dürstet nach Deinem Licht und Deiner bedingungslosen Liebe. Nie hätte ich Dich erwarten können in meiner kleinen, eingebildeten Nichtigkeit. Aber mein Herz hat mit jedem seiner Schläge nach Dir gerufen, unermüdlich, und Du kamst, ganz leise und ohne viel Glanz und Pomp.

Viele haben Dich nicht erkannt, denn äußerlich entsprachst Du nicht all jenen Vorstellungen, die der menschliche Eigendünkel sich zusammenreimt. Ich danke Dir. All die unendlich lange Zeit hast Du geduldig gewartet, bis ich erste Schritte wagte, hinauf zum Himmel.

Du hast mich straucheln lassen und lachen und weinen. Du hast voller Liebe und Zuversicht gewartet, bis ich alle meine Fehler gemacht habe. Nie hast Du über mich geurteilt, Du hast mir Zeichen geschickt in meine Dunkelheit und immer wieder hast Du mich beim Namen gerufen. Vergib mir, dass ich nichts gehört habe – damals. Verzeih, dass ich so verblendet und eigensüchtig durch all die Jahre hindurch einfach nicht einsehen wollte, wo meine wahre Heimat liegt. Nimm mich an die Hand und glaube mir, nichts macht mich dankbarer, als dass ich Dich nun erkannt habe, Du, das einzig Wahre, Echte in meinem Leben.

Möge alles um mich untergehen und entschwinden, Du und Deine heilige Botschaft genügen mir nun.

Danke, mein Meister – danke, mein Herz.

Erste Begegnung

Unzählige Male war ich die Strecke Bern–Zürich gereist, aus allen möglichen Gründen: Shopping, Museumsbesuche, Freunde treffen, eben alle diese alltäglichen gesellschaftlichen Aktivitäten.

Dieses Mal war es anders. Ich hatte zwei Bücher von Mario Mantese gelesen: *Im Land der Stille* und *Vision des Todes*. Ich war so ergriffen und berührt vom Schicksal dieses Mannes, dass ich beim Lesen lauthals geweint habe. Ich war neugierig, wer dieser Mensch war, der solch ein schweres Schicksal erdulden musste und dennoch die Kraft und Ausdauer aufbrachte, Zusammenkünfte zu geben. Ich saß völlig erwartungslos im Zug. Ich hatte keine Wünsche, war aber offen für alles, was kommen würde. Ich konnte in diesem Moment noch nicht ahnen, dass mein Leben eine totale Wendung nehmen würde.

Damals waren die Zusammenkünfte noch in der Paulus-Akademie in Zürich organisiert. Der Saal war nicht sehr groß und überschaubar. Ich saß mit meiner Mutter inmitten der vielen Menschen und wartete gespannt auf Mario Mantese.

Herein kam ein Mann mit wackeligem, unsicherem Gang. Er bewegte sich in Richtung Bühne und setzte sich vorsichtig auf einen Stuhl. Seine Ausstrahlung war bestimmt und klar. Eine gewaltige Kraft erfasste mein Wesen und öffnete sämtliche Schleusen. Ich war gerührt, bewegt und in einen Zustand versetzt, den ich in Worten kaum beschreiben kann. Es war mir, als wäre eine riesige, helle und warme Sonne aufgegangen und schiene in sämtliche Ecken und Nischen meiner Existenz. Heiße Tränen liefen mir die Wangen herunter, ich konnte mich nicht dagegen wehren und wollte es auch nicht.

Meister Ms Aussage, dass wir nichts werden könnten, was wir nicht schon sind, hatte mich in vollkommenen inneren Frieden versetzt. Es gäbe nichts zu erreichen und deswegen brauche es auch keine Übungen, Meditationen und keine besonderen Anstrengungen. Um den Kopf im Universum zu haben, sei es dringend notwendig, mit beiden Füßen auf der Erde zu stehen.

»Muss Gott üben, um Gott zu sein?« Diese Aussage löste in mir Heiterkeit, aber auch Ernüchterung aus. War ich nicht ständig konfrontiert gewesen mit Leistung, Autoritäten und Machtansprüchen? Immer sollte man etwas erreichen, ständig bereitete man sich auf irgendeine Prüfung vor. Wir verhielten uns alle wie Hamster, die dauernd irgendwelche materiellen oder spirituellen Vorräte sammelten, aus Angst, wir könnten einmal in schweren Zeiten ganz nackt und mittellos dastehen.

Ständig erwarten wir Anerkennung und dass uns jemand auf die Schulter klopft und sagt: »Das hast du gut gemacht!« Hier war die Botschaft: »Lass los, höre auf mit diesen Kindergartenspielen!«

Meister M sprach den ganzen Tag zu uns, und obwohl er Mühe mit der Aussprache hatte, verstand ich jedes Wort, nicht nur dem Sinne nach, nein, es war eine innere Übereinstimmung, ein wortloses Erfassen einer Essenz, die zwischen den Worten zu existieren schien. Es war fast so, als hätten alle Weisheiten in mir in einem langen Dornröschenschlaf gelegen und wären jetzt erweckt worden.

Er sprach an diesem Tag auch von den Inneren Kreisen und der Möglichkeit, dadurch diese spirituelle Arbeit vertiefter angehen zu können. Bedingung für die Aufnahme sei der Verzicht auf Fleisch, Alkohol, Zigaretten und Drogen, und die Mitgliedschaft sei kostenlos.

Zu dieser Zeit gehörten alle diese Dinge noch zu meinem Leben. Die Wichtigkeit dieser spirituellen Arbeit wurde mir aber so eindringlich bewusst, dass ich noch am selben Tag beschloss, alldem zu entsagen – zugunsten dieser inneren Arbeit. Ich erinnere mich noch genau, wie ich am Abend nach Hause zurückkehrte und mein Sohn Roman mich mit der Frage empfing: »Mama, hast du jetzt aufgehört zu rauchen?« Ich antwortete: »Ja!«, ohne zu überlegen, und so war es. Ich habe diesen Schritt niemals bereut. Kurze Zeit später wurden meine Mutter und ich in den damals neu gebildeten Inneren Kreis aufgenommen.

Gnade oder Geschenk

Ich hatte nicht bewusst um einen Meister gebeten und trotzdem war die Zeit gekommen, wo er mich finden konnte. Die meisten Wünsche, die wir Menschen äußern können, betreffen unsere uns unvollkommen scheinende Natur, die immer nach Ergänzung und Vollkommenheit trachtet. Entweder sind wir bestrebt, andere Menschen an uns zu binden, und sind erfüllt vom Wunsch nach einem Partner an unserer Seite, oder aber uns fehlen zu unserem vollkommenen Glück alle möglichen

Dinge wie Häuser, Autos, Schmuck, aber auch Macht und Ansehen. Viele von uns denken, dass sich ihre Zufriedenheit steigern würde, wenn sie eine höhere berufliche Position erlangen könnten.

Mir fällt im Nachhinein auf, dass ich eigentlich gar nicht genau wusste, was wirklich wünschenswert war. Viele Wünsche verwünschte ich oft im selben Augenblick, in dem sie in Erfüllung gegangen waren.

In diesem Sinne weiß ich, dass mein kleiner, begrenzter Verstand niemals in der Lage sein konnte, den richtigen, den wahren, den heiligen Wunsch zu äußern. Nie hätte ich den Meister herbeiwünschen können. Es ist, als hätte das Leben selbst genau gewusst, welch große Weisheit zu diesem Zeitpunkt für mich bereitstand. So möchte ich als Gnade und Geschenk bezeichnen, was mir widerfahren ist, nicht wünsch- und nicht planbar, einfach so, aus heiterem Himmel.

Von der Kindheit bis hierher

Bulgarien, das Land der Rosen. Sanft erstreckt es sich zwischen Balkan und dem Schwarzen Meer. Es war die Zeit, als das kommunistische Regime die Menschen in Angst versetzte. Es nahm ihnen die Luft, es entriss ihnen den Glauben und die Hoffnung. Der Kommunismus versprach Gleichheit und Brüderlichkeit, aber die Menschen waren noch nie so ungleich wie zu jener Zeit. Das rationale Denken regierte die Köpfe, und die Intuition verschwand weit in den Hintergrund.

Viele jedoch trugen ihren Glauben heimlich im Inneren, und es wirkten gerade zu jener Zeit wichtige und große Meister dort, die für diejenigen mit offenen Herzen immer erreichbar waren.

Man sagte mir, ich sei dort geboren, in Sofia. Ich erinnere mich nicht daran, trage aber ein Gefühl in mir, als sei ich noch nie weggewesen. Das kleine Mädchen war glücklich, viel allein und oft sehr nachdenklich, sehr tiefsinnig. Das Leben lebte überall zu gleichen Teilen. Ein Käfer konnte zuhören und antworten und Schmetterlinge sangen Weisen im Sommerwind. Ich lebte unbeschwert und sorgenfrei und doch nicht ohne Ängste. Diese tauchten in nächtlichen Träumen auf, die endlos und ausweglos schienen.

Ich weiß nicht, wie es kam, dass es mir plötzlich gelang, die Traumwelt aus der Wachwelt zu beobachten. Ich wusste in jedem Traum genau, dass ich träumte. Außerdem war da noch dieses seltsame, aber doch so vertraute Erleben, das ich als das große Klopfen bezeichnen möchte. Ich lag vor dem Einschlafen regungslos im Bett, hörte das Klopfen meines Herzens im Kissen und dieses Klopfen begann sich auszuweiten. Es weitete sich aus auf meinen ganzen Körper, wanderte in meinen Daumen, klopfte da weiter, bis dieser zu wachsen begann. Er wuchs und wuchs, füllte das Zimmer aus, den Raum darüber hinaus. Es war so, als würde ich mich ins Endlose hinaus erstrecken, ohne Anfang und ohne Ende. Dieses Erleben wiederholte sich oft und schenkte mir Geborgenheit und Heimat.

Diese Heimat sollte für die kommenden Jahre in meinem Inneren verwurzelt bleiben, denn ich verließ mit meinen Eltern Bulgarien. Wir zogen nach Kuba und später in die Schweiz, in der wir fortan lebten und die meine zweite Heimat wurde.

Erschütterungen

Das Wichtigste für mich waren meine Träume – sehr intensive und lichtvolle Träume, die sich Nacht für Nacht fortsetzten. Ich wurde geführt und erfuhr seltsame Wahrheiten und Einsichten in spirituelle Zusammenhänge, deren Bedeutung sich mir erst viel später entschlüsseln sollte. Ich wurde von jemandem geführt, den ich aber nie zu Gesicht bekam, sondern nur dicht hinter mir spürte.

Schöne Momente gibt es im Leben. Momente voller Glück und Lachen. Momente, in denen man das Leben in vollen Zügen genießt. Alles erscheint dann perfekt und ausgefüllt, und man wiegt sich in Sicherheit. Alles scheint dann so echt, so solide und unantastbar. Man fühlt sich so frisch, so wach und merkt dabei nicht, wie tief man schläft. Nichts könnte diesen Schlaf beenden, oder doch?

Ich hatte in Bern den Mann geheiratet, in den ich mich Hals über Kopf verliebt hatte. Schon sehr bald wurde unser Sohn Vincent geboren. Unser Glück schien perfekt. Ich brach mein Medizinstudium ab und widmete mich voll und ganz meinem Kind. Ich ahnte damals nicht, dass ich schon bald mein privates Medizinstudium zu Hause haben würde. Mitten in unser Glück schlug die Diagnose der Ärzte ein, wie ein Blitz aus heiterem Himmel. Unser kleiner Sohn litt an einer schweren, bösartigen Tumorerkrankung. Plötzlich erschien mir das Leben wie ein Traum. Alles war nur noch wie eine leere Hülle.

Ich erinnere mich an die Zeit im Spital, an die Fürsorge und die Geduld, die wir endlos aufzubringen in der Lage waren. Unzählige Untersuchungen, Medikamente, Operationen und etliche Spitalzimmer, die wir bewohnten. Ich sah andere Kinder in der Krebsabteilung sterben und wurde immer grüblerischer. Ich funktionierte perfekt, wandelte aber umher wie in einem Traum, aus dem ich einfach nicht mehr erwachen konnte. Ich erinnerte mich an meine Fähigkeit als Kind, die bösen Träume aus der Wachwelt zu beobachten und mich in Sicherheit zu wiegen. Aber hier war alles noch einmal anders.

Ich suchte nach dem Sinn der Dinge. Dass wir alle Durchreisende durch diese Wachwelt waren, wurde mir immer klarer, aber das Woher, Wohin, Warum – diese Sinnfragen beschäftigten mich ununterbrochen.

Ich las etliche Bücher, spirituelle, religiöse, weise und andächtige. *Der Rosenbruder*, ein Buch der Rosenkreuzer, das einen Einweihungsweg beschreibt, las ich so oft, bis es zerfiel. Ramana Maharshis *Gespräche* begleiteten mich Tag und Nacht.

Ich malte und alles, was früher in Form von Träumen erschienen war, verdichtete sich nun in unzähligen Bildern. Oft gewann ich gewisse Einsichten, nachdem ich sie vorher auf die Leinwand gemalt hatte.

Unser Sohn wurde nach etlichen Chemotherapien, nach einer Operation und Nachkontrollen für gesund erklärt. Ich möchte hier anfügen, dass ich dieselbe Ernüchterungserfahrung viele Jahre später noch einmal durchleben durfte, als unser jüngerer Sohn Roman einen schweren Autounfall erlitt. Wieder im Spital, ein Déjà-vu! Auch er überlebte und erfreut sich heute bester Gesundheit. Zurück blieb in mir ein Gefühl der Sorgfalt, der Liebe und Dankbarkeit.

Ich hatte mich jedoch, wie in einer Art Nachpubertät, in Zigaretten-
und Drogenkonsum geflüchtet. Wieder einmal dachte ich, es gäbe ein
bewusstseinserweiterndes Hilfsmittel von außen. Weit gefehlt! Ich war
in der gleichen Sackgasse gelandet wie vor Jahren.

Mitten in diese Dämmerung kam es, wie etwas ganz Normales, ohne
Pauken und Trompeten, ganz in der Stille. Es war diese Gewissheit, zur
richtigen Zeit am richtigen Ort das Richtige zu tun. Eine völlige innere
Übereinstimmung. Unmerklich hatte mein Leben eine Kehrtwende genommen. Schon die erste Zusammenkunft mit Meister M hatte in mir
die Richtung geklärt. Ich wusste, das ist der Weg zurück zum Licht.

Der erste Darshan in München war noch heftiger. Ich erinnere mich,
wie ich hinter einer Reihe von Menschen stand und wartete, bis ich vor
ihn treten konnte. Ich erinnere mich an das mexikanische, lindengrüne
Hemd, das ich trug und wie mein Herz darunter sich zu drehen begann.
Es schlug nicht mehr, es drehte sich, wurde immer langsamer und als
ich nun da stand und in seine Augen blickte, fing es an, in die andere
Richtung zu rotieren.

Tränen der Dankbarkeit und Liebe flossen meine Wangen herunter.
Ich werde nie die richtigen Worte finden, um zu beschreiben, was ge-
schehen war, nur eines war klar: Mein ganzes Leben war eine große
Vorbereitung auf diesen Moment gewesen.

Alles, was jemals gewesen ist, was war und sein würde, war ein Ganzes. Es gab nichts, was überflüssig zu sein schien. Ich war den Weg
dorthin in kleinen Schritten gegangen. In meiner damaligen verblende-
ten Kurzsichtigkeit hatte ich nicht bemerkt, wohin das Leben mich
führt und was es für mich bereithält. Dieses Leben hat sich in den letzten Jahren vollkommen verändert. Um es bildlich darzustellen: Es ist so,
als hätte sich alles, was innen ist, nach außen und alles, was außen ist,
nach innen gekehrt.

Im Laufe der Jahre kamen viele verschüttete Kräfte und gebundene
Energien an die Oberfläche. Dies waren sehr schmerzhafte Momente
und für Außenstehende auch nicht immer leicht zu ertragen. Diese
Phase jedoch, das große Reinemachen, wie Meister M es nennt, weicht
immer mehr und macht einer wunderbaren inneren Stille Platz, die mit

einem tiefen Frieden einhergeht. Jeder Moment des Tages wird getragen von der tiefen Einsicht: Es ist gut so, wie es ist.

Das Leben hat angefangen, Spaß zu machen. Ich erkenne in allem eine wunderbare Schönheit und Klarheit. Die Welt erscheint mir wie frisch gewaschen. Vieles, das mir früher als wichtig erschienen oder Teil meines sogenannten Charakters war, ist einfach so verschwunden, hat sich in nichts aufgelöst, ohne Spuren zu hinterlassen.

An den Zusammenkünften höre ich nicht mehr ständig auf die Worte, das krampfhafte Verstehen-Müssen ist weg. Ich lausche der Essenz zwischen den kraftvollen Worten. Ich erlebe das Licht, das von ihm ausstrahlt, das manchmal fast unerträglich scheint, jedoch unser wahres Wesen ist.

Nicht ohne meine Mutter

Tief und fest verbindet uns das Band der Liebe. Wir haben gelacht, geweint, geflucht und geschimpft. Du hast mich früher an die Hand genommen, wenn ich müde neben dir herging. Du hast mir zu essen gegeben, wenn ich Hunger hatte. Du hast mir die Türe aufgemacht, wenn ich zu spät kam. Und du hast mich immer verstanden, wenn ich mich selber nicht mehr verstehen konnte. Ich bedanke mich bei dir für deine unermüdliche Geduld und nicht nur für das tägliche Brot, sondern für die geistige Nahrung, mit der du mich all die Jahre versorgt hast. Du hast mich schon als Kind mit wichtigem Gedankengut vertraut gemacht, das mich auf die wirklich wichtigen Dinge des Lebens hinwies. Du hast mir die Schönheit gezeigt und Sorgfalt vermittelt. Du hast mich getröstet, wenn ich traurig war, und du hast nie über mich geurteilt.

Trotzdem scheint es in einer Tochter-Mutter-Beziehung nicht vorgesehen zu sein, dass immer eitel Sonnenschein herrscht. Oft habe ich mich gegen dich aufgelehnt. Viele Muster, alte verkrustete Energien zwischen uns sind hochgekommen. Gemeinsam auf dem Weg, im Herzen von Meister M, können wir beobachten, wie sie sich auflösen und wir frei werden.

Meine Fragen an Meister M

F.: Mein Leben erscheint mir, wenn ich von diesem Moment aus zurückblicke, als präzise durchdacht, geplant und abgemessen. Positive wie auch negative Ereignisse geschahen abwechselnd und führten mich bis hierher, wo ich sagen kann: »Das alles musste genauso geschehen, damit ich hierher komme, wo ich jetzt bin.« In damaligen Augenblicken aber, besonders in den schlimmsten, fühlte ich mich ausgeliefert und hatte das Gefühl: »Hier komme ich nie wieder heraus!« Überblickt ein erwachter Meister all diese Zusammenhänge, sowohl die vergangenen als auch die zukünftigen, klar und deutlich?

MM: Viele nennen sich Meister, ich kann nur vom Hiersein von Meister M sprechen. Ein kosmischer Meister ist das Auge aller Augen, es sieht, ohne zu schauen. Dieses Auge ist gewahr, dass alles, was es sieht, nicht wirklich existiert. Deshalb ist sein Schauen sanft und voller Liebe.

F.: Erkennt ein erwachter Meister auch die Zusammenhänge im Leben eines anderen Menschen?

MM: Was zusammengehängt ist, löst sich wieder auf. Zusammenhänge entstehen im Verstand, und der Verstand existiert bloß als Erscheinung im Bewusstsein und der Körper ist Teil dieser Erscheinung.

Der Meister ist *vor* der Welt und *vor* den Erfahrungen, die in der Welt gemacht werden. Er ist Kenner dessen, was sich nie zusammengehängt hat. Er ist universelle Liebe, er ist das, was sich nicht einmischt.

F.: Sri Ramana Maharshi sprach oft von einem Zustand jenseits von Wachen, Träumen und Tiefschlaf. Wie muss man sich diesen Zustand vorstellen? Kennen wir diesen vielleicht und können ihn nicht bewusst einordnen? Oder ist er so sehr von anderen Dingen überlagert, dass er untergeht?

MM: Im Advaita Vedanta (indische Philosophie) nennt man diesen vierten Zustand jenseits von Wachen, Träumen und Tiefschlaf »Turiya«. Doch genau gesehen, ist dies kein Zustand. Zustände kommen und gehen. Sie können objektiviert werden und sind deshalb vergänglich und unwirklich. Mit Turiya meint man eigentlich das reine Bewusstsein im nicht manifestierten Zustand, also das, was wir wirklich sind. Um das, was wir bereits sind, brauchen wir uns nicht zu kümmern, nur um das, was wir nie waren und doch glauben zu sein.

F.: Ist die Aussage von dir »Wenn ich jetzt nicht sterbe, bin ich später tot« chemisch-physisch zu verstehen, im übertragenen Sinn oder beides? Wird dabei die ganze Zellstruktur des menschlichen Körpers reorganisiert?

MM: Was sterben muss, ist die konzeptuelle Vorstellung, ein Körper zu sein.

F.: Du sagst: »Ich bin hier und jetzt, Totalität. Ich gehe nirgendwohin, ich bin hier.« Erfasst die Totalität den Leib und wird dieser vollkommen transformiert und in Licht umgewandelt?

MM: Wenn die Totalität etwas erfassen würde, dann wäre sie nicht mehr die Totalität. Formlos, namenlos und untrennbar ist dein wirkliches Hiersein, alles andere ist bloß Einbildung, die durch Unwissenheit entsteht.

F.: Die falsche Identifikation mit dem Körper scheint beim Kleinkind noch nicht vorhanden, denn es spricht von sich zuerst in der dritten Person. Erst später erscheint der Ich-Gedanke, den das Kind auf seinen Körper bezieht. Heißt dies, dass das Kleinkind noch in der Totalität lebt, sich dessen aber nicht bewusst ist, und dann zu einem späteren Zeitpunkt, beim Heranwachsen, aus dieser »herausfällt«?

MM: Es gibt absolut *nichts,* was außerhalb der Totalität existiert. Kleinkind oder Greis, Ameise oder Elefant, Baum oder Blume, alles ist das *eine* universelle Bewusstsein. Aus diesem herauszufallen, ist unmöglich. Erscheinen, Blühen und Vergehen sind nichts als Phänomene auf der Oberfläche des Bewusstseins. Nur in der Manifestation kann sich das Bewusstsein als Bewusstsein bewusst sein und als solches funktionieren. Das Kleinkind ist sich der Welt nicht intellektuell bewusst, es sammelt Erfahrungen, spielerisch und spontan. Später wird der Verstand aktiv, da werden Handlungen zuerst analysiert und abgewogen und ihre Nützlichkeit geprüft und studiert. Das tut das Kleinkind nicht. Es weiß noch nichts vom Leben und Tod und ist deshalb unbelastet.

F.: Von der Totalität aus gesehen sind wir nie etwas anderes gewesen oder sind nirgendwo hingegangen, sondern waren nie etwas anderes als die Totalität selbst. Wie kommt es dann zu so einer fatalen Täuschung und »Massenhypnose«?

MM: Missverständnisse und die Identifizierungen mit den Missverständnissen führen zu falschem Sehen.

Es ist eigenartig, dass das Ich den Körper für sich selbst hält und gleichzeitig seine Herkunft erforschen will. Das, was du weißt, und das, woran du dich erinnerst, *bist du nicht*. Du bist *vor* dem Gewussten und *vor* dem Bewussten, *vor* allen Erscheinungen. Dies zu realisieren, nennt man Totalität.

F.: Zum einen denken wir, dass wir in jedem Moment eine freie Entscheidung zur Verfügung hätten. Wenn wir aber zum anderen von der Totalität ausgehen, so handelt diese jederzeit durch uns und somit ist keine der Entscheidungen unsere, sondern diejenige der Totalität. Wie verhält sich dieses Phänomen des freien Willens tatsächlich?

MM: Wir gehen nicht von der Totalität aus, und die Totalität trifft auch keine Entscheidungen. Dinge geschehen, weil sie geschehen und nicht weil etwas oder jemand will, dass sie geschehen. Alle subjektiven Handlungen basieren auf der Vorstellung »Ich bin«. »Ich bin« ist dieses Phänomen, das man Willen nennt. In der Totalität ist nie etwas vorgefallen, sonst wäre es nicht die Totalität an sich.

F.: Weswegen hat das »hypnotische Schein-Ich«, das nicht existent ist, eine so viel größere Anziehung und Kraft als die Totalität, die das einzig Reale ist?

MM: Das, was anzieht und abstößt, ist die Energiezentrale des Ichs. Totalität ist die große Stille. Die Welt, die durch die Sinne im Bewusstsein sichtbar und erlebbar wird, ist in den kosmischen Ablauf des Gesamtgeschehens des Universums eingebettet. Die Identifikation mit dem Gesehenen lässt die Vorstellung »Ich bin« erscheinen, und durch diese konzeptuelle Vorstellung entstehen die ganzen Missverständnisse. Sich mit dem Körper und der Welt zu identifizieren, nennt man den Tod. Durchschaue das Unreale, dann herrscht Stille und Frieden. Um das Reale an sich brauchst du dich nicht zu kümmern.

F.: Wenn alles jetzt ist, wenn alles hier ist, sind dann nicht alle sogenannten vergangenen Leben und Existenzen auch hier, jetzt?

MM: Ja, alles ist hier und jetzt, doch weder vergangene Leben noch angenommene Existenzen existieren wirklich, denn alles, was kommt und geht, existiert bloß als Scheinwirklichkeit im Bewusstsein.

F.: Vom dualistischen Denken aus klingt es immer so: Ich habe dies gesehen, gefühlt, geschmeckt usw. Wie klingt es von der Totalität aus, da wo nichts zu sehen, hören, schmecken ist? Könnte dies als Gewahrsein bezeichnet werden?

MM: Du scheinst zu glauben, dass wer die Totalität realisiert, wie ein stumpfes, sinnenabgewandtes Stück Fleisch ist, das nichts mehr sieht, hört und empfindet. Das Gegenteil ist der Fall. Wer das Selbst realisiert, ist universelle Wachheit. Das heißt, der Erwachende realisiert, dass alle Objekte und die Welt in ihm existieren und genießt in staunender Stille die unermessliche Schönheit der Welt. Die Welt und die Objekte verändern sich, der Erwachte bleibt unverändert und still.

F.: Weswegen ist es so wichtig, gut für den physischen Körper zu sorgen, wenn wir ja doch nicht dieser Körper sind? Hat es mit der Transformation zu tun, die nur in und durch einen Körper geschehen kann?
Meister Jesus spricht von dem weißen nahtlosen Gewand, das wir tragen werden. Wird etwa damit der transformierte Leib gemeint?

MM: Meister Jesus hat auch gesagt: Ich und der Vater sind eins. Das weiße nahtlose Gewand zeugt von dieser realisierten nahtlosen Einheit, somit ist der Körper heilig, weil er in Gott ist und eins ist mit Gott.

F.: Am Anfang war Gott. All-Eins, reines Licht und All-Liebe. Wie und durch was sind Dunkelheit, Schatten und die Dualität entstanden, in der sich der Mensch von seiner Göttlichkeit abgespalten hat? – Warum hat sich Göttliches von Göttlichem getrennt, um in die Dualität zu fallen? – Warum musste das geschehen? Zuvor war doch All-Eins, volle Glückseligkeit, Ekstase und unendlicher Frieden. Hat das Höchste Selbst sich gelangweilt?

MM: Wenn Gott nur am Anfang war, wo ist er jetzt? In Gott gibt es weder einen Anfang noch ein Ende. Der Körper und der Name Gott bestehen nur aus Gedanken. Wie es am Anfang war und wie es jetzt ist, diese Vorstellungen sind nichts als Gedankenkonstrukte.

Die Ursache deiner Verwirrung liegt in deinem äußeren Leben, also in dem, was du glaubst zu sein, aber in Wirklichkeit nicht bist. Dieses oder jenes zu glauben oder zu tun, bringt dich weg von dem, was du wirklich bist. Schenke dem Verstand nicht so viel Aufmerksamkeit, dann verschwinden alle unnötigen Gedanken, es wird still.

Das Licht der Welt

Cristian Cernin

Etwas früher als erwartet, erblickte ich das Licht der Welt und musste deshalb noch einige Zeit im Brutkasten liegen. Meine ersten Eindrücke von dieser schönen Erde erhielt ich daher aus einer eher künstlich-technischen Perspektive. Meine Kindheit verbrachte ich in einem kleinen abgeschiedenen Dorf in Österreich, eingebettet in die wunderbare Landschaft des Dachsteins und des Grundelsees.

Die Kraft der Elemente Feuer, Wasser, Luft und Erde war täglich eindrucksvoll zu spüren und prägte meine Entwicklung. Meine Mutter sorgte liebevoll für mich, der Vater trat erst später in mein Bewusstsein, da er noch längere Zeit in Kriegsgefangenschaft war.

Unser Ortspfarrer hinterließ einen tiefen Eindruck in meinem Sein, denn die Liebe, die er ausstrahlte, blieb mir unvergesslich. Die hohe Qualität seiner Liebe wurde mir erst später bewusst, nachdem ich selbst verschiedene Liebesqualitäten kennengelernt hatte.

Mein spiritueller Zugang, der sich in der Kindheit entwickelte, war ohne Zweifel Jesus Christus. Das Ministrieren und die Persönlichkeit des liebevollen Pfarrers verstärkten ständig die Präsenz von Jesus in mir, der in meinem Innersten lebte und wirkte.

In meinem späteren Leben wurde mir gezeigt, dass ich zu der Zeit, als Jesus auf der Erde weilte, inkarniert war und ihn bei seiner Kreuzigung erlebt hatte. Die Prägung durch dieses Erleben war tief in meiner Seele verankert und gab meinem jetzigen Leben bewusst und unbewusst ständig Führung.

Die Stille, der Frieden und der majestätische Ausdruck der Natur meines Heimatortes waren ideale Voraussetzungen für das Wachstum meines Christus-Bewusstseins. Die Erinnerung an meine ersten zehn Lebensjahre ist einfach wunderschön und unbelastet.

Dem Wunsch meiner Eltern entsprechend kam ich dann in ein Internat, mehr angstvoll als freudig. Der Wechsel war ziemlich abrupt, und ich hatte großes Heimweh. Darunter litt meine Konzentration. So beschloss die Direktorin, dass ich das erste Jahr wiederholen sollte, damit der Lernstoff besser säße.

Diese Maßnahme reduzierte deutlich meine Lernfreude, und ich kehrte etwas lerngeschädigt zu meiner Mutter zurück. Jeder weitere Schulversuch scheiterte kläglich, und nach einer nicht abgeschlossenen Mechanikerlehre kehrte ich dem Elternhaus den Rücken.

Ein Erlebnis aus meiner Jugendzeit hat bis heute seine Intensität und seine Wirkung behalten und mein Musik-Erleben geprägt. Ich saß im Konzertsaal und hörte eine Aufführung von Beethovens Neunter Sinfonie. Ich war fasziniert von der Resonanz, die diese Musik in meiner Gefühlswelt auslöste, vor allem der Schlusschor »Freude, schöner Götterfunke«. Der Text der Ode »An die Freude« ließ mich damals schon ahnen, worum es im Leben geht. Zu einer Zeit, als meine Freunde sich an Diskomusik erfreuten, beschäftigte ich mich mit klassischer Musik. Gewisse Passagen in den Werken von Mozart und Beethoven konnten mich in totale Verzückung versetzen.

In jungen Jahren fragte ich einmal meinen Vater, ob das Huhn oder das Ei zuerst da gewesen wäre. Er wusste es auch nicht. Dann schenkte er mir ein Buch über das Weltall. Damit war vorerst mein spiritueller Wissensdurst auf Eis gelegt. In der weiteren Folge ließ ich mich vom Leben sorglos treiben und genoss die Früchte des Nichtstuns.

Nachdem ich meine Frau kennengelernt hatte, begann eine Zeit des Existenzaufbaus. Wir bekamen zwei Kinder, und ich steigerte mich immer mehr in meine berufliche Karriere hinein, damit einhergehend auch in die Genüsse der Materie, die ich in vollen Zügen auskostete. Alkohol, Zigaretten, üppige Ernährung und Frauen gaben mir immer wieder den nötigen Kick.

Diese Art von Leben führte ich über viele Jahre. Vom Nobody zum Direktor, da lachte das Ego. Dafür vernachlässigte ich meine Ehe und lebte hauptsächlich für die »anderen«.

Mein herrliches Christus-Bewusstsein aus der Kindheit war gänzlich verschwunden. Doch allmählich fühlte ich mich innerlich komplett leer, und auch die materiellen Reize verloren zusehends ihre Anziehungskraft.

Dann kam dieser denkwürdige Abend, der mein Leben total verändern sollte. Ich saß mit einem Managerkollegen nach Arbeitsschluss in meinem Büro, und wir führten »wichtige« Gespräche bei Whisky und unzähligen Zigaretten. Nachdem er gegen Mitternacht gegangen war und ich in meinem Sessel das Licht der Neonreklame, das sich im Qualm des Zigarettenrauchs spiegelte, beobachtete, drang tief aus meinem Innersten der Schrei: »Herrgott, zeig mir den Sinn des Lebens.« Meine Erregung klang in einem viertelstündigen Weinkrampf aus. Vollkommen fassungslos von diesem überraschenden Ereignis saß ich noch einige Zeit in meinem Sessel, ohne eine Ahnung von der Tragweite dieses Geschehens zu haben. Noch wusste ich nicht, dass dieser Ruf gehört worden war und Hilfe unterwegs war.

Scheinbar lief alles in den alten Bahnen weiter, doch traten jetzt immer öfter Menschen in mein Umfeld, die ein gewisses geistiges Bewusstsein hatten. Da ich schon immer sehr offen für Neues war, begann ich intensiver zu lauschen und fühlte mich von dem spirituellen Wissen dieser Menschen sehr angesprochen. Während meiner Managerzeit hatte ich begonnen, mich als Hobby mit Akupunktur zu beschäftigen. Die unsichtbaren Wirkungen interessierten mich.

Nach drei schweren Autounfällen, die ich fast alle unbeschadet überstanden hatte, sagte beim letzten der Mechaniker, der den Wagen abschleppte, zu mir: »Da hast du aber einen guten Schutzengel gehabt.« Dieser Satz traf mich zutiefst, umso mehr, als man einen Unfall wie diesen eigentlich nicht überleben konnte. Doch viele »Zufälle« hatten meinen körperlichen Tod verhindert. Erst in diesem Moment wurde mir wirklich klar, dass die Richtung meines Lebens absolut nicht mehr stimmte. Da mir aber das irdische Leben weiter gewährt worden war, musste es eine tiefere Bedeutung haben.

Es begann nun eine Zeit der spirituellen Theorie, die einem professionellen Philosophen zu aller Ehre gereicht hätte. Ich las unzählige spirituelle Bücher, begeisterte mich daran und führte ungezählte Diskussionen mit Gleichgesinnten. Ein Buch von einem Mario Mantese, *Das Geheimnis vom weißen Stein*, war mir in den Buchkatalogen aufgefallen und hatte meine Neugier geweckt, doch interessanterweise kaufte ich es nie. Anscheinend war der richtige Zeitpunkt noch nicht gekommen.

Nach fünf Jahren spiritueller Theorie wurde die innere Unzufriedenheit immer größer, und ich sehnte mich danach, mein theoretisches Wissen in die Praxis umzusetzen.

Am Karfreitag 1991 eröffnete sich in mir eine Christuskraft in einer Dynamik, die mir vollkommen fremd war. Sie ermöglichte es mir, endlich zu handeln. Ich gab mein Managerdasein auf, dadurch löste sich auch der alte »Freundeskreis« auf, und ich landete zu meiner Freude endlich bei mir.

Nach meinem ersten Reiki-Kurs begann ich, alles feinstofflicher zu betrachten. Mein Denken, Fühlen, Sprechen, Bewegen und Handeln richtete sich zunehmend nach der göttlichen Stimme in mir aus, damit wurde aber auch die gewaltige Kraft des Egos deutlicher spürbar. Mein Lebenswandel normalisierte sich wieder, und die Christuskraft begann mein Leben zu beeinflussen. Eine einmonatige schmerzhafte Nierenentzündung, die gegen jegliche Art schulmedizinischer Behandlung resistent war, verschwand nach einem Gebet innerhalb von Sekunden. Ich begann allmählich zu verstehen.

Eine innere Stimme gab mir den Auftrag, eine Ausbildung zum Reiki-Lehrer zu machen. Diese Ausbildung brachte herrliche Gefühle und Erlebnisse aus meinem Innersten an die Oberfläche. Voller Begeisterung eröffnete ich eine Praxis und begann mit dem Handauflegen. Mein spirituelles Ego strahlte nach jedem Erfolg. Doch nach jeder Behandlung spürte ich auch viele Reaktionen bei mir. Alles, was bei mir nicht in Ordnung war, meldete sich – Transformation pur. Es waren kraftvolle Lehrjahre, sowohl finanziell wie auch charakterlich. Mein spirituelles Ego wuchs mit jedem Erleben, noch hatte ich nicht begriffen, um was es wirklich geht. Ich sah Geistwesen, war in der Hölle zu Besuch, sah geometrische Figuren, wie sie in ein Unterrichtszimmer hineintanzten, spürte immer feinstofflichere Energien, aber glücklicher wurde ich dadurch nicht.

Eines Tages erfasste mich eine unvorstellbare Energie, die mir die Gewissheit gab, dass alles möglich sei. Diese Kraft schenkte mir die Möglichkeit, meine desolate Ehe so oder so in Ordnung zu bringen. Der Widerspruch, über Treue zu sprechen und sie selbst nicht zu leben, war fast nicht zu ertragen gewesen. Eine ehrliche Aussprache mit meiner Frau beendete diesen Zustand.

In einer zweiten Ehe lernte ich, die Fehler der ersten zu vermeiden. Meine neue Praxis florierte nach kurzem Anlauf, und meine spirituellen Erlebnisse häuften sich.

Durch geistige Fügung bildete sich um mich eine Gruppe von ähnlich gesinnten Seelen, und wir besuchten die Darshans von Mutter Meera und erlebten nie gekannte Gefühle der unpersönlichen Liebe. Bei einer Kriya-Yoga-Einstimmung von Prajnananda hörte ich himmlische Töne und war für Monate eingetaucht in eine praktizierende Liebe, fernab vom Denken. Während eines anderen Seminars, das ich besuchte, legte mir der Seminarleiter ein Bild von Sai Baba auf die Brust, augenblicklich war ich eingeschlafen. Nachdem ich wieder aufwachte, war ich nicht mehr der Gleiche. Mein Bewusstsein war für Monate vom Denken befreit, und ich befand mich in einem Zustand unaussprechlicher Liebe. Doch all diese schönen Zustände kamen und vergingen wieder – nichts war von Dauer. Ich sah diese Erlebnisse als Gnade und Wegweiser.

Das Buch *Die Botschaft des Jakobus*, das mich ständig begleitete, war mir eine andauernde Quelle der göttlichen Kraft und inspirierte mich, nie aufzugeben. Die Worte in diesem Buch besaßen für unsere Gruppe eine solche Ausstrahlung, dass wir uns in den Sinai, auf die Spuren von Jesus, begaben. Am Djebel Serbal, dem Berg, an dem Jesus seinem Bruder Jakobus die göttlichen Lehren vorlebte, ertönte unser Ruf »Der Vater und ich sind eins«. Verwandelt kehrten wir zurück. Immer wieder spürte ich diese reine Kraft in mir, auch wenn das Ego sie scheinbar verdunkelte.

Die Sehnsucht, ewig in dieser Kraft zu ruhen, wurde immer stärker. Noch glaubte ich, dass ich mich selbst vom Ego befreien könnte, und arbeitete daran, es zu reduzieren, doch immer wieder brannte es vor Ehrgeiz und wollte Neues und Eindrucksvolles erleben.

Mir wurde bewusst, dass ich einen Lehrer finden musste, der im reinen Licht lebte und mich endgültig aus diesen alten Ego-Kräften befreien konnte. So formte sich in mir der starke Wunsch, einem Meister, dem dies möglich wäre, zu begegnen.

Meister M

Wochen später ließ ein Besuch das Buch *Im Land der Stille*, zusammen mit einem Anmeldeformular für die Zusammenkunft und den Darshan mit Meister M in Germering bei München, bei mir zu Hause liegen.

Ich verschlang dieses Buch in einer Nacht. Die Kraft der Worte hinterließ tiefe Spuren in mir, mein altes Weltbild begann zu wanken, die Nebenwirkungen waren monatelang zu spüren. Ich wusste, ich wollte und musste Meister M sehen und erleben. Voller Ungeduld wartete ich auf die nächste Zusammenkunft. Noch konnte ich nicht ahnen, dass diese Tage in München der Auslöser für ein völlig neues, verändertes Leben sein würden.

Der Darshan

Der erste Darshan löste ein Meer von Tränen in mir aus. Das ewige Licht, das von Meister M ausging, ließ alles in mir erbeben. Es war so unglaublich und unfassbar. Jeder Blick, jede Handbewegung von ihm hatte eine gigantische Wirkung auf mich und auch auf die vielen Hunderte von Menschen, die gekommen waren, um ihn zu sehen und zu erleben. Ich hatte das Gefühl, als ob ich in ein Boot gehoben würde, das mich nach Hause bringt – coming home. Gerade jetzt, beim Schreiben dieser Zeilen, spüre ich, wie diese intensiven, wunderbaren Gefühle wieder in mir auftauchen.

Am nächsten Tag erlebte ich die Zusammenkunft in einem total aufgewühlten Zustand. Mein Emotionskörper hatte das Erleben vom Vortag beim Darshan noch nicht verkraftet. Es war ein überwältigendes Wochenende. Eingetaucht in die feurigen Schwingungen des heiligen Lichtes fuhr ich total aufgelöst, aber extrem euphorisch nach Hause. Die Monate danach waren vielleicht die glücklichsten meines Lebens, denn ich spürte tief innen: »Ich bin am Ziel – das ist es.«

Im September folgte ein Intensivseminar in Zürich, das dem Ganzen die Krone aufsetzte. Ich wusste eigentlich noch gar nichts Näheres über die Inneren Kreise von Meister M, als für mich vollkommen überraschend gerade zu dieser Zeit ein neuer Innerer Kreis gebildet wurde, in den ich eintreten durfte. Alles in mir sagte Ja. Ich war bereit, mich auf die intensive, alles transformierende Kraft, die Meister M ist, einzulassen.

All die Darshans und Zusammenkünfte in den folgenden sechs Jahren lösten eine Vielzahl von subtilen Gefühlen in mir aus, die zu einer ständigen Bewusstseinsveränderung führten.

Dann geschah eines Tages etwas Unerwartetes. Nach unserem Zusammensein mit Meister M in den Inneren Kreisen, beim Verlassen des Raums, begann mein Herzchakra eine derartige Hitze auszustrahlen, dass ich nicht wusste, wie mir geschah. Ich glaubte zu träumen, aber es geschah vollkommen real. Die Hitze steigerte sich in eine Liebeskraft, die mich in absolute Fassungslosigkeit versetzte. Diese Kraft sprengte alle Grenzen. In dieser Kraft war jede Schöpfung und Heilung möglich. Alles in mir war *eins*.

Bis dahin hatte ich das Gefühl, dass es um mich geht, seitdem spüre ich, dass es um alle und alles geht.

Meine Begeisterung übertrug sich auf viele Menschen in meiner Umgebung, die auch die Sehnsucht verspürten, im ewigen Licht zu leben. Allein die Tatsache, miterleben zu dürfen, wie immer mehr Menschen von der unpersönlichen Liebe von Meister M berührt und ergriffen werden, ist eine grenzenlose Gnade.

All die Jahre im Zusammensein mit Meister M haben einen deutlichen Wandel meines Bewusstseins bewirkt. Der Zustand, in dem ich mich jetzt befinde, ist am besten mit den Worten von Aldous Huxley auszudrücken: »Spirituelle Gnade entspringt dem göttlichen Ursprung allen Seins, und sie wird in der Absicht gewährt, den Menschen zum Ende seiner Evolution zu führen, also aus der Zeit zurück in die Zeitlosigkeit, zurück von der Ichbezogenheit in die Unpersönlichkeit des göttlichen Ursprungs.«

Danke, Meister M, für die Gnade.

Meine Fragen an Meister M

F.: Was ist die Seele?

MM: Nichts, das man sehen, beweisen oder erklären könnte. Es ist ein religiös geprägter Begriff. Es wird gesagt, dass es die Seele ist, die ins Paradies oder in die Hölle reist. Doch wie kann eine Seele hier in ein Paradies dort, das ewig sein soll, reisen? *Etwas,* das reist, was immer das auch sein mag, ist zeiträumlich begrenzt. Wie könnte etwas zeitlich Begrenztes ins Unbegrenzte, ins Zeitlose reisen? Was immer da auch reist, es existiert bloß als vergängliche Vorstellung, als Bewegung im Bewusstsein.

Der denkende Mensch fürchtet sich vor der Vorstellung, gestaltlos zu sein oder zu werden, deshalb klammert er sich an die Idee, etwas Geformtes und Gestaltetes zu sein. Kreativ entwirft er in seinem Bewusstsein einen Ort, in dem er als Gestalt leben kann, und hofft, nach dem Tod als Seelengestalt weiterexistieren zu können.

Doch dies sind letztendlich nichts als Gedankenkonstrukte, denn die Welt und die Vorstellungen von einem eigenen Leben und eigenen Tod existieren nur in deinem Denken. *Du* bist nie geboren, dein Körper wurde geboren.

F.: Wie soll eine Partnerschaft/Ehe gelebt werden?

MM: Indem man erkennt, dass das, was den Partner schafft, eine Vorstellung ist, nämlich die Idee, als Körper zu einem anderen Körper zu gehören. Zusammen sein, frei von Vorstellung, Bindung und Machtanspruch, so könnte eine Partnerschaft gelebt werden. Jede Kultur hat diesbezüglich eigene Vorstellungen, deshalb müssen alle Menschen, die in einer Partnerschaft leben, ihr Zusammensein selbst definieren.

Gewahr zu sein, dass der Mensch, mit dem man zusammenlebt, *vor* der wahrgenommenen Körpergestalt existiert, löst Grenzen und Begrenzungen auf und bringt Ruhe und Frieden in das Zusammensein. Die Quelle des Glücks liegt jenseits der Körper, die geboren werden und sterben.

F.: Wie siehst du das mit der Kindererziehung?

MM: Indem man zuerst die Eltern erzieht und ihnen Folgendes klarmacht: Haustiere erzieht man, Kinder begleitet man. So etwas wie *mein Kind* gibt es in Wirklichkeit nicht, denn ein Kind ist kein Objekt, das man besitzen kann.

F.: Viele meiner Fragen beziehen sich auf die »Egoarbeit«. Wie kann ich es reduzieren, bearbeiten usw.? Wie geht man damit um?

MM: Wenn man erkennt, dass es das Ego in Wirklichkeit gar nicht gibt, dann braucht man sich auch nicht darum zu bemühen, es loszuwerden.

Es ist doch lächerlich: Das Ego arbeitet an sich selbst, um weniger zu werden, und wird dadurch gestärkt. Alles, was man damit erreicht, ist eine Vermehrung der Konzepte. Eine nicht existierende Illusion will sich selbst durch Anstrengung desillusionieren.

F.: Viele Menschen haben bei ihrer spirituellen Entwicklung Probleme mit ihrem Partner, weil er einen anderen Weg geht. Wie geht man damit um?

MM: Alle spirituellen Wege sind problematisch, denn sie führen weg von dem, was man wirklich ist. Also sollte man entdecken, was *vor* all diesen Wegen, Anweisungen und Möglichkeiten ist. Probleme in den Partnerschaften sind meistens längst da, bevor der eine Partner sich auf den Weg macht und der andere nicht.

F.: Inwieweit ist es sinnvoll, Hilfsmittel zu verwenden – Farben, Klänge, Düfte, Familienstellen, Reinigungsrituale usw.?

MM: Damit kenne ich mich nicht aus, doch Hilfsmittel sind für die Realisation der Totalität unnütz. Die Erwartungen und Hoffnungen, die in diese Dinge projiziert werden, werden nie wirklich erfüllt.

F.: Was ist Schicksal? Warum hat man es? Wie ändert es sich?

MM: Solange man in der Illusion von Ursachen und Wirkungen gefangen ist, ist man schicksalsgläubig und erlebt das, woran man glaubt.

F.: Wie kann Gnade definiert werden? Wer erhält sie, wer nicht?

MM: Wenn einer Gnade erhält und der andere nicht, dann hat dies mit Sicherheit nichts mit Gnade zu tun. Gnade kommt nicht von irgendwoher und geht nicht irgendwohin. Wenn die *Ich*-Illusion verdunstet, ist Gnade da. Gnade ist die Realisation des Selbst.

F.: Wie kann man im Jetzt verweilen?

MM: Im Jetzt kann man nicht verweilen. Jetzt ist die *eine* untrennbare Wirklichkeit. Das Ich kann an einem von ihm projizierten Ort verweilen, das Hier und Jetzt ist ortlos. Totalität ist immer da, wo du bist.

Liebe ist stärker als der Tod

Angelika und Klaus Flaschberger

Unsere Tochter Mirjam wurde am 13.1.1997 geboren. Sie ist und war der aufgehende Stern in unserem Universum, ihr Lächeln verzauberte die Welt. Als vielgeliebtes Mädchen wuchs sie im Kreise unserer Apothekerfamilie auf. Mit fünf kam ihr Bruder Jannai in die kleine Familie. Erste Gewitterwolken zogen in Mirjams Universum auf. Sie musste jetzt den Papa teilen, doch Mama blieb ihr als uneinnehmbare Festung erhalten. Sie sagte auch zum ersten Mal: »Mama, unsere Herzen sind Zwillinge.« Sie wuchs in keinem leichten Umfeld heran.

Etwa zur selben Zeit trafen wir auf Meister M. Mit seiner Unterstützung würden wir es schaffen, unsere schwierigen familiären Probleme zu lösen, war damals unsere Hoffnung. Doch nein, bei ihm gab es keine Lösungen! Es gab nur Erlösung von alten Schicksalskräften, die uns fest im Griff hielten. Vier riesengroße Egos, voller Mangel, Selbstzweifel, Eifersucht, Verletzung und Enttäuschung. Eines hatten sie gemeinsam, sie wollten zurück in die bedingungslose Liebe. Nein, sie mussten zurück in die bedingungslose Liebe.

Die Egos von uns beiden, Mutter und Vater der Kinder, fingen an, im *Licht aller Lichter*, im Herzen von Meister M, zu rösten. Er sagte zu uns: »Ich bin kein Tröster, ich bin ein Röster.« Meister M erhielt per E-Mail unsere Bitte: »Verbinde doch unsere Herzen.« Die sehr treffende Antwort folgte sofort: »In einem Garten, in dem du nichts pflanzt, werden keine Blumen blühen.« Wir konnten die gesamte Tragweite dieses Satzes nicht zulassen, weil alte Schicksalskräfte und Verletzungen stärker waren als der Wunsch, klar zu sehen. Die Hilfe, die wir uns von ihm erhofften, gab es so nicht.

Er sagte: »Ich bin kein Lieber, kein Wunscherfüller, Klarheit ist mein Wesen. Euer Ich und eure Probleme existieren nicht getrennt voneinander. Das, was von euch außen erlebt wird, ist eine Spiegelung des Ich-Bewusstseins im Innern. Kümmert euch nicht so sehr um das Erlebte. Entdeckt, wo das Gefühl der Trennung entsteht, ent-deckt diese innere unsichtbare Plattform, auf der eure Probleme entstehen und sich eure Schwierigkeiten formen.«

Der schlimmste Tag in unserem Leben

Dann kam dieser alles verändernde Tag, Mittwoch, der 8. Oktober 2008. Jannai war gerade achtzehn geworden und fuhr jetzt mit seinem neuen alten Auto selbst in das nahe gelegene Gymnasium, das beide Kinder besuchten. An diesem Morgen fuhren sie gemeinsam zur Schule. Mit dabei waren auch zwei Brüder, die besten Freunde von Jannai.

Zehn Minuten, nachdem sie das Haus verlassen hatten, schlug eine erbarmungslose Schicksalskraft zu. Es kam zu einem verheerenden Verkehrsunfall, an dem Mirjam und die beiden Brüder ihre Körper verloren, sie starben während des Unfalls.

Kurz darauf waren wir unterwegs zum Unfallort. Telefonisch baten wir Herbert, den deutschen Organisator, einen Kontakt zu Meister M herzustellen und ihn über den Unfall zu informieren. Ein paar Minuten später, noch bevor Herbert ihn kontaktiert hatte, rief er ihn selber an. Ein Zufall?

So innerlich mit Meister M verbunden, erreichten wir die Unfallstelle. Blankes Entsetzen! Doch in diesem Wahnsinn, in diesem Schock, breitete sich eine seltsame Ruhe und Stille aus, ein Frieden lag über dem Unfallort. Es stimmte also, was Meister M immer sagt: »Ich bin 24 Stunden 365 Tage im Jahr für euch da.«

Das Auto war in zwei Teile zerrissen worden, verstreut lagen die drei toten Kinder auf der Wiese. Wie wir erfuhren, war Jannai schwer verletzt mit dem Hubschrauber ins Unfallkrankenhaus nach Murnau geflogen worden. Nach langen Verhandlungen mit dem Staatsanwalt durften wir Mirjam mit nach Hause nehmen. Wir wuschen sie, kämmten ihre schönen langen Haare und zogen ihr das weiße Kommunionskleid an. Auf dem Sofa betteten wir Mirjam in ein großes weißes Tuch, das wir einmal von einer indischen Heiligen erhalten hatten. Da lag jetzt unser Engel, nicht mehr in dieser Welt und auch nicht mehr von dieser Welt. Wir konnten es nicht begreifen und schon gar nicht akzeptieren.

Die Ärzte im Unfallkrankenhaus gaben keine Auskunft über Jannais Gesundheitszustand. Als ich gegen Mittag mit dem Taxi nach Murnau fuhr, war die Dreiviertelstunde eine Ewigkeit, in der Ungewissheit, im Schock, im Unfassbaren, was geschehen war.

Mir war, als wäre ich aus meinem bisherigen Leben hinauskatapultiert worden, in die Unendlichkeit, in eine Stille, die alles trägt, die einfach ist. Gleichzeitig ging mein Körper zittrig, kaum in der Lage, sich zu bewegen oder zu sprechen, auf die Intensivstation. Da lag Jannai, versorgt und überwacht von Schläuchen und piepsenden Geräten der Intensivmedizin. Der Tod war noch ganz nahe bei ihm, er kämpfte, er war gezeichnet. Zur gleichen Zeit lag Mirjam zu Hause, friedlich und licht wie ein Engel, doch das Leben war für immer aus ihrem jungen Körper gewichen.

Wie war das für uns zu schaffen? War es überhaupt zu schaffen? »Dinge geschehen, weil sie geschehen, niemand weiss warum«, erklärte Meister M. In einem Telefonat sagte er: »Fragt euch nicht warum, denn es gibt keine Antworten auf ein solch tragisches Ereignis, alle Worte enden hier, vor dieser unfassbaren Tatsache. Mirjam ist jetzt zu Hause, das Land der Stille hat sie absorbiert.«

Die Tage des Abschiednehmens wurden zu Tagen der Wandlung alter Schicksalskräfte. Mirjam wohnte ab jetzt fester denn je in unserem Herzen. »Ihr werdet sie immer in euren Herzen finden«, sagte Meister M.

So wurde der Schlüssel zu ihrem Herzen nun zu einem Schlüssel zur Totalität. Seit dem Anruf von Meister M hatte sich die Stimmung verändert. Es war so, als wäre ein Lichttor geöffnet worden, als könnten wir mit Mirjam direkt in den Himmel blicken.

Dieses starke Licht hatte sich im Zimmer und im ganzen Haus ausgebreitet. Wir waren Tag und Nacht bei ihr, viele Freunde kamen und gingen, nahmen Abschied, halfen und begleiteten uns. Wir alle nahmen Abschied, Schritt für Schritt, bis wir Mirjam am Freitagnachmittag in den Sarg legten und den Deckel verschlossen. Dies war sehr schwer für uns. Am Samstag war Beerdigung. Um elf Uhr wurden Simon und Hannes begraben. Es war ein Ausnahmezustand im ganzen Dorf. Zu Mittag wurde der Sarg mit Mirjam von einer Pferdekutsche abgeholt und zum Gottesdienst in die nahe Klosterkirche gefahren. Mirjam war eine begeisterte Reiterin gewesen.

Meister M hatte uns per E-Mail mitgeteilt, er werde bei uns sein. Und er war wirklich da. Der ganze Kirchenraum war erfüllt von Licht, die Trauer war gewichen. Es war ein Fest des Lichts, wie uns hinterher einige Menschen berichteten. Sie hätten noch nie so eine Beerdigung erlebt. Es war ein Fest der Auferstehung und der Wandlung. Der Tod hatte in dieser Stunde keine Macht mehr. Die Trauer wurde zur Hoffnung!

»Schöpfung und Zerstörung gibt es nur für das Ich und nicht für das, was Du wirklich bist«, schreibt Meister M.

Der lange Trauerzug erreichte den Friedhof, Mirjam wurde der Erde übergeben. Viele Menschen kamen, um sich von Mirjam zu verabschieden und um uns ihre Anteilnahme auszudrücken. Es waren sehr schwere Momente für uns. Doch plötzlich, wir erlebten es zur selben Zeit, strömten eine Wärme und ein Licht durch uns hindurch. Die Trauer und der Schmerz in uns wurden leichter und verwandelten sich in tiefe Liebe, Dankbarkeit und Stärke. Ein ungeahntes Licht war plötzlich anwesend und gab uns die Kraft, den Abschied anzunehmen. Die Menschen berichteten uns später: »Im Sterben von Mirjam hat Gott uns berührt.« Andere begegneten dem heiligen Licht so tief, dass sie in der Folge zu den Zusammenkünften von Meister M kamen.

Zwei Monate waren vergangen. Dieser Tsunami unseres Lebens entpuppte sich auch als Gnade, obwohl es oft sehr grausam war. Nichts war mehr so, wie es einmal gewesen war. Unser Leben kam ans Ende aller Lösungen, Konzepte, Schmerzen und Hoffnungen. *Das, was Du wirklich bist*, ein Buch von Meister M, hatte uns tiefe Einsichten gegeben. Es war wie eine Explosion in eine andere Dimension oder Seinsform. Keine Präsidentenwahl in den USA, keine Wirtschaftskrise hatte eine Bedeutung für uns, die Welt stand still. Unsere ersten Gedanken nach der Katastrophe waren: Jetzt beginnt die Wüste, die dunkle Nacht der Seele, die Dürre, die Depression. Doch in dieser Zeit wurden einige Worte von Meister M zu Juwelen für uns: »Einfügen bringt Flexibilität und Elastizität in euer Dasein. Nehmt die Trauer an, nur so ist es möglich, sie zu verarbeiten. Bemüht euch nicht, den Schmerz zu unterdrücken oder loszulassen, der Schmerz hat seine Zeit und sein Ende!«

Meister M begleitet uns jetzt durch die innere Wüste, das wissen und erfahren wir in großartiger Herrlichkeit.

Nach sechs Wochen Krankenhausaufenthalt kam Jannai zurück nach Hause. Er hatte noch gar nicht realisiert, dass seine Schwester und seine beiden besten Freunde gestorben waren. Nicht wahrhaben wollen, was passiert war, und das Unfassbare doch akzeptieren müssen – eine schwere Zeit für ihn, für uns.

Unsere Persönlichkeiten zerbröselten weiter. Die alten Gewohnheiten wollten wieder die Regie übernehmen, doch es ging nicht mehr. Einfügen war angesagt. Die persönlichen Gespräche mit Meister M im Darshan ließen uns Hoffnung schöpfen. Wir erfuhren einmal mehr, auf welch tiefer Ebene wir ihm begegnen durften. Welch unermessliches Licht begleitet und trägt uns durch ihn! Er ist ein ganzes Universum und doch so einfach und so nah und normal. Auch Jannai begann sein neues Leben mit Meister M im Herzen. An seinem ersten Darshan hat Meister M ihm einen Schatten, der auf seiner Seele lag, entfernt.

Liebe Mirjam

Heute ist Weihnachten, vor zwölf Jahren waren wir voller Vorfreude auf dich. Und jetzt ist unser Herz offen für eine Begegnung mit dir im Hier und Jetzt. Du bist uns in der äußeren Form genommen worden, unser äußeres Herz leidet Qualen. Doch unser inneres Herz fängt an, den kühlen Tau einer neuen Verschmelzung mit dir wie ein Wüstenschwamm aufzusaugen. Wo ist der Raum, in dem wir dir begegnen können? Wo können wir jetzt ohne die äußere Form mit dir verschmelzen? In diesem Augenblick wirft die Sonne über den Wolken ihren ersten Strahl in unsere Augen und lässt eine Träne tiefer Berührtheit aus dem Augenwinkel kullern. Jeder Gedanke an dich entfacht ein göttliches Feuer in unseren Herzen. Jeder Gedanke an dich lässt uns fühlen, dass du vom Tod unberührt, »eins mit dem Einen« bist. Du bist für uns der Platz geworden, wo Trauer von Einfügen, Verzweiflung von Einssein und Verlassensein von Verschmelzung abgelöst wird.

Mirjam, wir danken dir für jeden Augenblick mit dir, für jede Berührung im Herzen, für den Duft der Einigkeit, für den Klang der Unendlichkeit, der in unserem Wesen durch dich erklingt. Du bist für uns der

Indikator eines neuen Lebens geworden. Unser kleines Ich lässt Trauer, Hoffnungslosigkeit, Verzweiflung, Enttäuschung und Wut aufkommen. Die Liebe, die durch dein Erwachen im Ewigen in unser Seelengefäß fließt, lässt tiefes Gewahrsein und Ankommen in uns erblühen.

Oh, Kind der Liebe, du wurdest zur Lichtspur, zu unserem wahren Zuhause in der Unendlichkeit.

Danke, Meister M, dass du uns in dein Herz aufgenommen hast.

Unsere Fragen an Meister M

F.: Wer in mir entdeckt, dass ich erwacht bin?

MM: Das, was nie geschlafen hat, das *Wer* hat nie existiert.

F.: War der Tod von Mirjam im Raum-Zeit-Gefüge schon bei ihrer Geburt festgelegt? War der Unfall der Kinder göttliche Fügung oder menschliches Versagen?

MM: Wir bringen nichts in diese Welt hinein und können am Ende unseres Lebens nichts mitnehmen, auch nicht unsere Körper. So stellt sich die Frage: Was waren wir vor unserer Geburt, was sind wir nach unserem Tod, und was sind wir jetzt?

Kann Gott wollen, dass Kinder durch seine Fügung in einem Autounfall sterben? Was für ein Gott wäre das? Wir sind verletzliche Wesen und leben im Leben mit dem Tod.

Ein Kind zu verlieren, ist eine sehr schmerzhafte und schlimme Erfahrung, doch Kinder sind meistens unbelastet von der Welt. Sie sind spontan und leben dadurch ganz natürlich in der Nähe des universellen Gewahrseins.

Alle paar Sekunden stirbt auf der Erde ein Kind an Hunger, an einer Krankheit, an einem Unfall. Wer ist schuld? Wer hat versagt? Es gibt eigentlich nur *ein* menschliches Versagen, und das ist: *seines zeitlosen Hier und Jetzt nicht gewahr zu sein!*

Schaut tiefer, über den Rand des Lebens hinaus und erkennt: Leben und Tod betreffen den physischen, den vergänglichen Körper, der das überlagert, was ihr wirklich seid.

F.: Kann Mirjam, wie in deinem Buch *Im Land der Stille* beschrieben, durch ein Lichttor in unsere Welt treten? Können wir sie so wiedersehen? Oder können wir ihr im Licht aller Lichter begegnen?

MM: Bindet Mirjam nicht mit solchen Gedanken an euch, lasst sie in Frieden und seid in Frieden. Es gibt nirgends Trennung, nirgends Grenzen, außer in eurer Denkwelt. Lasst das Wollen los.

F.: Wo ist der Sitz meines Bewusstseins in meinem Körper?

MM: Das Bewusstsein hat keinen Sitz im Körper. Bewusstsein ermöglicht es dir, diese Frage über das Bewusstsein zu stellen und über sie nachzudenken. Da aber der Körper selbst nur als eine Erscheinung im Bewusstsein existiert, bist du das, was *vor* dem Bewusstsein existiert.

Bewusstsein und das Bewusstgewordene sind eins. Bewusstsein bezeugt die Welt, was aber bezeugt Bewusstsein?

F.: Sind der Mikrokosmos, der Makrokosmos und mein Körper die gleiche Ebene, oder überlagern sich da verschiedene Bewusstseinsformen?

MM: Die kleine und die große Welt, Mikro- und Makrokosmos, können nicht getrennt voneinander existieren. Fragt sich nur, wo die beiden sind, wenn keiner da ist, der über sie nachdenkt.

F.: Ich erlebe manchmal im Alltag, dass mein Bewusstsein plötzlich unendlich weit wird, so als würde ich der Weltraum sein. Gleichzeitig aber fahre ich Auto, führe ein Gespräch oder mache Sport. Wer ist da der Handelnde, wer der Beobachter?

MM: Bewusstsein ist der Weltraum selbst, doch der Weltraum ist davon abhängig, dass einer da ist, der ihn betrachtet und bewusst über ihn nachdenkt. Weite und Nähe sind bloß subjektive Empfindungen. Das, was du wirklich bist, ist *vor* den beiden.

Solange die Vorstellung »Ich bin der Körper« besteht, solange gibt es Erfahrungen und einen Erfahrenden. Doch weder die Erfahrungen noch der Erfahrende existieren wirklich. Dies zu realisieren, nennt man Erwachen.

F.: Wir unterhalten uns oft mit einem befreundeten jungen Priester. Auch wenn uns seine geistige Welt sehr begrenzt erscheint, fließt doch ein starkes Licht durch ihn. Er sagt, es sei der Heilige Geist, oder ist es das Licht aller Lichter in der katholischen Form?

»Niemand kommt zum Vater denn durch mich.« Sind Jesus Christus und der göttliche Vater eine Kraft aus der Totalität, oder sind sie ein christliches Konzept?

MM: Meister Jesus war ein jüdischer Rabbi, er war wie ein Nomade und ständig unterwegs. Er hat vorwiegend draußen, im Freien, gesprochen, manchmal in Synagogen. Er war sicher kein Katholik oder Protestant.

Er hat gesagt: »Ich bin das Licht der Welt.« Diese Aussage, diese Realisation, ist universell. Es gibt nur ein Licht der Welt und das ist allgegenwärtig, es ist das, was du wirklich bist.

Alle Objekte, deine Umgebung und der Raum, in dem sie existieren, sind in dir selbst. Wie könnten sie getrennt von dir existieren? Das Licht der Welt ist das, was vor allen Erscheinungen und Manifestationen existiert und doch alles, was ist, durchleuchtet, beleuchtet und erleuchtet. Sicher ist, das Licht der Welt ist frei von Religionen und Dogmen.

F.: Wodurch entsteht Tiefe in meinem Leben?

MM: Tiefe entsteht nicht. Tiefe ist, wenn Oberflächlichkeit verschwindet.

F.: Du sprichst von der allumfassenden Ordnung im Universum. Wie kann ich in meinem Alltag Ordnung schaffen?

MM: Indem du aufhörst, in deinem Alltag Unordnung zu schaffen.

Himmlische Fügung

Stefanie Kosevic

Ich wurde in Zagreb in Kroatien geboren und verbrachte den größten Teil meiner Kindheit bei meinen Großeltern in einem kleinen Dorf nahe der ungarischen Grenze. Meine Großeltern waren einfache Bauern und sehr arm. Das kleine Haus, in dem wir wohnten, bestand aus einem kleinen, schlichten Zimmer und einer noch kleineren Küche. Es bot gerade genug Platz für uns drei. In der Küche stand ein Holzofen, der im Winter nicht nur uns, sondern auch die Jungtiere vor der eisigen Kälte schützen musste. Die Sommer waren wiederum sehr heiß, und die vielen Pflaumenbäume, die das Haus umsäumten, spendeten dann angenehmen Schatten.

Die Menschen in meiner Umgebung waren sehr durch den strengen katholischen Glauben und Aberglauben geprägt. Jeden Sonntag sprach der Pfarrer in der Kirche von Gott, Jesus' himmlischem Reich, Sünde und Strafe. Meine Großeltern besaßen bis auf die Bibel keine anderen Bücher. Als kleines Mädchen durfte ich darin die schwarz-weißen Zeichnungen von Engeln und Heiligen ausmalen. Als Kind war ich sehr neugierig, und meine Großmutter gab sich Mühe, meine Fragen geduldig zu beantworten.

Wenn ich draußen spielte, so hielt ich oft inne und beobachtete den weiten blauen Himmel. Die Wolken in dieser Weite faszinierten mich, und ich stellte mir vor, dass irgendwo dort mein Schutzengel zu Hause wäre. Vor dem Einschlafen betete ich fleißig das Vaterunser und wünschte mir nebenbei eine Kugel Eis, denn der Eismann kam sehr selten in unser Dorf. Manchmal aber wünschte ich auch schöne Farbstifte. Am meisten wünschte ich mir aber, dass meine Eltern bald zurückkommen würden. Doch sie ließen mich noch viele Jahre warten, die mir unendlich lang vorkamen.

Als ich endlich mit vierzehn Jahren in die Schweiz zu meinem Vater kam, begegnete ich einer neuen Welt – und ich hatte sogar ein eigenes Zimmer und fließendes warmes Wasser! Das Malen bereitete mir immer noch große Freude, und eigentlich wollte ich wie mein Vater Künstlerin werden. Im damals kommunistischen Kroatien wurden begabte Schulkinder gefördert, und für eine kurze Zeit durfte auch ich davon profitieren. Doch in der Schweiz kam eine Kunstausbildung aus verschiedenen Gründen nicht in Frage, und so musste ich meinen Traum begraben und mich neu orientieren. Das beschäftigte mich sehr, und jedes Mal, wenn dieses Thema angesprochen wurde, konnte ich die Tränen nicht zurückhalten. Schon nach einem Jahr war ich in der Schweiz gut integriert und von meiner neuen Umgebung akzeptiert. Für andere schien ich das normale Leben einer Jugendlichen zu führen.

Ich machte eine Ausbildung als Maschinenzeichnerin und absolvierte ein paar Jahre später die Handelsschule. In der darauffolgenden Zeit war ich selbständig erwerbstätig im Bereich Büro-Werbung. Bevor ich das erste Mal von Meister M hörte, beschränkte sich mein Alltag vor allem auf das Arbeiten. Die späten Feierabende verbrachte ich meistens alleine. Mein Interesse für das unerklärbare und magische Leben und dafür, wie ich als Mensch funktioniere, war schon immer sehr groß. Doch die seltenen Gelegenheiten, die sich mir boten, darüber zu philosophieren, nutzte ich nie, um tief hineinzuschauen.

Eines Abends lief die bekannte Sendung »Aeschbacher« im Schweizer Fernsehen, und während ich in der Küche das Geschirr spülte, erreichten mich folgende Worte: »... und nun stelle ich Ihnen Herrn Mario Mantese vor, Buchautor und ...« Ich lief ziemlich rasch, wie von einem Magneten angezogen, ins Wohnzimmer und kniete mich so nah vor das Fernsehgerät, dass meine Nasenspitze fast die Glasscheibe berührte. Ich wollte mir diesen Menschen genau ansehen und hören, was er sagte. So lauschte ich seinen Worten und hörte, wie er sein neues Büchlein *Die Welt bist Du* vorstellte.

In einem Nebensatz sagte er im Gespräch mit dem Moderator: »Eine Kuhmutter liebt und sorgt sich um ihr Junges, genau gleich wie eine Menschenmutter ihr Kind liebt und umsorgt. Die Kuhmutter schenkt dem Kälbchen Geborgenheit, ernährt es mit Milch und erleidet auch Ängste, Schmerzen und Trauer, genauso wie jede Menschenmutter. Alle Lebewesen sind einzigartig, alle leben gemeinsam im selben Raum auf der Erde. Deshalb ist es wichtig, dass man alle Lebewesen achtet und ihnen mit Verständnis und Respekt begegnet.«

Bei diesen Worten zog sich mein Herz zusammen. Ich spürte das große Mitgefühl dieses Menschen, und es berührte mich tief. Dicke Tränen liefen von selbst und ich schluchzte. Ich weinte nicht aus Trauer, sondern aus Freude und Dankbarkeit. Diese Person, die diese Worte aussprach, redete vor so vielen Hundertausenden Menschen über Liebe und Achtung vor dem Leben und über das Mitgefühl. Mit klaren, einfachen und bildhaften Worten machte er die Menschen auf etwas Tiefes aufmerksam, nämlich auf die Achtung und den Respekt für alle Lebewesen.

So hatte ich bisher noch nie jemanden öffentlich sprechen hören.

Am Tag danach ging ich in die Buchhandlung und kaufte mir gleich zwei seiner Bücher. Eines davon war *Vision des Todes*. Doch bereits nachdem ich die ersten Seiten dieses Buches gelesen hatte, beschlich mich ein fremdes, unangenehmes Gefühl, und ich legte es beiseite. Die starken Bilder seiner Reise durchs Jenseits und seines Leidens konnte ich fast nicht ertragen. Zu diesem Zeitpunkt war ich noch nicht so weit, den Inhalt dieses Buches in seiner Tiefe zu erfassen. Ich war noch nicht bereit für dieses Geschenk.

So erfuhr ich das erste Mal vom Wirken dieser großen und wunderbaren Seele, ohne dass ich mir bewusst war, wie sie wirkt. Bis zu diesem Zeitpunkt schlief ich tief und fest mit offenen Augen. Dieses Ereignis liegt etwa fünfzehn Jahre zurück.

Ich entschloss mich, an einer Zusammenkunft von Mario Mantese teilzunehmen. Wochen später saß ich in einem großen Saal in Zürich und wartete. Auf dem Anmeldeformular stand unter anderem, dass man drei Tage vor der Zusammenkunft nicht rauchen, keinen Alkohol trinken und kein Fleisch essen sollte, das war für mich kein Problem.

Der Raum füllte sich schnell, ich fand einen freien Stuhl nahe der Bühne. Ich wusste nicht, was mich erwartete, und war noch ziemlich verschlafen und gleichzeitig auch ein bisschen nervös. Am Wochenende so früh aufzustehen, war nicht unbedingt meine Sache. Im Saal war es beeindruckend still. Einige Augenblicke später betrat Meister M die Bühne und setzte sich auf einen Stuhl. Sein erfrischendes Äußeres und seine unkomplizierte Art beeindruckten mich tief. Auf einem Stuhl zu seiner Linken stand eine kleine Musikanlage, zu seiner Rechten ein Tischchen mit einer Teetasse. Dieses Bühnenbild wurde von großen, wunderschönen Sonnenblumen und einer brennenden Kerze umrahmt. Mit einem offenen Lächeln fing er gleich an zu sprechen.

Damals hatte ich Mühe, ihn zu verstehen, und so wurde mein verschlafener Zustand noch intensiver. Ich konnte meine Augenlider kaum offenhalten und döste so vor mich hin. Doch die Musik, die später in der Stille erklang, holte mich in die Wachwelt zurück. Ich hatte vorher noch nie solche Musik gehört, ich lauschte den wunderschönen Klängen.

Plötzlich spürte ich eine feine Berührung in der Brustgegend, die langsam intensiver und leuchtender wurde. Wie feine goldene, gebündelte, warme Sonnenstrahlen berührte eine sanfte Kraft zart mein Gesicht und streifte meine Wimpern. Diese Strahlen fühlten sich so intensiv und echt an, dass ich während der Stille kurz meine Augen öffnete, um zu sehen, ob jemand im Saal das Licht eingeschaltet hätte. Das war aber nicht der Fall. Stattdessen begegnete ich den leuchtenden Augen von Meister M, die mich gelassen und durchdringend anschauten. Ich zuckte innerlich zusammen und schloss meine Lider wieder. Die Tränen konnte ich nicht zurückhalten, ich spürte pure Glückseligkeit. Dieses Erlebnis begleitete mich sehr lange. Die innere Sonne hatte mein Herz berührt! An diesem Tag hatte ich etwas Neues und unbeschreiblich Schönes entdeckt.

Seitdem begann sich mein Leben langsam, aber nachhaltig zu verändern, ohne dass ich mir dessen bewusst war. Trotz der vielen Arbeitszeit änderte sich mein Alltag. Ich hatte plötzlich Zeit für einen Yoga-Kurs und regelmäßige Spaziergänge im Wald. Ich war offen für neue Eindrücke und las neugierig verschiedene Bücher über Spiritualität.

Schöne Edelsteine aus einem Esoterik-Geschäft schmückten meine Wohnung, doch ich war immer noch ziemlich stark in meinen alten Gewohnheiten gefangen und war mir nicht sicher, ob und wann ich eine weitere Zusammenkunft von Meister M besuchen würde. Doch mit großem Interesse las ich jedes seiner Bücher und ging immer wieder in Buchhandlungen, um mich zu erkundigen, ob ein neues Buch von ihm erschienen wäre.

Eines Tages war das Buch *Im Land der Stille* da. Ich las und dachte, wie schön es doch wäre, wenn auch ich einen solchen kosmischen Meister kennen würde. Bei der Vorstellung, dass er nur irgendwo im weiten Himalaya zu finden wäre, in einem weit entfernten Land, ohne den genauen Ort zu wissen, ergriff mich eine große Sehnsucht und Trauer.

Doch dann hörte ich in meinem Innern: »Hey, das ist er, er spricht zu dir, du liest seine Worte!« Ich wusste schlagartig, dass Mario Mantese dieser Meister ist. Diese Erkenntnis löste in mir eine unglaublich große Freude aus. Ich musste über mich selbst lachen, weil erst so viel Zeit vergehen musste, bis es mir endlich dämmerte, dass er wahrlich ein spiritueller kosmischer Meister ist!

Von diesem Tag an besuchte ich regelmäßig seine Zusammenkünfte. Ich fühlte mich von neuen Erkenntnissen über das Leben und mich selbst beflügelt und war bereit, alles was ich in den Zusammenkünften hörte, umgehend in mein Leben zu integrieren und im Alltag umzusetzen.

Anders, als ich dachte

Einmal begegnete ich Meister M zufällig in der Stadt, ich sah ihn aus einer Buchhandlung kommen. Er blieb stehen und wartete, bis ich bei ihm angekommen war. Er begrüßte mich mit einem Lächeln und sogar mit meinem Vornamen. Da staunte ich nicht schlecht und fragte mich, woher er diesen nur kennen könne. Ich begegnete ihm noch mehrmals, jedes Mal begrüßte er mich freundlich und erkundigte sich, wie es mir so gehe und was ich gerade mache. Ich glaubte in ihm einen neuen – und vor allem prominenten – Freund gefunden zu haben.

Seitdem hoffte ich immer wieder, wenn ich in die Stadt ging, ihn zu sehen. Dabei stellte ich mir verschiedene Begrüßungsszenarien vor, wie ich sie mit ihm schon erlebt habe, doch es kam ganz anders, als ich dachte.

Einmal sah ich ihn von Weitem in der Stadt, er kam genau in meine Richtung. Ich freute mich auf das Wiedersehen! Mein Herz klopfte in rasendem Tempo, und ich bekam weiche Knie. Doch als er vor mir stand, schaute er kurz in meine Augen und drehte sich umgehend von mir weg. Wortlos entfernte er sich in einer unglaublichen Geschwindigkeit.

Ich war geschockt. Statt der erwarteten Begrüßung erlebte ich einen kleinen Weltuntergang. Ich lief wie benommen weiter und schluchzte laut. Ich war sehr irritiert und konnte sein Verhalten nicht verstehen.

Ungefähr zwei Monate später sah ich ihn wieder. Er saß auf einem hohen Hocker in einer Kaffeebar und las eine Zeitung. Ich freute mich, ihn wieder zu sehen, zögerte zuerst ein bisschen, ihn zu begrüßen. Dann dachte ich, dass er mich vielleicht bei unserer letzten Begegnung ganz einfach nicht erkannt hatte. So nahm ich all meinen Mut zusammen, überquerte die Straße und klopfte von außen freudig an die Fensterfront, hinter der er saß. Er hob seinen Blick von der Zeitung und schaute mich an, eigentlich durch mich hindurch. Mit unbewegtem Gesichtsausdruck und ohne ein Zeichen des Erkennens las er weiter.

Ich ging weg, erfüllt von Scham und wütend über mich selbst. Dabei sprach ich vor mich hin: »Nein, nein, nie wieder ...« Das musste ich erst einmal verkraften und hoffte, ihm eine Zeitlang nicht begegnen zu müssen.

Ich brauchte einige Zeit, um mich selbst und mein Ego zu durchschauen. Ich sah bald ein, dass es bei diesen Begegnungen nicht um Mario Mantese ging, sondern um Begegnungen mit einem universellen Meister, eben um einen, wie ich ihn mir gewünscht hatte.

Schmerzhafter Abschied

Vor vier Jahren verbrachte ich den Sommerurlaub mit Urs, meinem damaligen Lebenspartner, in Kroatien. Aus einem unerklärlichen Grund beschloss ich, meinen Urlaub um eine Woche zu verlängern, und so kehrte Urs ohne mich in die Schweiz zurück. Auch er war in den Inneren Kreisen von Meister M.

Zwei Tage später wurde er krank und musste sofort ins Krankenhaus. Als ich dies erfuhr, war ich sehr besorgt und flog am nächsten Tag in die Schweiz zurück und ging gleich ins Krankenhaus. Urs hatte eine bakterielle Infektion. Er sagte mir, dass das schon wieder gut würde, er müsse einfach für eine längere Zeit Antibiotika einnehmen. Ich verbrachte den ganzen Nachmittag im Krankenhaus und als abends sein Fieber sank, ging ich nach Hause, um meinen Koffer auszupacken.

Um halb vier Uhr in der Nacht rief mich eine Frau aus dem Krankenhaus an. Sie sagte mir, ich solle so schnell wie möglich kommen, Urs befände sich in der Intensivstation. Zehn Minuten später war ich dort und hörte der Ärztin zu, die mir ausführlich seinen Zustand erklärte. Er hätte eine Hirnblutung erlitten, sein Körper zeige keine Reaktionen mehr, er würde künstlich beatmet. Ich bekam die Erlaubnis, vom Computer der Ärztin an Meister M zu schreiben. Ich beschrieb ihm kurz und sachlich den Zustand von Urs. Mir blieb nichts anderes übrig, als bis zum nahenden Morgen geduldig zu warten. Man sagte mir, dass weitere Untersuchungen aufgrund der ernsten Lage erst am nächsten Vormittag durchgeführt werden könnten.

Morgens um halb neun rief mich Meister M an und erkundigte sich nach der aktuellen Situation. Ich sagte ihm, dass am Vormittag noch eine weitere Untersuchung folgen würde, und er meinte, er rufe mich später noch einmal an. Während Urs untersucht wurde, meldete sich Meister M wieder und fragte mich, ob ich mit ihm am nächsten Tag zum Mittagessen gehen möchte. Ich sagte sofort zu, ohne mir etwas dabei zu denken.

Nach diesem Anruf informierte mich die Ärztin, dass Urs in ein anderes Krankenhaus verlegt würde und ich mit dem Nachkommen warten solle. Sie sagte noch, dass es nicht sicher sei, ob sein Herz den Transport überstehen würde. Der Transport verlief gut, und eine Stunde später traf auch ich in Bern ein. Dort wurde ich vom zuständigen Arzt empfangen. Er bat mich, mit ihm zu gehen. Ich war gespannt, was er mir zu sagen hatte. Er faltete seine Hände, sah mich an und sagte: »Herr Lehmann ist hirntot.« Ich glaubte nicht richtig gehört zu haben. Erst als er sagte: »Hirntod ist gleich gestorben«, begriff ich. Ich befand mich augenblicklich in einem Ausnahmezustand und wusste nicht, was ich tun sollte. Mein Herz wurde herausgerissen, und ich lebte trotzdem weiter.

An diesem Nachmittag musste ich wichtige Entscheidungen treffen, darunter auch den Zeitpunkt bestimmen, an dem die Beatmungsmaschine abgestellt werden sollte. Mein Verstand dachte nicht, er funktionierte nur noch. So rief ich wieder die Organisation von Meister M an und erklärte ihnen, was inzwischen vorgefallen war.

Erst spätabends kam ich nach Hause, müde und innerlich leer. Ich konnte noch nicht richtig begreifen, was passiert war. Erschöpft ließ ich mich aufs Sofa fallen und schloss meine Augen.

Ich nahm den Raum um mich wahr und spürte darin eine zarte Vibration, die mich sanft umhüllte, wärmte und beruhigte. Da merkte ich, dass ich nicht allein war. Meister M war bei mir, ich fühlte mich geborgen und getröstet, endlich konnte ich weinen. Später erinnerte ich mich daran, dass ich ihn am nächsten Tag sehen würde. Da flossen erneut die Tränen, denn plötzlich erkannte ich, dass er das Geschehene bereits im Voraus gesehen hatte und wie feinfühlig er mit mir umgegangen war.

Am nächsten Tag war ich pünktlich da, Meister M erwartete mich bereits. Wir aßen gemeinsam eine Suppe, und er informierte sich über meinen Zustand. Er sprach zu mir einfühlsam wie ein guter, vertrauter Freund. Er wusste genau, wie ich mich fühlte und was noch alles auf mich zukommen würde. Dieses Gespräch gab mir die Kraft, nicht aufzugeben und mutig zu sein. Danach begleitete ich ihn noch ein Stück zu Fuß und wir verabschiedeten uns.

In der darauffolgenden Zeit hatte ich gezwungenermaßen viel zu tun. Meister M begleitete mich in dieser schweren Zeit. Ich spürte seine Anwesenheit und hatte die Gewissheit, dass alles gut wird. Diese Zeit war eine der schmerzvollsten in meinem Leben, und dieses Ereignis hat mein Leben einschneidend verändert. Es hinterließ eine große Wunde in meinem Herzen, doch ich spürte die Liebeskraft von Meister M und wie sie mich leitete und begleitete. Ich war einfach dankbar.

Und dann

Einige Jahre waren inzwischen vergangen. Ich war offen für ein neues Leben. Verschiedene Projekte schwirrten in meinem Kopf herum. Seit einer Woche war ich auch in einer neuen Beziehung. Nun hatte ich noch einen Arzttermin vor mir, ein Knötchen am Hals beunruhigte mich. Seit einiger Zeit litt ich an starken Gliederschmerzen. Den Grund dafür sah ich in meiner Übermüdung, mein Hausarzt war der gleichen Meinung.

Die herausoperierten Lymphknötchen waren zur Untersuchung eingesandt worden, und ich wartete in der Arztpraxis auf das Ergebnis. Als die Ärztin das Zimmer betrat und mir sagte, unser Gespräch würde ein bisschen länger dauern, schlugen bei mir sofort die Alarmglocken an. Ich erhielt folgende Diagnose: Lymphdrüsenkrebs im letzten Stadium, ein seltener Typus. Sie riet mir, mit der Chemotherapie gleich in den nächsten Tagen zu beginnen, und fügte hinzu, dass sie nicht verstehen könne, wie ich bis jetzt überhaupt überleben konnte. Ich bat sie bezüglich der Chemotherapie um ein bisschen Bedenkzeit und ging nach Hause.

Einige Augenblicke später stand ich auf der Straße und glaubte im falschen Film zu sein. Das gibt's doch nicht, dachte ich. In meiner Aufregung rief ich gleich eine mir nahestehende Freundin an und erzählte ihr schluchzend, was ich soeben gehört hatte. Als ich vor meiner Wohnungstür angekommen war, klingelte mein Mobiltelefon, es war Meister M! Er erkundigte sich nach der Diagnose, ich hatte ihm zuvor von meinem Arzttermin geschrieben.

Er meinte, Alternativmedizin sei gut, die Chemotherapie aber in meinem Fall sicher wirkungsvoller und dass die Haare schnell nachwachsen würden. Er sprach ganz genau das an, was ich im Moment dachte und wogegen ich mich wehrte. Er versicherte mir, dass er mir bei den Nebenwirkungen auf jeden Fall helfen könne. Während ich ihm zuhörte, nahm ich deutlich eine sich ausbreitende Wärme in meinen beiden Nieren wahr, die sich intensivierte. Seine Worte holten mich wieder in die Realität zurück. Er stellte keine Prognose, sagte nicht, was ich tun sollte. Die Entscheidung musste ich selber treffen.

Während des nächsten Darshans bat mich Meister M zu sich auf die Bühne. Ich kniete vor ihm nieder. Er schaute in meine Augen und fragte mich, wann die Therapie beginnen würde. Nach meiner Antwort sagte er, ich solle meine Augen schließen. Unmittelbar danach wurde es in mir hell. Weiße und golden glitzernde Lichtstrahlen drangen in meinen Körper ein, von allen Seiten. Dieses in Worten nicht zu beschreibende

Licht durchflutete mich sanft und in einem wellenartigen Rhythmus. In diesem Moment verschwand jegliche Wahrnehmung für meinen Körper, ich war trunken von diesem Licht.

Nach diesem Erlebnis war ich mutiger und zuversichtlicher für das, was auf mich zukommen würde, und fing nach drei Wochen mit der Chemotherapie an. Die Unterstützung durch meine Freunde, die ebenfalls an der spirituellen Arbeit von Meister M teilnehmen, war großartig. Da ich alleine wohnte, wechselten sie sich täglich ab, sie waren Tag und Nacht bei mir. Das berührte mich sehr, und ich war überglücklich, so wunderbare Menschen um mich zu haben, und bin ihnen für immer dankbar.

Eines Nachts, eine Freundin aus Deutschland war für ein paar Tage bei mir, erwachte ich in panischer Angst. Eigentlich erwachte ich von meinem Rufen nach Meister M. Ein dunkler Schatten wollte mich für immer mit sich nehmen. Am nächsten Morgen hatte ich einen weiteren Termin für die Chemotherapie, meine Freundin begleitete mich. Diese Prozedur dauerte jedes Mal vier Stunden. Als wir gegen Mittag wieder bei mir zu Hause ankamen, klingelte mein Telefon, es war Meister M. Er fragte mich, ob wir beide mit ihm etwas trinken möchten. In einem Restaurant tranken wir Tee, später gingen wir in einen nahe gelegenen Park.

Es war ein heißer Sommertag. Ich vergaß, dass ich vor zwei Stunden die Infusionen erhalten hatte. Nach dem Gespräch im Park dachte ich, dass er sich jetzt von uns verabschieden würde, doch er fragte, ob wir noch bis zum See mitkommen würden. Da gäbe es eine schöne Terrasse, wo wir ein Eis essen könnten. Also gingen wir zusammen zu Fuß weiter. Während wir so unterwegs waren, fühlte ich stark diese unbeschreibliche Energie, die von ihm ausstrahlte und wie sie mich trug. Beim Gehen erzählte ich ihm, dass ich von klein auf kein einfaches Leben gehabt hätte. Er sagte darauf, dass er das wüsste.

Bald saßen wir auf der Terrasse und genossen das Eis. In mir breitete sich so etwas wie Ferienstimmung aus, und ich genoss den Augenblick und vergaß meine gesundheitliche Verfassung.

Motiviert erzählte ich von meinen Zukunftsplänen und dass ich auch in seiner Organisation mithelfen könnte, falls er das wünsche. Daraufhin schaute er mich eindringlich und ernst an und sagte, dass er von jedem Einzelnen in seiner Organisation absolute Zuverlässigkeit und Verantwortung erwarten würde. Das sei kein Spiel, sondern ein großer Lernprozess, und wer dabei nicht klar sei, mache Bekanntschaft mit dem Vulkan Meister M. Ich hätte jetzt andere Dinge zu erledigen, als in seiner Organisation mitzuwirken.

Sogleich fiel ich von meiner Wolke auf den festen Boden. Er machte mich darauf aufmerksam, wie wichtig es gerade jetzt für mich wäre, im Hier und Jetzt zu verweilen und schrittweise vorzugehen. Dafür war ich ihm später sehr dankbar. An diesem Nachmittag durfte ich Meister M als einen warmherzigen und humorvollen Menschen kennenlernen.

Die Unermesslichkeit seiner Belehrungen

Als wir wieder zurückgingen, erlebten wir etwas Unerwartetes. Wir befanden uns auf einer schmalen Straße, deren Durchfahrt mit drei automatischen Durchfahrtssperren, drei Pollern, versperrt war. Wir hielten kurz an und beobachteten aus der Ferne einen heranfahrenden Polizeiwagen, der kurz vor diesen Pollern anhielt. Nur befugte Personen, mit einer speziellen Fernsteuerung ausgerüstet, konnten diese Durchfahrtssperren versenken und wieder hochbringen.

Der Polizist bediente die Fernbedienung, die drei Poller senkten sich langsam und verschwanden im Boden. Der Polizeiwagen fuhr über die Sperre hinweg, und sogleich kamen die Poller wieder hoch und die Straße war für den Verkehr wieder gesperrt.

Meister M sah dem Wagen nach und machte dann einige Schritte auf den mittleren dieser drei Riesenbolzen zu (sie waren etwa fünfzig Zentimeter hoch und dreißig Zentimeter im Durchmesser). Er beugte sich lachend ein bisschen über den mittleren Poller und sagte: »Aha, eine Sperre.« Kaum hatte er diese Worte ausgesprochen, bewegte sich der mittlere Poller langsam nach unten, verschwand im Boden und kam gleich wieder hoch.

Meister M meinte schmunzelnd: »Was runtergeht, kommt auch wieder hoch! Lasse dir deinen Lebensweg durch nichts versperren, Sperren können überwunden werden.«

Wir lachten, aber ich begriff erst einige Momente später, was da eigentlich passiert war. Er hatte mir gezeigt, dass wahres Vertrauen Berge versetzen kann.

Jedes Mal, auch heute noch, wenn ich an dieser Stelle vorbeigehe, denke ich an diesen Vorfall. Manchmal beuge ich mich auch über den Poller und schaue ihn eindringlich an, aber es passiert nichts. Dieses Geschehnis zeigte mir einmal mehr die unbegrenzten Möglichkeiten dieses ungewöhnlichen Meisters. Ich denke oft an seine Worte: »Alles ist möglich!«

Auf die erste Zusammenkunft im neuen Jahr freute ich mich besonders. Meine Blutwerte waren immer noch im Keller, und dementsprechend fehlte mir die körperliche Kraft. Weit über tausend Menschen saßen in der großen Halle, sie waren aus ganz Europa angereist, um den Darshan von Meister M zu erhalten. So musste ich mehrere Stunden auf meinem Stuhl warten, bis ich vorne vor ihm stand, vor dieser unbeschreiblichen Liebeskraft.

Er schaute mich an und nahm dann ein Fläschchen Mineralwasser, das man für ihn hingestellt hatte, in seine rechte Hand. Er neigte das Fläschchen langsam und vorsichtig in die waagerechte Position und beobachtete mich dabei. Als er dann das Fläschchen wieder langsam zur anderen Seite neigte, kam auch ich innerlich in Bewegung. Er neigte es noch weiter, sehr langsam in verschiedene Positionen und beobachtete mich weiterhin aufmerksam.

Inzwischen konnte ich meinen zitternden Körper fast nicht mehr kontrollieren, derart stark arbeitete die Kraft in mir. Ich weinte innerlich, leise und tief. Nach einigen Minuten überreichte er mir das Wasser und sagte, ich solle eine Hälfte am Abend und den Rest am nächsten Morgen trinken.

Am Abend, als ich in meinem Zimmer war, trank ich das Wasser. Vor dem Einschlafen spürte ich dann dessen Wirkung: An mehreren Stellen in der Brustgegend spürte ich deutlich einen schwachen Druck, als würden unsichtbare Finger die Lymphen berühren, dann spürte ich die feine Kraft im ganzen Körper. Am nächsten Morgen trank ich den Rest und dachte dabei: »So, jetzt ist es vorbei.«

Am Sonntag während der Zusammenkunft war ich dann von den Reaktionen meiner Freunde sehr berührt. Immer wieder hörte ich, dass Meister M mich geheilt hätte. Ich selber wagte aber noch nicht, dies zu auszusprechen. Am liebsten hätte ich es von Meister M selbst gehört, doch ich wusste, dass er so etwas nie sagen würde. In der Mittagspause sprach ich dann mit einer wunderbaren Seele, einer Frau, die Meister M schon viele Jahre kannte. Der offene, warme und strahlende Blick dieser Frau sprach mehr als tausend Worte. Wir stellten uns vor, und sie fragte mich, wie es mir ginge. Ich beschrieb ihr kurz meine gesundheitliche Verfassung, worauf sie sagte, dass bei Meister M alles möglich sei, sie selber habe in den vielen Jahren oft Wunder und ungewöhnliche Heilungen gesehen. Als ich das hörte, strahlte ich vor Freude.

Heute ist mein Leben einfacher und bescheidener geworden, aber vor allem klarer. Ich bin ziemlich aktiv, obschon meine körperlichen Reserven noch nicht ganz optimal sind. Mit Bestimmtheit kann ich jedoch sagen, dass ich das alles ohne Meister M nie geschafft hätte: Er rettete meine Seele! Behutsam führte er mich in den schwierigsten Momenten und ermöglichte mir, in der Mitte des Orkans zu verweilen, als er am schlimmsten tobte. Er versprach mir nie etwas und gab keine Ratschläge. Stattdessen offenbarte und ermöglichte er mir eine neue Sicht auf mich selbst und auf die Welt. Noch heute lebt er mir vor, dass es lohnenswert ist, in dieser Welt zu sein, so lange wie möglich, auch in scheinbar ausweglosen Situationen.

An der letzten Zusammenkunft erläuterte er für mich etwas sehr Wichtiges: »Eine klare Entscheidung bewirkt im Außen eine Evolution, im Inneren jedoch eine Revolution.«

Heute kann ich sagen, dass meine Entscheidung für Meister M und seine spirituelle, erlösende Arbeit absolut richtig war und ist. Ich wurde reichlich beschenkt.

Es fehlen mir die Worte, um meine Gefühle und die große Dankbarkeit, die ich für ihn und seine Arbeit empfinde, in ihrer ganzen Tiefe beschreiben zu können. Durch ihn begann ich zu realisieren, was ich wirklich nicht bin und wie schön das Leben sein kann. Ja, alles ist möglich!

Meine Fragen an Meister M

F.: Wodurch unterscheidet sich der Geist von der Seele?

MM: Durch nichts, es sind bloß Namen, die auf etwas Unerklärbares und Unfassbares hinweisen.

F.: Sind in der jenseitigen Welt alle Sinneseindrücke vorhanden, so wie ich sie auf dieser Erde kenne (Schwerkraft, Tastsinn usw.)?

MM: Warum denkst du über Dinge nach, die du nie warst und nie berührt hast. Bleibe nicht an Geschichten und Erklärungen, die du gehört hast, kleben. Es gibt nirgends Trennung. Die diesseitige und jenseitige Welt haben ihren Ursprung im Ich-Bewusstsein, deshalb existieren sie in der *einen* untrennbaren Wirklichkeit nicht! Wenn sich das Formlose enthüllt, löst sich alles Geformte im Bewusstsein auf. Der Erwachende wird seiner wahren Natur gewahr.

F.: Was verhindert die Erleuchtung?

MM: Nichts, denn das, was verhindert, hat keine wirkliche Existenz, hat nie existiert. Es gibt keinen Erleuchteten, nur Erleuchtung. Was nie eine Erfahrung gemacht hat, nennt man Erleuchtung.

F.: Nehmen unsere Gedanken unmittelbaren Einfluss auf die Beschaffenheit unseres Blutes?

MM: Ja, Gedankenkräfte können den physischen Organismus beeinflussen. Das Wirkungsfeld dieser Kräfte ist jedoch begrenzt auf das, was aus der Gedankenwelt entsteht. Deshalb gehe über das Denken hinaus und erkenne, dass du in Wirklichkeit nicht der Körper und nicht das Denkende und Gedachte bist, dies bewirkt Genesung.

F.: Siehst oder fühlst du, was ein anderer Mensch denkt?

MM: Darüber spreche ich nicht.

F.: Viele Menschen, die deine Zusammenkünfte besuchen, träumen oft von dir. Setzt sich deine Arbeit auch in der Traumwelt fort?

MM: Die Wachwelt und die Traumwelt existieren bloß als Erscheinungen im Bewusstsein. Sie sind beide Traumwelten, die kommen und gehen. Das, was ich bin, ist *vor* den beiden. Es hat nie einen Moment gegeben, wo ich nicht war und du auch nicht. Mein Hiersein setzt sich nicht fort, sondern beendet diese Illusion.

F.: Ein paar Tage vor den Zusammenkünften spüre ich bereits die starke Energie, die von dir ausgeht. Wie werden die Menschen, die in der Arbeit sind, bereits im Vorfeld auf die Zusammenkunft vorbereitet?

MM: Am Morgen ist das Sonnenlicht mild, mittags strahlt es direkt und intensiv, am Abend ist es wieder mild. So ist es mit den Zusammenkünften. Manchmal ist eine Vorwäsche nötig, bevor man die schmutzigen Kleider in die Waschmaschine legt.

F.: Wie arbeitest du mit den Menschen im Allgemeinen, die deine Zusammenkünfte besuchen?

MM: Ich arbeite nicht, ich bin wirklich *hier*. Mein Hiersein arbeitet in den Menschen. Was arbeitet, macht dem Menschen bewusst, dass der Ursprung seines Seins weder im Verstand noch im Körper zu finden ist.

F.: Sind wir uns schon früher, in anderen Leben, begegnet?

MM: Ja, vor ein paar Monaten an der letzten Zusammenkunft. Kümmere dich nicht um frühere und spätere Leben, sei hier und jetzt. Frühere und spätere Leben sind wie zwei Flüsse, zwei Vorstellungen, die im Hier und Jetzt verschmelzen und als unwirklich durchschaut und erkannt werden. Es gibt weder Vergangenheit noch Zukunft, es gibt nur das, was du wirklich bist, hier und jetzt, jenseits des Verstandes.

Heiliger Wandel

Odette Rauch

»Ich nehme euch eure Vergangenheit, ich nehme euch eure Zukunft. Ich beende alles, was ihr euch einbildet, all das, was ihr in Wirklichkeit nie wart und nie hattet.« So ruhig diese Worte von Meister M ausgesprochen werden, so unvorstellbar energiegeladen sind sie und bewirken in allen von uns, über 1400 Teilnehmern der Zusammenkunft, eine unmittelbare Klärung und Erlösung.

Ja, wie wahr! In den vielen Jahren, die ich schon in dieser heiligen Kraft verbringen darf, erlebte ich Wunderbares, Befreiendes, Heiliges und Heilendes, das mir ein völlig neues Leben schenkte.

Schau ich über meine Schulter, sehe ich keine Vergangenheit, keine Bindung, sehe ich in meine Zukunft, sehe ich keine Vorstellung. Ich lebe mein Leben ruhig, einfach und handle aus dem Moment heraus. Die universelle Intelligenz führt mich zu mir zurück.

Es ist etwas eigenartig, gerade jetzt, wo diese alten Kräfte ausvibrieren, über mein Leben zu schreiben und damit einige Schlüsselerlebnisse wiederzubeleben.

Kind-Sein

In Spanien, wo ich mit meiner Familie die Sommerferien verbrachte, erlebte ich als kleines Mädchen den Zauber des südlichen Sternenhimmels. Das Firmament wölbte sich mit unermesslicher Schönheit und Tiefe in die Unendlichkeit. Was ich mit meiner kindlichen Wahrnehmung sah, waren aber keine Sterne und Planeten, sondern eine riesige Verhüllung des himmlischen, göttlichen Lichts.

Das Strahlen der Gestirne war die Öffnung zur göttlichen Schau. Ich konnte nicht verstehen, warum ich mich in der Dunkelheit befand, in der Abwesenheit dieses Glanzes. Eine tiefe Sehnsucht prägte sich in mein kleines Kinderherz ein und begleitete und leitete mich all die Jahre meines Lebens.

Fünfzig Jahre später verbrachte ich den Abend auf der Dachterrasse unseres Hauses im Tessin. Der Nordföhn, ein warmer Wind, brauste über mich hinweg, jeden kleinsten Wolkenschleier mit sich reißend. Die Klarheit war so unglaublich, dass jeder Himmelskörper flimmerte und vibrierte. Fasziniert betrachtete ich die Großartigkeit des Firmaments. Mein Inneres war eins mit der äußeren Schau. Dann – ganz unerwartet, in der Bewegung eines Windstoßes – wurde mein Inneres von dieser alten Vorstellung reingefegt. Ein Schleier löste sich und wurde von mir fortgetragen. Nun waren auch in mir Klarheit und Glanz mit unermesslicher Tiefe.

Suchen

Früher führte ich das Leben einer ewigen Sucherin. Als junge Frau und sicher noch nicht sehr bewusst, versuchte ich, diese brennende Sehnsucht in mir in der Liebe zu erfüllen, dann in der Geschäftigkeit des Berufs und dem Aufbau eines eigenen Geschäfts. Später entschloss ich mich, mir einen Mann zum Heiraten zu wünschen – immer in der Hoffnung, durch etwas Erreichtes ruhiger und erfüllter zu werden. Doch die tiefe Sehnsucht begleitete mich weiter. Meine Grundstimmung war nachdenklich und angespannt und in der tiefsten Seele unsäglich traurig.

Meine Ratlosigkeit erfand eine Strategie. Ich las und versuchte experimentell alles umzusetzen, was sich mir zeigte. Es führte mich von der Psychologie über Mystik und Esoterik immer weiter, jedoch nie zur inneren Erfüllung.

Ägypten

Vor vielen Jahren bereiste ich mit Freunden Ägypten. Kaum hatte ich diesen geschichtsträchtigen Boden betreten, befand ich mich in einer anderen, doch mir vertraut erscheinenden Energieebene. Leicht und fast abgehoben bewegte ich mich die nächsten zwei Wochen. Tief tauchte ich in die Schönheit der Landschaften ein, in den Zauber der Schiffsreise den Nil aufwärts und das Wiederbeleben der glanzvollen

Zeiten in den mächtigen Ruinen. In meinem teils traumartigen Zustand war ich in Kontakt mit aufblitzenden Szenen und Bildfetzen, die eine vergangene Kultur erscheinen ließen. Welche Macht hob die hauchdünne Trennung von Vergessen und Zeit auf?

Wieder zurück zu Hause schien mir, dass ein Teil von mir in dieser wundersamen Energie weitervibrierte. Der Alltag war dicht angefüllt mit Arbeit, doch mein Inneres war weit geworden.

Etwa zwei Jahre später betrachtete ich meine Fotos und Reiseerinnerungen. Plötzlich und unerwartet hob sich der Schleier vom Heute zum Damals. Ich erlebte mich als Priesterin im Vorhof eines Tempels in Vorbereitung einer wichtigen Zeremonie. Priester und Eingeweihte waren anwesend. Still und konzentriert waren wir mit verschiedenen Ritualen beschäftigt. Auch Opferungen und magische Handlungen gehörten dazu. Mein Herz klopfte sehr stark, denn ich wusste, mein Liebster war auch anwesend.

Nach Anrufungen und Beschwörungen fühlte ich eine süße Umgarnung. Eigentlich sträubte sich etwas in mir, doch wagte ich nicht, die Priester, in deren Reihen sich mein Liebster befand, zurückzuweisen. Meine Aufmerksamkeit war auf den Hohepriester an der inneren Tempelpforte gerichtet. Ich hörte innerlich seine Stimme mit der Frage, ob ich bereit wäre. Doch meine Antwort war von Angst um den Verlust meiner süßesten, innigsten Liebe geprägt. Mit dem Nein besiegelte ich statt der Befreiung den erneuten Abstieg in die Gefangenschaft. Augenblicklich öffnete sich die Unterwelt und verschluckte mich in einem rotglühenden Sog. Erstarrt vor Entsetzen und Schmerz erlebte ich die furchtbare Konsequenz meiner Verweigerung.

Dieser Entschluss bewirkte einen tiefen seelischen Schock und verschloss in mir das große Geheimnis, in das ich eigentlich hätte eingehen können oder müssen.

Einige Zeit später sollten wir in einem Workshop eine geführte Reise zu unserem inneren Geliebten (was dies auch immer bedeutet) machen. Solche Reisen waren für mich leicht und bildhaft, oft auch sehr emotional, weil sie so wirklich erschienen. So kam ich tatsächlich in Berührung mit dem Bild meines inneren Geliebten. Die Lebendigkeit und

Deutlichkeit dieser Gestalt war überraschend: groß und schlank, fast etwas hager. Mit geschmeidigen Bewegungen kam er auf mich zu. Dunkle Augen blickten aus dem ebenmäßigen Gesicht. Dieser Blick brachte etwas in mir zum Schmelzen. Etwas längst Vergessenes erzitterte und fand Ausdruck in einem abgrundtiefen Seufzer. Ja, das war er. Ich wusste es mit tiefer Überzeugung. Und kein Mann in meinem jetzigen Leben hatte je diesem Bild entsprochen. Langsam dämmerte mir die Entsprechung. War er wirklich wieder inkarniert und nicht wie angenommen ins Licht eingegangen?

Große Veränderung

Ein wunderbarer Lichtblick waren die Jahre mit meinen beiden Kindern. Obwohl ich wusste, es ist noch nicht die tiefe Erfüllung, erlebte ich mit ihnen lichtvolle Zeiten und tiefe Liebe, eine Herzöffnung, die mich weicher und zuversichtlich werden ließ.

Meine vielen Fragen nahmen überraschend ein Ende. Ich war damals Teilnehmerin in einer Selbsterfahrungsgruppe, wo wir auch meditierten. An diesem Tag fühlte ich eine intensive Schwingung, die sich im Raum immer mehr verstärkte. Ich fühlte: Jetzt, jetzt geschieht etwas Außergewöhnliches. Als würde ein riesiger Vorhang aufgerissen, sah, hörte, fühlte ich: »Schon nächsten Sommer lebst du in Amerika.« – Staunende Leere, Selbstverständlichkeit. Logisch und klar reihten sich einige Gedanken aneinander. Gut, dann also Amerika, warum nicht?

Allmählich kehrte ich in mein normales Bewusstsein zurück. Ein großer Schreck durchfuhr mich. Wie sollte ich das bewältigen? Fragen und Ängste verbreiteten sich. Doch die innere Wahrnehmung war so kristallklar, dass mein Vertrauen in die Richtigkeit dieser Veränderung unerschütterlich war. Vier Monate später bin ich mit meinen Kindern nach New Mexico gezogen.

Inmitten der Reisevorbereitungen bekam ich eine Nachricht, die sich unauslöschlich in mein Gehirn einprägte. Anscheinend sagte mein Bruder zu mir: »Wenn du einmal einem Mario Mantese begegnen wirst, wird dies der richtige Lehrer für dich sein!«

In der Hektik vergaß ich es wieder, doch etwas Neues begann ganz leise in mir zu keimen. Noch musste ich einige Umwege machen, Abenteuer in Sachen spiritueller Suche, exzentrische innere Reisen, bei denen ich mich unbewusst in immer neue Welten verstrickte. Wie trickreich und illusorisch wirkt das duale Licht, irreführend, da man in der Überzeugung handelt, befreiend dem »Licht« entgegenzugehen.

Jahre später habe ich meinen Bruder auf seinen Hinweis angesprochen, doch er versicherte mir, dass ihm ein Mario Mantese gänzlich unbekannt sei.

Nur eine Frage

Zwei Jahre später kam ich mit meinen Kindern in die Schweiz zurück. Kurz danach hatte ich eine Begegnung mit der Lebenspartnerin von Mario Mantese, die ich schon viele Jahre kannte. Ich erhielt durch sie einige Einblicke in seine spirituelle Arbeit und wusste mit Sicherheit, dass ich dabei sein wollte. Sie erklärte unter anderem, dass man erst eine oder zwei Zusammenkünfte besucht haben müsse, bevor man an einem Intensiv teilnehmen könne. Nichts ahnend von der unermesslichen Tiefe sagte ich, ich hätte schon so viel gemacht und ausprobiert, dass ich nur an ein Intensiv kommen würde. Arroganz der Unwissenheit!

Einige Wochen später rief sie mich an und sagte, dass ich Mario Mantese – Meister M – persönlich treffen könne, wenn ich dies wirklich möchte. Ich freute mich und ging gespannt zu dieser Verabredung.

Gut, dass man im Voraus nicht weiß, was geschehen wird. Freundlich und angeregt begannen wir zu plaudern. Er stellte mir diese und jene Frage über meine Erfahrungen. Ich antwortete zügig und offen über meine spirituellen Vorstellungen. Er begann, immer dieselbe Frage einzuwerfen: »Und wo bist du?« Etwas verdichtete sich, ein Gefühl der »Ent-blätterung«, der Scham darüber, ertappt worden zu sein, unrichtig gehandelt zu haben und mich in Egospielen verirrt zu haben. Etwas in mir brach auf, ich erlebte einen meiner schlimmsten Momente.

255

Ich merkte, dass ich mich selber in eine verheerend unklare Geschichte verwickelt hatte. Unmittelbar fiel alles ins Bodenlose. Was ich damals noch nicht erkennen konnte, war die erlösende Liebeskraft, die Meister M selbst ist, die alles auf ewig löscht, was ich bereit war, in mir zuzulassen.

Es dauerte keine drei Monate, bis ich alle meine Pläne, eine therapeutische Praxis aufzubauen, fallen ließ und zu meinem alten Beruf zurückkehrte.

Inneres Licht

Wie von unsichtbarer Hand war die erste Reise nach München für mich vorbereitet. Ich reiste mit zwei anderen Teilnehmerinnen, durfte im gleichen Hotel übernachten und gemeinsam mit ihnen zum Darshan gehen.

Als ich vor Meister M stand, sah ich in seine gütigen, strahlenden Augen. Nur wenige Augenblicke später leuchtete ein helles Licht in meinem Innern, leuchtend, ohne zu blenden, glühend in berührender Stille, natürlich, als wäre es schon ewig in mir. Ich konnte nur staunen.

Gigantische Arbeit

Einige Jahre später durfte ich wieder diese geballte universelle Kraft von unserem Meister empfangen. Im Vorfeld waren schon viele Schatten verbrannt, verglüht und verdunstet. Doch da war noch etwas fast unüberwindlich Schweres, Düsteres, das mein Leben voller Hindernisse und Sorgen erscheinen ließ.

Keine Zusammenkunft ließ ich mir entgehen, so reiste ich auch diesen Herbst wieder mit Freunden nach München. Als ich am Darshan an der Reihe war, um vor ihn zu treten, stand Meister M auf und umarmte mich. Alles vibrierte, eine innere Schau zeigte mir ein riesiges, hochaufragendes, dunkles Gebirge, das wie in einem Beben erzitterte und in Zeitlupe anfing, in sich selber zusammenzustürzen. Während Tagen reinigte ein Strom von Tränen mein Inneres. In tiefer Demut und Dankbarkeit erkannte ich einen Bruchteil dieser gigantischen heiligen Arbeit, die uns durch ihn geschenkt wird.

In einem kurzen Gespräch bedankte ich mich nochmals aus tiefem Herzen bei ihm. Er meinte daraufhin: »Dankbarkeit ist Liebe.«

Ich lernte das Empfinden von universeller Liebe kennen und entdeckte, dass ich unaufhaltsam auf der Heimkehr zu mir selbst war.

Die Wüstenwanderung

Eine lange Zeit im Prozess des Erwachens war besetzt mit einer schier endlos scheinenden Wanderung durch die inneren Wüsten. Flaches, sich unendlich weit erstreckendes Ödland und fahles, unwirkliches Licht waren während unglaublich langen Monaten meine innere Wahrnehmung. Die Trockenheit und Melancholie der Stimmung saugte alle Lebendigkeit auf. Kein Empfinden für Schönheit, kein Empfinden für Schmerz, kein Empfinden für Erholung, Regeneration, Bewegung oder gar Ausdruck von Freude und Liebe waren möglich.

Bis ich diese eigenartige Phase überhaupt definieren konnte, vergingen Wochen. Ich begann, immer wieder beobachtend nach innen zu schauen, und dachte immer das Gleiche: »Es ist ja immer noch da!« Allmählich gewöhnte ich mich sogar an diesen eigenartigen Zustand.

Die physische Energie reichte knapp zur Erfüllung meiner Pflichten, doch wohltuendes Auftanken in Erholungsphasen war kaum möglich. Hin und wieder gelang eine Entspannung von der Angespanntheit, der Starre, die nicht enden wollte.

Ich funktionierte im Alltag, hoffend und vertrauend, dass die Kräfte bis zum Abend ausreichen würden. Plötzliche Energielöcher ließen mich zusammensinken. Ich konnte nur warten, bis diese »Abstürze« vorbei waren. Ich wusste, dass dies alles nichts mit früheren depressiven Phasen zu tun hatte. Es war vielmehr ein Stürzen in die Leere, ein In-die-Stille-Stürzen, aber ohne Angst.

Als diese schwierige Zeit durchstanden war, offenbarte sich ganz allmählich und sachte eine tiefe Wahrnehmung. Zartheit und Lieblichkeit vibrierten wie ein Gesang in meinem Innern, Balsam für meine Seele. Staunen und tiefstes Berührtsein ließen Tränen der Erleichterung ihren Weg finden. Das fahle Licht wich einer inneren Schau von Klarheit und sanfter Helligkeit, das Überwinden der inneren Blindheit nahm seinen Lauf.

Darshan mit Meister M

Sein Darshan ist der wortlose Segen unseres universellen Meisters, ein Gnadenstrom für jeden von uns: liebevolles Eindringen in unsere Herzen, Emporheben in lichte Schwingung, Zartheit, Güte, ein sanftes Vergessen aller Gedanken.

Viele hundert Menschen sahen Meister M in die Augen. Eingereiht in die sachte Vorwärtsbewegung der Menschen stand ich plötzlich wieder vor ihm. Mit einer kurzen Geste wurde ich eingeladen, zu ihm zu kommen. In unmittelbarer Nähe hörte alles, wirklich alles, auf zu existieren. Obwohl ich weiß, dass diese Nähe eine außerordentliche Gnade ist, empfand ich Einfachheit und zeitlose Natürlichkeit.

Seine Hand schwebte über meinem Herzen. Leise sagte er: »Dieses Licht wird während neun Tagen in dich einströmen.« Wieder zurück an meinem Platz flossen Tränen des Glücks und der Dankbarkeit durch meine geschlossenen Lider.

Längst habe ich aufgehört, über die Bedeutung des heilenden Geschehens nachzudenken oder gar die Wirkungen zu erforschen. Der Hunger des Intellekts und der Neugierde war vergangen. Mein Vertrauen lag und liegt alleine in seinem kosmischen Herzen, das in Ewigkeit für uns schlägt. Wenn alles abfällt, wenn es still wird und die bindenden Kräfte der Gedanken nachlassen, zeigt sich eine tiefe Erleichterung, eine innere Leichtigkeit, aber auch eine große Ernüchterung.

Schaue ich über meine Schulter, sehe ich keine Vergangenheit, keine Bindung, sehe ich in meine Zukunft, sehe ich keine Vorstellung. So oft hat uns Meister M ermutigt: »Macht euch keine unnötigen Sorgen, alles wendet sich zum Guten, wenn ihr es nur zulasst. Seid geduldig.«

Ich kann es tief erleben und empfinden: »Jetzt ist alles gut.«

Welche Gnade, welches Glück! Danke aus meinem tiefsten Herzen und aus all meiner Liebe, danke!

Meine Fragen an Meister M

F.: Welches ist die Bedeutung der drei Bewusstseinszustände, die du uns vor vielen Jahren erklärt hast?

MM: Ich habe von drei Bewusstseinszuständen gesprochen: dem Wachzustand, dem Traumzustand und dem Tiefschlaf. Wenn sich die sinnlichen Wahrnehmungen, die im Wachen und Träumen aktiv sind, in den Tiefschlaf zurückziehen, dann ist die Welt inexistent. Die bewussten, aktiven Impulse ruhen. Der Tiefschlaf ist kein Zustand, denn einen Zustand gibt es nur, wenn es auch einen Erfahrenden gibt, der diese Zustände erfahren kann.

Diese Trilogie zeigt jedoch die Funktionalität des vergänglichen und vorübergehenden physischen Daseins aller Lebewesen auf der Erde. Dessen gewahr zu sein, öffnet die Einsicht in das, was *vor* dieser Trilogie ist.

Bleibe nicht in dem stecken, was du gehört und gelesen hast. Lasse das Gewusste los. Lasse dich nicht von Informationen verwirren und entferne dich nicht von deinem natürlichen Hiersein.

F.: In deinem Buch *Vision des Todes* erwähnst du den Zustand des reinsten Lichtes. Ist dies der Punkt, wo es keine Rückkehr mehr gibt?

MM: Zu realisieren, dass man nie geboren ist, ist das reine Licht.

F.: Gibt es eine spirituelle Familie?

MM: Alle Lebewesen bilden eine spirituelle Familie, die sich als solche im Bewusstsein der Welt spiegelt. *Ich bin* nennt man Bewusstsein, *Ich bin* ist Bewusstsein. In der namen- und formlosen Totalität jedoch gibt es so etwas wie eine spirituelle Familie nicht. In der Totalität gibt es keine Körper, keine Vorstellungen und kein Ich. Wer erwacht, ruht im All-Sein, vor dem Familienbewusstsein.

F.: Wenn ich die Entstehung der Dualität entschlüssle, sehe ich die Möglichkeit zur Erlösung. Bin ich mit dieser Annahme richtig?

MM: Da es Dualität in Wirklichkeit gar nicht gibt, braucht sie auch nicht entschlüsselt zu werden.

F.: Bitte erläutere die Aussage: »Der Tod muss sterben.«

MM: Da du immer hier und jetzt bist, kannst du gar nicht sterben. Der Tod muss sterben heißt, die Illusion von Kommen und Gehen zu durchschauen. Sterben kann nur das, was du wirklich *nicht* bist.

F.: Wie erkennen wir das wahre Licht?

MM: Wir erkennen es nicht, wir sind es. Nur das, was du *nicht* bist, kann erkannt werden.

F.: Was ist dieser innere »Brennpunkt«, über den du manchmal sprichst?

MM: Obwohl Totalität namenlos ist, gibt der Mensch dem Namenlosen Namen, und durch diese werden unzählige Gedanken und Aktivitäten möglich. Der Brennpunkt ist dort, wo dem Namenlosen Namen gegeben werden. Er ist der Ort im Gehirn, wo die Welt und der Gedanke »Ich bin der Körper« entsteht und erscheint.

Die Welt erforscht und analysiert man spirituell nur so lange, bis man realisiert, dass es den Wachzustand gar nicht gibt.

F.: Wie ist diese bindende Kraft zu verstehen, die die Erinnerung in unseren Zellen, in unserem Wesen, scheinbar unveränderbar speichert?

MM: Erinnern kann man sich nur an das, was man glaubt zu sein, aber in Wirklichkeit nicht ist. Dessen gewahr zu sein, löst die Vorstellung von Bindungen auf. Bindende Kräfte werden nur aufgrund von Täuschung als wirklich und unveränderbar von dir gesehen und erlebt.

F.: Gibt es die eine große Liebe, die sich zwischen Mann und Frau erfüllt?

MM: Wie groß diese Liebe zwischen Mann und Frau auch sein mag, sie verändert sich ständig. Mal ist sie größer und mal kleiner, mal intensiver und mal weniger intensiv. Solange man Erscheinung mit Realität verwechselt, leidet man.

F.: Wie ist universelle Liebe?

MM: Universelle Liebe ist überpersönlich und nie an veränderbare Begebenheiten gebunden. Der Mensch, der erwacht, ist die universelle unvergängliche Liebe selbst. Er hat die Vorstellung, ein Körper zu sein, der in der Welt lebt, überwunden. In dieser Wachheit ist das Zusammensein klar, tief und wertvoll. Universelle Liebe ist jenseits aller Beschreibung, sie kann mit dem Verstand nicht erfasst werden, und doch *existiert sie.*

Segensreiche Verwirklichung

Marc Heim

Schon in früher Kindheit lag ich immer wieder im Garten, das Gesicht gegen den Sternenhimmel gerichtet und vertiefte mich in die Unendlichkeit des Universums. In diesen Momenten fragte ich mich oft, wo hört dieser unermessliche Raum auf, was verbirgt er an Leben und Geheimnissen? Dieses Eintauchen in die Weite des Seins erfüllte mich mit einer mir tief vertrauten, aber doch noch nicht ganz offenbaren Kraft und Geborgenheit.

Ich fragte ich mich auch oft, wie wohl andere Menschen denselben Augenblick erleben würden. Irgendwo waren in mir ein Wissen und eine Überzeugung, dass niemand das Gleiche auf dieselbe Weise wahrnehmen kann – auch wenn wir alle das Gleiche betrachten. Auch im Alltag, die Menschen beobachtend, fragte ich mich immer wieder, wie andere wohl das von mir gerade Betrachtete wahrnehmen würden. Sehen sie das Gelb gleich gelb wie ich, hören sie die Geräusche in gleichem Tonumfang und vor allem empfinden sie die betrachtete Situation ähnlich wie ich? Heute ist mir klar, dass dem nicht so ist.

Schon sehr früh spürte ich, dass Religion etwas Gelebtes und nicht Vermitteltes sein sollte. Als Katholik musste ich während der Schulzeit die kirchliche Unterweisung besuchen und auch bald meine ersten Sünden beichten. Das erste Beichterlebnis hatte jedoch für mich absolut nichts Sündenbefreiendes an sich, sondern ließ eher das Gefühl, als wäre ich ein Laienschauspieler in einem Dorftheater, in mir zurück. Ich kam mir ziemlich deplatziert vor und verstand nicht, wie erwachsene Menschen in diesem Akt irgendeine Form von Erfüllung oder Befreiung finden können.

So war denn auch eine meiner schlimmsten Sünden, die ich beichtete, dass ich meiner Mutter Schokolade aus dem Schrank gestohlen hätte, obwohl ich mehr als genug anderes zu beichten gehabt hätte. Als Nächstes beichtete ich dann lieber gleich »Ich habe gelogen«. So war ich mit gutem Gewissen aus dem Schneider. Der wöchentliche Religionsunterricht war für mich eine Qual und kam mir wie eine Märchenstunde vor. Da ich mich mit vierzehn zudem schon ziemlich erwachsen fühlte, konnte ich nicht nachvollziehen, warum ich mich noch mit Märchen auseinandersetzen sollte. Ich wusste, dass wenn Gott wirkt, dann bestimmt nicht durch Geschichten und Flüstern im Beichtstuhl.

Ich bat meinen Vater, mir ein Entschuldigungsschreiben auszustellen, um mich von dieser Qual zu erlösen. Er verlangte jedoch von mir, die Firmung abzuwarten, aber unmittelbar nach dieser Zeremonie blieb ich von nun an jeglicher kirchlichen Heilslehre fern. Einer meiner ersten Akte der Volljährigkeit bestand darin, aus diesem für mich heuchlerischen Verein auszutreten. So fühlte ich es damals, denn das Göttliche war für mich vor allem in mir und der Natur spürbar – und da wollte ich es auch schon zu jener Zeit erfahren.

In der Folge lebte ich meinen jugendlichen Übermut in aller Wildheit aus. Manchmal denke ich, dass ich in diesen Jahren so viel im Außen tobte, um mich in späteren Jahren der Innenwelt in Ruhe widmen zu können. Neben allerlei zuweilen schon fast halbkriminell anmutenden Streichen gehörte vor allem das Spiel mit dem Bewusstsein dazu, vorwiegend mit Drogen. Diese Zustände faszinierten mich und eröffneten Welten, die mir, der damaligen Realität entfremdet, neu waren. Sie ließen mich unbekannte Bereiche und Welten entdecken, waren aber letztlich nur weitere illusorische Begebenheiten.

Es ging für mich jedoch nicht nur um die Entdeckung neuer Wirklichkeiten, sondern auch um die Suche nach mehr als dem, was mir bisher zugänglich war. Ich suchte etwas, das tief in mir Impulse setzte. Doch in diesem Alter war es mehr ein instinktives Reagieren als eine wirkliche Suche. So ist auch nicht verwunderlich, dass dieser Reiz nach einigen Jahren zu verblassen begann und sich mein Interesse anderen Dingen zuwandte, die mir halfen, einen ersten bewussten Schritt auf die Göttlichkeit hin zu machen.

Neuorientierung

Mit achtzehn beschäftigte ich mich einige Jahre mit den Ureinwohnern Amerikas und ihrem Wissen. Ich war fasziniert von der Weisheit ihrer

Worte, aber vor allem von der Achtsamkeit und dem Respekt gegenüber der Natur. Ich hatte das Gefühl, zum ersten Mal von Menschen zu hören, die wissen, wie man auf dieser Erde zu leben hat. Die Natur wurde für mich in dieser Zeit Lehrmeisterin, Heilerin, Seelentrösterin und Gotteskraft zugleich. Es war mir ein tiefes Bedürfnis, in diese Form des Lebens einzutauchen. Ich beschäftigte mich mit der Heilkraft und Weisheit der Natur, spürte die Liebeskraft durch Bäche fließen und hörte den heilenden Bäumen beim Singen zu. Es war eine intensive, aber auch ziemlich romantische Zeit. In Europa begann gerade die Schamanenwelle, man ging auf Alpen, setzte sich mit der Natur und ihren Heilkräften auseinander und war überzeugt, der sich totlaufenden Industrienation ein Schnippchen zu schlagen.

Ich wollte lernen, was es heißt, heilend durchs Leben zu gehen, aber vor allem folgte ich einem weiteren tiefen Instinkt. In den folgenden Jahren durchlief ich eine Schulung bei einem amerikanischen Schamanen, der regelmäßig nach Europa kam. Dies vertiefte meine innere Verbundenheit zur Göttlichkeit in der Natur und führte mich an die Urkraft meines eigenen inneren Seins heran. Ich erlebte viele eindrückliche Momente und Situationen, sei es das Verbundensein mit einer erfüllenden Kraft in den Schwitzhütten und während Zeremonien oder das Erleben einer tieferen Berührung während des Stecken eines Gebetspfeils.

Dieser Schamane war so mit den Elementen verbunden, dass ich Situationen erleben durfte, die ich als Normalsterblicher kaum zu Gesicht bekommen hätte. Es wurde mir vorgeführt, wie der Mensch mit der in den Elementen steckenden Kraft so verbunden sein kann, dass er diese auch bei Bedarf problemlos beeinflussen kann.

Eine tiefe Erfahrung war die dreitägige Visionssuche, bei der ich ohne Essen und Trinken drei Tage und drei Nächte mutterseelenallein irgendwo auf einem Hügel in einem Kreis von zirka zehn Metern Durchmesser ausharrte und mich mit mir und den Elementen und ihren Verbindungskräften auseinandersetzte. Halb ausgetrocknet, aber unermesslich erfüllt – auch von Visionen und tiefen Berührungen –, schleppte ich mich am vierten Morgen wieder in die Zivilisation zurück.

Bei einem weiteren Treffen wurde der Schamane von seinem Ziehvater und Lehrmeister begleitet. Dieser kleine, über hundertjährige Mann aus Mexiko war immer noch voller Lebensenergie und – was mir besonders gefiel – vor allem auch voller Schalk. Seine Ausstrahlung und Präsenz waren so immens, dass einem nicht einmal auffiel, dass er einen amputierten Arm hatte. Bei meiner Ankunft wurde ich vom Schamanen gebeten, mit auf sein Zimmer zu kommen, er wolle mich seinem Lehrmeister vorstellen. Dieser stand schmunzelnd im Raum und betrachtete mich eindringlich und sehr aufmerksam. Ich wurde vorgestellt, und die beiden unterhielten sich kurz über mich, was ich jedoch nur aus der Gestik entnehmen konnte, da sie in ihrer eigenen Sprache miteinander redeten. Der alte Schamane fixierte mich immer noch, als ich plötzlich einen Blitz aus seinen Augen wahrnahm, der mich durch tausend Welten schleuderte. Ich stand da und wusste nicht, was mit mir geschehen war. Die beiden meinten nur ganz entspannt, dass ich jetzt wieder gehen könne, was für mich zu diesem Zeitpunkt gar nicht so einfach war. Noch Tage bebte dieser energetische Schock durch mich hindurch – fühlte sich aber richtig gut an.

Zu dieser Zeit war ich der typische, klassische »spirituelle« Tourist. Neben Schamanismus durfte es auch noch etwas Samadhi-Tank sein sowie alles Weitere, was sich auch nur entfernt bewusstseinserweiternd anfühlte. Ich empfand mich als Bewusstseins-Junkie, der immer wieder neue Bereiche zu entdecken erpicht war. Geführte Drogenreisen, Brain-Machines, Meditationsmusik hin und zurück, verschiedenste Bücher, diverse Lehrer treffen, philosophische Diskurse mit Kollegen usw. und immer wieder mal Schwitzhütten und Rituale.

Sai Baba

Die vielen Auseinandersetzungen mit der damaligen Spiritualität führten mich Mitte der Achtzigerjahre auch zu einem ersten Kontakt mit Sai Baba. Ich muss ehrlich gestehen, dass ich nicht mehr weiß, wie ich auf ihn stieß. Aber wie er selber verlauten lässt, ruft er einen manchmal zu sich. Und dies erlebte ich eins zu eins. Zu dieser Zeit finanziell nicht gerade auf Rosen gebettet und Vater einer jungen Familie, fügte sich alles zusammen, und schon ein paar Wochen später war ich auf dem Flug nach Bombay und weiter nach Bangalore. In Indien, kaum aus dem Flugzeug, hatte ich das starke innere Gefühl, irgendwie nach Hause zu kommen. Die Hektik der Großstadt Bombay, das für uns untypische Verhalten der Inder wie auch die Vielzahl an Gerüchen und Geräuschen waren mir innerlich sehr vertraut. Es war für mich ein Feuerwerk der Sinneswahrnehmungen, gepaart mit einem inneren tief vertrauten Gefühl der Geborgenheit. Damals hatte ich die Überzeugung, dass Indien dir immer gibt, was du gerade brauchst. Schon als ich aus dem Flugzeug stieg, wusste ich, dass ich nur Gutes erleben werde.

Ich hatte durch einen Bekannten eine Adresse für ein Bed & Breakfast in der Tasche, das einem Devotee von Sai Baba in Bangalore gehörte. Dieser teilte mir mit, dass Sai Baba momentan in seiner Sommerresidenz in Kodaikanal in den Bergen weile würde. Also entschied ich, mich gleich am nächsten Tag auf den Weg Richtung Süden zu machen.

Am Morgen traf ich einen jungen Venezuelaner, der ebenfalls Sai Baba besuchen wollte. Wir beschlossen, zusammen zu reisen, und ich muss vermutlich nicht erwähnen, dass ich noch gerade das letzte freie Busticket erhielt. Obwohl ich im Indian Style vorwiegend auf dem Boden des Busses gereist bin und versucht habe, mir fernab der sowieso unbequemen Sitze etwas Schlaf zu gönnen, verlief die Reise zwischen Hühnern und sonstigem Gepäck einwandfrei.

Am nächsten Morgen kamen wir frühzeitig an unserem Reiseziel an, und Kodaikanal Hill Station offenbarte sich schlichtweg als ein Traum. Im Süden Indiens eine Landschaft anzutreffen, die, wenn auch vielleicht nur entfernt an die Alpenlandschaften Europas erinnert, ist tief beeindruckend. Der wunderschöne See, der sich in der bergigen Gegend weise in die Landschaft fügte, machte den Ort zu etwas Unvergesslichem. Für indische Verhältnisse war es außerdem in dieser Höhe angenehm kühl.

Es war eine wunderschöne Zeit und die Begegnungen mit Sai Baba noch viel überwältigender. Jeden Tag wurde im Ashram ein Darshan abgehalten. Schon am ersten Tag erhielten mein damaliger Reisefreund und ich ein Interview und an den weiteren Tagen wiederholte sich dieses Geschenk gleich noch zweimal. Ich fühlte mich schon fast etwas bevorzugt, als ich von anderen Besuchern hörte, dass es Leute gibt, die Jahr für Jahr zu Sai Baba reisen und immer noch kein Interview erhalten haben. Was wir erlebten, nennt man dann wohl wirklich Schnellwaschgang. Schon beim ersten Interview wies Sai Baba mir einen Platz an seiner Seite zu, und ich konnte aus nächster Nähe seinen Materialisationen zuschauen. Ketten, Ringe, Vibuthi usw. erschienen aus dem Nichts in seiner Hand. Am Tag des vierten Geburtstags meines Sohnes stand er vor mir und meinte: »Let's celebrate« und ließ Vibuthi auf meine Hände rieseln. Die Inder um mich herum wurden ganz ekstatisch und stürzten sich richtig auf meine ausgestreckten Hände. Eigentlich feierten sie mehr als ich, denn bis ich realisierte, was da vor sich ging, waren meine Hände schon fast wieder leer, und Sai Baba schwebte in seinem leichten Schritt weiter.

Neben den Darshans arbeitete ich am neuen Ashram mit und erlebte Sai Baba auch hier ganz nah. Es kam schon mal vor, dass er einfach so seine spielerischen Wunder offenbarte. Einmal stand er hinter einer Rose, die ihren Kopf hängen ließ. Er lächelte uns an, hielt seine Hand etwa zwanzig Zentimeter hinter die Knospe und meinte nur: »Watch this.« Schwups, streckte sich die Rose in vollster Pracht der Sonne entgegen. Manchmal kam ich mir vor wie bei Uri Geller – nur das alles eben auch einen tieferen, belehrenden Charakter hatte. Ich war so gesegnet, in seiner Nähe sein zu dürfen, dass es für mich auch zur Prüfung meines Egos wurde – Stolz oder Demut und Dankbarkeit. In einem weiteren Interview bat ich ihn einmal um ein persönliches Gespräch, das er gelegentlich gewährte. Er sagte nur: »Yes, yes, you'll get it. Wait, wait.« Also wartete ich und folgte ihm auch wieder zurück in seinen Ashram nach Whitefield in Bangalore.

Bei meinen wiederholten Fragen nach dem persönlichen Interview sagte er nur immer wieder: »Wait, wait.« Und so wartete ich, bis der Tag meiner Abreise nahte. Am Morgen, als ich ihm mitteilte, dass ich am nächsten Tag abreisen würde, schaute er mich an und sagte diesmal nicht: »Wait, wait«, sondern einfach nur: »Stay«, was mich ziemlich aus dem Konzept warf, denn ich wollte unbedingt zurück zu meinen Kindern und meiner Frau.

Obwohl ich schon von verschiedenen Leuten gehört hatte, dass Sai Baba gelegentlich auch materiell auf die verrücktesten Arten für einen sorgte, konnte ich mich doch nicht durchringen zu bleiben. Mein Flug wäre sonst ab Bombay verfallen, und so locker mal Geld für ein neues Ticket konnte ich nicht auftreiben. Es fehlte mir letztlich jedoch weniger an Geld als vielmehr an Vertrauen und Mut, denn innerlich sagte mir eine Stimme, wenn ich bliebe, würde ich für längere Zeit nicht in die Schweiz zurückkehren, was auch immer sich für mich daraus ergäbe.

Nach längerem innerem Ringen stand dann mein Entschluss zur Abreise fest. Am Vorabend ging ich nochmals zu Sai Baba. Er war in ein Gespräch mit Gästen verwickelt, so sprach ich innerlich aus einer gewissen Distanz zu ihm und teilte ihm meinen Entschluss mit. Als ich mental und mit viel Nachdruck zu ihm sprach, drehte er sich plötzlich zu mir um und fixierte mich kurz, aber intensiv mit ernstem Blick. In diesem Moment wusste ich eigentlich, dass mein Entschluss falsch war, aber ich wollte es einfach nicht wahrhaben.

Ein indischer Bekannter begleitete mich am nächsten Morgen früh zum Flughafen. Aber oh je, plötzlich waren – trotz meiner Vorabklärung – alle Plätze nach Bombay besetzt. Und dies war der einzige Flug, der mir einen Anschluss an mein fixes Ticket nach Zürich gewährte. Mein indischer Freund machte sich nochmals auf, um das Unmögliche möglich zu machen, aber er kam mit schlechten Nachrichten zurück – keine Chance, halt so das Übliche in solchen Situationen. Ich war richtig verzweifelt und wurde wütend auf Sai Baba, weil ich spürte, dass er mich nicht gehen lassen wollte. Also vertiefte ich mich nochmals in ein ernstes Gespräch mit ihm, während mein Freund etwa zwanzig Minuten vor dem Abflug einen erneuten, aus seiner Sicht völlig hoffnungslosen Versuch startete. Ich erklärte zwischenzeitlich Sai Baba erneut meine Situation mit den Kindern und dass ich als Vater eine Verantwortung ihnen gegenüber hätte. Ich war überzeugt, richtig gute Argumente vorgebracht zu haben, die sogar einen Avatar überzeugen müssten. Während ich in den Dialog mit Sai Baba vertieft war und ihn schon fast flehentlich bat, mir einen Platz zu organisieren, klopfte mir mein Freund plötzlich aufgeregt auf die Schulter und teilte mir in »indisch-perfektem« Englisch mit aufgeregtem Kopfwackeln mit: »Hurry

up, you're a very, very lucky man. You've gotten a seat, just right now.«
Übersetzt so was wie, oh Wunder, du kannst endlich nach Hause flie-
gen. Ich sehe heute noch das Bild vor Augen, wie ich bei Sonnenun-
tergang, wie in einem Schlussbild eines kitschigen Abenteuerfilms,
schlussendlich in Bombay tief dankbar meinen Flug nach Zürich be-
stieg.

In den letzten Jahren hörte ich viele kritische Stimmen zu Sai Baba.
Inwiefern diese Geschichten wahr oder nur üble Gerüchte sind, lasse ich
hier offen. Sicher ist, sie vermögen meine Erlebnisse mit ihm für mich
nicht im Geringsten zu mindern.

Zurück in der Schweiz spürte ich immer wieder, dass ich nicht die richtige Entscheidung gefällt hatte. Meine damalige Ehe ging denn auch
Jahre später in die Brüche, und die Kinder mussten auch so zu einem
großen Teil auf ihren Vater verzichten. Irgendwann war meine innere
spirituelle Unzufriedenheit so groß, dass ich beschloss, mich mehr der
Musik und Kunst als der Erlösung meiner Seele zu widmen.

Ich hatte genug von Meistern, Lehrern, Heilern, Samadhi-Tanks und
allem sonstigen bewusstseinserweiternden Firlefanz. Zur Genüge war
ich Personen begegnet, die sich als bedeutende Lehrer darstellten und
bei näherer Betrachtung nur ein Schatten dessen waren, was sie vorga-
ben zu sein.

Meister M

In dieser Zeit las ich eines Tages einen Artikel in der Tageszeitung über
einen jungen Musiker, der eine sehr eindrucksvolle Nahtoderfahrung erlebt und darüber ein Buch geschrieben hatte. Ich legte den Artikel rasch
wieder weg und dachte nur: »Nicht schon wieder einer, der den Stein
der Weisen verschluckt hat.« Jahre später sollte ich mich jedoch schwer
eines Besseren belehren lassen.

Ende der Achtzigerjahre, nach einer zweijährigen »spirituellen Absti-
nenz«, spürte ich wieder stark den Wunsch, einem richtigen spirituellen
Lehrer zu begegnen, der auch lebt, was er vermittelt.

Ein paar Monate später wurde ich gleichzeitig von zwei völlig unabhängigen Seiten meines Freundeskreises erneut auf diesen jungen Mann, von dem ich in der Zeitung gelesen hatte, aufmerksam gemacht. Mario Mantese, heute auch unter dem Namen Meister M bekannt, sprach damals noch vor einer relativ kleinen Gruppe von interessierten Menschen. Die letzten zwanzig Jahre der Begegnung mit dieser allumfassenden Seele bewirkten eine tiefe Umkehr vom äußeren Suchen zum inneren Finden. Sehr schnell hat mir Meister M klargemacht, dass es absolut nichts zu finden gibt, da ein Suchender nie wirklich existiert hat.

Schon bei unserer ersten Begegnung war ich von seiner Präsenz so beeindruckt, dass ich nur einen Gedanken hatte: »Das ist es!« Ich wusste unwiderruflich, hier bei diesem Meister definitiv am richtigen Platz zu sein.

Bei diesem ersten Treffen erlebte ich meine erste von vielen weiteren Belehrungen durch Meister M. An dem Tag ging mir immer wieder der Gedanke durch den Kopf, dass ich den Mann da vorne auf dem Stuhl kannte und mich mit ihm eine innere Verwandtschaft verbinden würde. Aber noch stärker fühlte ich mich naiverweise von seiner äußerlichen Ähnlichkeit mit einer mir bekannten Person beeinflusst. Sicher alle fünf Minuten schoss mir durch den Kopf, wie sehr er diesem Bekannten ähnlich sah. Als ich mich am Ende des Tages dann persönlich von ihm verabschiedete, lächelte er mich spitzbübisch an und verabschiedete mich mit dem Namen dieses Bekannten.

Obwohl es mir bewusst war, dass es Seelen gibt, die weder Raum noch Zeit als Beschränkung erfahren, war ich in dem Moment doch ziemlich perplex. Von da an gab ich mir richtig Mühe, nur gut ausgerichtete Gedanken bei den Zusammenkünften zu kreieren. Natürlich funktionierte dies nicht so, wie ich mir vorgenommen hatte, aber wenn etwas quer reinkam, bemühte ich mich, die Ausrichtung rasch zu korrigieren. Diese Gedankentransparenz erlebte ich auch immer wieder, wenn Fragen, an die ich nur gedacht hatte, bei den Zusammenkünften unmittelbar beantwortet wurden. Fragen, die mich beschäftigten, fanden ihre Antwort in seinem Vortrag, und zwar so, dass ich die Antwort als wirklich auf mich bezogen erlebte.

Als man Meister M ab und zu noch zu Hause besuchen konnte, durfte ich einmal ein für mich prägendes Geschehen erleben. Wir saßen in seinem Wohnzimmer, und Meister M führte mich, in der ihm typischen Art, in die Tiefen des Seins. Er sprach zu mir über das Erwachen, als sich plötzlich der ganze Raum in helles, weiß leuchtendes Licht verwandelte. Ich spürte, wie sich das Zimmer aufzulösen begann, und realisierte unmittelbar auch die Beschränktheit der materiellen Verdichtung.

Als ich ihn fragte, ob sich so das Erwachen anfühlte, meinte er nur: »Es ist nur ein kleiner Schritt aus dem Schlaf! Das Licht der Totalität lässt sich nicht objektivieren, nur realisieren.«

Ich war wie in einer anderen Daseinsform und fühlte mich durchdrungen von Wachheit, Glückseligkeit und Geborgenheit. Es war wunderschön und umwerfend, als ob ein magisch durchleuchteter Zauber mich durchflösse. Noch jetzt, beim Schreiben dieser Worte, spüre ich die damalige unbeschreibliche Präsenz in ihrer allumfassenden Kraft und Gegenwart, die Meister M ist.

Über all die Jahre der vertieften Arbeit mit ihm erlebte ich immer wieder, wie mir meine Identifikation mit meinem unbedeutenden Ego vorgeführt wurde. Obwohl Meister M über Jahre vorwiegend gesprochen hat, war seine berührende Kraft stets hinter den Worten. Das Eintauchen in die Energie, die er durch Worte ausdrückte, eröffnete mir tiefe, dem Intellekt abgewandte Erkenntnisse, die sich jeweils in der darauffolgenden Zeit nachhaltig zu offenbaren begannen.

Die Zeiten nach den Zusammenkünften waren stets Prozesse des Entblätterns verstrickter Egostrukturen. Das Nicht-Erkennen-Wollen des stets gegenwärtigen erwachten Daseins führte nach den Zusammenkünften mit Meister M immer wieder zu unangenehmen Prüfungen des Egos. Der Vulkan in mir brodelte öfters vor sich hin und offenbarte Seiten meiner Persönlichkeit, die ich eigentlich nicht unbedingt hätte kennenlernen wollen.

Ich ging durch Emotionen und orientierte mich an Überzeugungen, sodass ich zwischendurch nicht mehr sicher war, ob diese von mir dargestellte Person wirklich ich war. Und immer spürte ich schon Stunden vorher durch ein ungutes Gefühl, dass es wieder Zeit für eine weitere Lektion war.

Meister M meinte Jahre später einmal humorvoll zu mir, dass er mich gut gebadet und danach für eine Weile in den Kühlschrank gesteckt habe, es stehe ja auch in der Bibel, »dass Gott diejenigen, die er liebt, züchtigt«. Tatsächlich fühlte es sich für mich manchmal so an, als ob er bei mir zu Hause am »Mischpult des Entleerens« säße und hier einen Hebel hochschöbe und da einen Knopf drehte. Das Tröstliche war, dass diese mich durchrüttelnden Momente über die Jahre hinweg immer schwächer wurden und sich die Konzepte tatsächlich aufzulösen begannen. Ebenfalls wurde mir immer bewusster, dass das, was ich früher aus seinen Worten zu verstehen glaubte, zusehends mehr ins alltägliche Erleben einzufließen begann.

Das Dasein wird durch die Arbeit mit Meister M, nach anfangs heftigen Stürmen, zusehends leichter. Die transparente, alles durchdringende Lichtkraft, die von ihm ausgeht, offenbart sich heute immer mehr auch in kleinen, bisher für mich weniger bedeutenden Momenten des täglichen Lebens.

Meister M spricht viel von der Einfachheit und Normalität des Lebens. Für mich war Normalität früher etwas zum Davonlaufen. Ich musste vieles ausprobieren und erleben, das sich von dem abhob, was in unserer Gesellschaft allgemein als normal angesehen wurde. Teilweise tat ich das bewusst, um meine Identität in jungen Jahren zu festigen, teilweise aber auch unbewusst, weil ich immer etwas anderes suchte als das, was mir von der Gesellschaft gespiegelt wurde.

Ich wollte tiefer, erfüllter, eigenständiger, mutiger und kreativer durchs Leben gehen als mir vorgelebt wurde. Ich dachte: je verrückter, desto individueller, je eigenständiger, desto freier. Mit den Jahren erlebte ich jedoch, dass Freiheit für mich nicht im Außen zu erreichen war. Freiheit offenbarte sich im Erkennen und Loslassen all meiner alten Überzeugungen, die mich über Jahre an eine materielle Daseinsform gebunden hatten.

Obwohl ich im Prozess des Erwachens viele wunderbare Seelen treffen durfte, ist die Begegnung und Arbeit mit Meister M für mich die bedeutungsvollste all dieser segensreichen Erfahrungen. Was ihn für mich von den anderen großen Seelen unterscheidet, ist die Tatsache, dass er nicht nur das ewige Licht verkörpert, sondern mich sehr konkret, Schritt für Schritt aus der Dunkelheit ins unfassbare ewige Hiersein führt.

Was ich bei anderen großen Seelen als meine Suche nach der von mir *getrennten* Erwachtheit empfand, durfte ich im Zusammensein mit Meister M als ungetrennte Einheit realisieren. Ich entdeckte, dass es nicht darum geht, dem Erwachen zuzustreben. Ich konnte das Verwirrspiel der Egostrukturen durchschauen und entdecken, dass ich das Erwachte schon immer war.

Meister M ist für mich nichts anderes als das segensreiche universelle Licht – er ist Erwachtheit selbst!

Meine Fragen an Meister M

F.: Als Gestalter unserer Welt folgen wir unserem Willen, und wir prägen unsere zukünftigen Erfahrungen durch heutige Gedanken und Überzeugungen. Inwiefern deckt sich dies mit der Tatsache des Nicht-Handelns? Können wir durch das Nicht-Handeln noch ein Gestalter unserer Welt sein – oder was führt uns dann durchs Leben?

MM: Die gestalteten Formen und die Abläufe, die vom Ich erzeugt werden, existieren in Wirklichkeit nicht. Dies zu realisieren, nennt man Nicht-Handeln. Der Gesamtablauf der phänomenalen Welt ist nicht individuell, doch die Vorstellung, die Projektion, als Individuum getrennt vom Gesamtablauf zu existieren, schneidet den Menschen von seinem wahren Hiersein ab. Den Gestalter an sich gibt es nicht, außer als Ich-Vorstellung im Bewusstsein.

Wenn der Mensch sich in den kosmischen Gesamtablauf einfügt, dann geschieht alles, was geschehen und nicht geschehen muss, ohne Anstrengung, von selbst. Das ist kein Fatalismus.

F.: Unser Erleben resultiert aus unseren Gedanken. Inwiefern sind Emotionen nicht nur die Reaktion auf unsere Gedanken, sondern auch deren Impulsgeber? Lassen sich Gedanken und Emotionen überhaupt getrennt betrachten?

MM: Emotionen lösen Gedanken aus und Gedanken Emotionen. Sie sind die Spielwiese des Ichs.

F.: Der Erwachende hat die Trennung sowie die Wertung von Richtig und Falsch überwunden. Inwiefern entscheidet er dennoch, was für ihn das Förderliche und was das Hinderliche ist?

MM: Er entscheidet nicht. Was geschieht, geschieht, was nicht geschieht, geschieht nicht. Wer an seine Gedanken glaubt, erlebt Enttäuschung und Verwirrung. Deshalb sei still, sei Zeuge der Gedanken. Wer erwacht, ist frei von Förderlichem und Hinderlichem und trotzdem unermesslich intensiv, intuitiv, kreativ und innovativ.

F.: Der Erwachende kennt keine zeitliche Dimension mehr in seinem Erleben, dennoch unterliegt auch er in seiner Körperlichkeit dem Alterungsprozess. Wie orientiert er sich diesbezüglich noch in der weltlichen Zeitordnung?

MM: Der Körper wird geboren, altert und stirbt, na und? Sich mit dem Ablauf des Körperhaften zu beschäftigen und zu identifizieren, nennt man Leben und Tod. Wer erwacht, ist frei von einem vorgestellten Körper und frei von konzeptuellen Ich-Abläufen in der Welt.

F.: Die Beobachtung ist ein Resultat unseres Bewusstseins, das durch unsere Sinneseindrücke geprägt wird. Wenn wir nicht denken und nur beobachten, ist dies schon eine Berührung mit der Stille?

MM: Das Beobachtete ist verbunden mit dem Beobachtenden. Das beobachtete Objekt schafft im Verstand die Illusion, dass die sichtbare Welt wirklich existiert. Gewahrsein ist *vor* dem Beobachter, dem Subjekt, und dem beobachteten Objekt. Totalität ist weder ein Subjekt noch ein Objekt! Der Erwachende ist die große Stille.

F.: Woher kommt der Drang des Egos, sich mit einer Persönlichkeit in der Welt identifizieren zu wollen?

MM: Das Ego selbst ist der Drang, jemand zu sein und zu werden in seiner eigenen, selbst erschaffenen, illusorischen Ego-Welt.

F.: Ist das willentliche Streben nach der Erlösung beziehungsweise dem Erwachen nicht schon ein Misserfolg in sich, da es vom Ego erlangt werden will?

MM: Alles spirituelle Streben ist willentliche Aktivität, dessen Kern das Ich ist. Da dieser Kern illusorischer Natur ist, wie kann aus etwas Illusorischem etwas Wirkliches entstehen? Wirklichkeit hat sich nie mit Unwirklichem vermischt.

Es ist so, wie wenn ein Mensch aus seiner Wohnung seine Freunde anruft und sie bittet, ihm doch den Weg in seine Wohnung zu erklären. Totalität ist das, was sich nie suchen und finden lässt. Der illusorische Sucher verhindert die Realisation des Selbst.

F.: Was lässt uns erkennen, dass wir die Welt erlöst und erwacht durchwandern?

MM: Wenn man realisiert, dass es nie einen Wandernden gegeben hat.

F.: Können Themen des Egos, die erlöst werden müssen, nur über das Durchleben und Erfahren aufgelöst werden, oder reicht es, diese auch durch reine Erkenntnis und Nicht-Identifikation zu erlösen?

MM: Das Wichtigste ist, sich bewusst zu sein, dass es das, was man Ego nennt, eigentlich gar nicht gibt. Man glaubt, dass die biografisch gesammelten und gespeicherten Eindrücke im Bewusstsein, mit denen man sich identifiziert, wirklich existieren. Das Ich-Gefühl, das durch diese Identifikation entsteht, ist bloß ein schleierähnliches Phänomen, folglich das, was du wirklich *nicht* bist. Warum kümmerst du dich darum, Dinge, die nicht wirklich existieren, durchleben zu müssen? Warum glaubst du an Erfahrungen, da es einen Erfahrenden nie gegeben hat? Lass die Welt die Welt sein und ruhe im Selbst.

F.: Laufen wir in der weltlichen Liebe immer wieder in Probleme, um deren Täuschung zu durchschauen, und löst der Zustand der universellen Liebe das Bedürfnis nach »herkömmlicher« Partnerschaft auf?

MM: Wir sind Menschen und nicht Maschinen. Universelle Liebe heißt Leben ohne Selbstsucht, frei von Erwartungen, Machtansprüchen und Hoffnungen.

Partner-schaften können jeden schaffen, der sich selbst im Wege steht und nur an seine eigenen Bedürfnisse denkt. Leider bleiben viele Partnerschaften in egozentrischen Kindergartenspielen stecken.

F.: Kann ich Beschränkungen des Denkens und des Handelns bewusst auflösen, oder sind diese durch karmische Verknüpfungen einfach gegeben und hinzunehmen?

MM: Karmische Verknüpfungen existieren ausschließlich für das Ich. Das Ich selbst hat diese Verknüpfungen erschaffen und ist fest davon überzeugt, diese zu erleben. Doch erst nach dem Empfinden »Ich bin« folgen die Gedanken »Ich bin dies und erlebe jenes«.

Karmische Verknüpfungen sind bloß ein Gedankenkonstrukt. In der Totalität ist nie etwas Karmisches vorgefallen.

F.: Ist es möglich, sich durch die Welt glücklich zu machen, oder ist es rein die innere Entfaltung des universellen Lichts, die uns das Glück bringt?

MM: In keinem Objekt existiert Glück. Das äußere Objekt scheint im Inneren des Menschen vorübergehend einen Zustand von Glücklichsein zu erzeugen, doch dieses Glücklichsein flacht bald wieder ab und verschwindet.

Wahres Glücklichsein ist nicht etwas, das man durch irgendetwas Äußeres in der vergänglichen Welt erreichen oder haben kann.

Je weniger Wünsche man hat, desto weniger unglücklich ist man. Dies zu realisieren, macht wirklich glücklich!

F.: Was mache ich mit einem Wunsch, den ich willentlich nicht loslassen kann?

MM: Ihm keine Beachtung mehr schenken, dann verschwindet er von selbst.

*»Erhebe deinen Blick und lasse dich nicht
von Ängsten und Sorgen leiten.
Glaube nicht, dass dieses oder jenes
nicht möglich sei.
Erhebe deinen Blick über alle inneren
Grenzen und Begrenzungen.
Sei nicht etwas Besonderes,
sei du selbst.
Friede sei mit dir!«*

Meister M

Fotos: Herbert Werner / Günther Ciupka

Bei Interesse an den Zusammenkünften
von *Meister M*
wenden Sie sich bitte an eine
der folgenden Kontaktmöglichkeiten:

In Deutschland:
Herbert und Eva Werner
Am Keltenwall 8
D-93309 Weltenburg
E-Mail: organisation.mantese@gmx.de

In der deutschsprachigen Schweiz:
Renate Schmidlin
Grafschaftstr. 2 • CH-8154 Oberglatt
E-Mail: organisation.mantese@gmx.ch

In der französischsprachigen Schweiz:
Organisation Mantese
Yolande Favre, Franco della Corte
Case Postale 51 • CH-2533 Evilard
E-Mail: organisation.mantese@bluewin.ch

Für weitere Informationen besuchen Sie bitte
die Homepage von Meister M unter:
www.mariomantese.com

Wir bitten um Verständnis, dass unsere Organisatoren
nicht für telefonische Auskünfte zur Verfügung stehen;
Kontaktaufnahme bitte ausschließlich
per *E-Mail* oder per *Post!*

**Meister M kann man ausschließlich während der angekündigten
Zusammenkünfte und Darshans begegnen.
Meister M empfängt niemanden privat.
Er ist auch telefonisch nicht erreichbar.**

Aufbruch in die Ewigkeit

ISBN 978-3-7699-0522-9
laminierter Pappband,
256 Seiten

Das Geheimnis vom Weißen Stein

ISBN 978-3-7699-0628-8
fadengeheftetes Paperback,
336 Seiten

Wie durch ein Zeitfenster schauend erfährt der Leser von der »Loge des Goldenen Drachen« in Shanghai sowie von den Mysterienschulen im alten Ägypten und den universellen Meistern in Indien. Die schattenhafte Vergangenheit lüftet ihre Geheimnisse; Schleier heben sich und Ozeane unendlicher Weisheit offenbaren sich. Der Leser entdeckt in sich selbst verborgene Winkel und gelangt so zu einer umfassenden Schau seines eigenen Daseins.

Dieser spannende Roman nimmt den Leser auf eine abenteuerliche Reise in innere Welten und Dimensionen mit.

In Form eines Märchens erzählt der Autor von der Reise des Elfen Cherubino; von seinen Erlebnissen, Begegnungen und Wanderungen in das Land, in dem sich alle Widersprüche und Gegensätze auflösen. Cherubino stellt das Ich dar, das sich durch Hinwendung zum Eigentlichen aufgerufen fühlt, den Weg zum Land ES zu suchen. Vorher muss er die alten Symbole aller Lebenszusammenhänge in der Kristallpyramide kennenlernen. Der Weiße Stein im Inneren lässt ihn begreifen, dass er das siebenfache Prinzip der Einheit darstellt, das durch alle Zweiheit zum Land ES führt.

DREI EICHEN VERLAG

»Erkenntnisreisen« seit 1931
www.drei-eichen.de

Bücher von Mario Mantese – Meister M

Im Land der Stille

ISBN 978-3-7699-0633-2
fadengeheftetes Paperback,
304 Seiten

In diesem Buch schildert Mario Mantese die schicksalsbestimmende Begegnung mit einem spirituellen Meister im Himalaja.

Die unorthodoxen Methoden und Belehrungen, mit denen dieser ihn konfrontiert, zeigen auf, mit welcher Kraft der rationale Verstand verunsichert wird, wenn er sich einem solchen universellen Meister nähert.

Die Belehrungen bewirkten jedoch nach und nach eine tiefgreifende Veränderung und eine nie zuvor gekannte Klarheit im Denken.

Das, was du wirklich bist

ISBN 978-3-7699-0600-4
fadengeheftetes Paperback,
192 Seiten

Im Laufe vieler Jahre, in denen Mario Mantese – Meister M – in seinen Zusammenkünften öffentlich von seinen Erfahrungen und den daraus resultierenden Veränderungen spricht, wurden ihm etliche tausend Fragen gestellt.

Seine *ein-leuchtenden* Antworten lösen Missverständnisse und Unklarheiten.

Die hier gesammelten Aussagen zeugen von der unfassbaren Tiefe dieses kosmischen Meisters; sie offenbaren die universelle Liebe und die große Stille, die er verkörpert.

DREI EICHEN VERLAG

»Erkenntnisreisen« seit 1931
www.drei-eichen.de

Bücher von Mario Mantese – Meister M

Im Herzen der Welt

ISBN 978-3-7699-0598-4
laminierter Pappband,
312 Seiten

Vision des Todes

ISBN 978-3-7699-0533-5
fadengeheftetes Paperback,
144 Seiten

Dieses Buch ist im wahrsten Sinne des Wortes eine Entdeckungsreise in innere, verborgene Welten. Mario Mantese beschreibt seine Arbeit in Grenz- und Parallelwelten.
Der Leser erfährt, wie er durch seine außergewöhnliche Sensitivität Grenzen überschritten hat. Was er in diesen Welten erleben durfte, ist faszinierend beschrieben. Er erzählt auch, wie Kontakte zu spirituellen Meistern zustande kamen und was er mit ihnen erleben durfte.
Dieses Buch ist eine der außergewöhnlichsten Autobiographien auf dem Gebiet der spirituellen Literatur.

Mario Mantese beschreibt hier seine Reise durch das Jenseits, nachdem er 1978 in London, beim Verlassen einer Gala-Veranstaltung, mit einem Messer niedergestochen wurde. Ein fesselnder, authentischer Bericht über den Zustand zwischen Leben und Tod – ähnlich dem ägyptischen Einweihungsritus – und eine intensiv, mit großer Klarheit erlebte Vision, die die Wandlung seiner Seele bewirkte. Seine ungebändigte Lebenskraft und sein unbeugsamer Wille, die körperlichen Behinderungen zu überwinden, waren Ansporn, dieses Buch zu schreiben.

DREI EICHEN VERLAG

»Erkenntnisreisen« seit 1931
www.drei-eichen.de

Manuel-V. Kissener

Das Vater-unser
als Brücke zum
Eins-Sein mit dem Göttlichen

ISBN 978-3-7699-0631-8
fadengeheftetes Paperback,
168 Seiten

In dieser religionsübergreifenden Interpretation gelingt es Kissener, das »Vater-unser« Satz für Satz aufzuschlüsseln. Mit den sich aus dieser Arbeit ergebenden Fragen und z. T. etwas provokanten Antworten und Begründungen schafft er es, die dualistischen Denkmuster, denen wir alle unterliegen, aufzubrechen und so ein zweitausend Jahre altes Gebet ins 21. Jahrhundert zu übertragen. Sein Fazit sowie seine Darlegungen hinsichtlich der »gefühlten Trennung« zwischen uns Menschen und dem Göttlichen runden sein Buch ab.

Henry Borel

Wú Wéi
Lao-Tse als Wegweiser
Novelle über Dao, Kunst & Liebe

ISBN 978-3-7699-0602-8
fadengeheftetes Paperback,
80 Seiten

»Wú Wéi« ist ein daoistischer Begriff, der als *Nicht-Handeln* im Sinne einer »Enthaltung des gegen die Natur gerichteten Handelns« definiert wird.
Henry Borel hat hier die daoistische Lehre des Lao-Tse in eine anrührende Erzählung über die Begegnung zwischen einem Europäer und einem daoistischen Meister gekleidet.
Zwischen beiden entwickelt sich ein Gespräch, in welchem der Weise die Essenz des »Dao« in einer auch dem westlichen Leben sehr zugewandten Weise verständlich macht.

DREI EICHEN VERLAG
»Erkenntnisreisen« seit 1931
www.drei-eichen.de